Korsika
Zeit für das Beste

Highlights – Geheimtipps – Wohlfühladressen

»Seit einem Monat also irrte ich durch diese großartige Insel, mit dem Gefühl, dass ich am Ende der Welt sei. Keine Gasthäuser, keine Schenken, keine Landstraßen. Man erreicht auf Maultierpfaden die Weiler, die an den Berghängen kleben und gewundene Abgründe überragen, von wo man am Abend die dumpfe und tiefe Stimme des Sturzbaches heraufsteigen hört.«

Guy de Maupassant, »Le Bonheur« (Das Glück, 1884)

BRUCKMANN

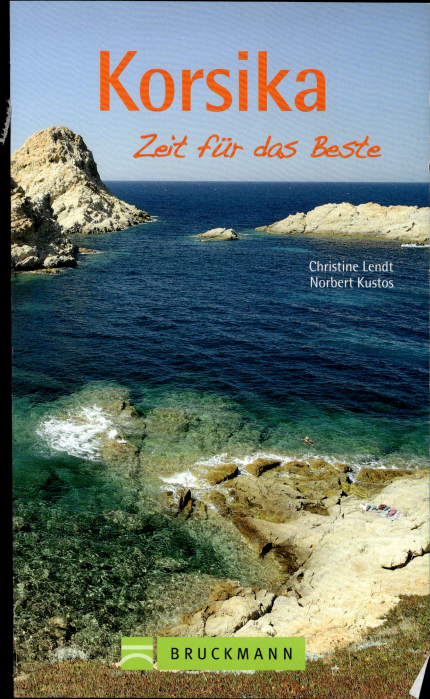

Korsika
Zeit für das Beste

Christine Lendt
Norbert Kustos

BRUCKMANN

Oben: Korsikas Küsten sind reich an schönen Stränden und Buchten.
Mitte: Beim Altstadtbummel stößt man auf Läden mit korsischen Produkten.
Unten: Auch das ist Korsika: Sattgrüne Laubwälder mit klaren Flüssen

INHALTSVERZEICHNIS

Die Top Ten	6
Kennen Sie Korsika?	8

DER NORDEN

1	Bastia	28
2	Das Umland von Bastia	36
3	Cap Corse	42
4	Centuri Port	50
5	Weinanbaugebiet Patrimonio	52
6	Saint-Florent	54

DER NORDWESTEN

7	L'Île-Rousse	60
8	Calvi	66
9	Hinterland der Balagne	74
10	Cirque de Bonifatu	82
11	Der GR 20	86
12	Im Fango-Tal	90
13	Galéria	94

DIE INSELMITTE

14	Parc Naturel Régional de Corse	100
15	Im Asco-Tal	104
16	Monte Cinto	108
17	Fahrt durch das Niolo-Tal	110
18	Corte	116
19	Georges de la Restonica	124
20	Bocognano	128
21	Durch das Prunelli-Tal	132
22	Bastelica	138
23	Hochebene Plateau di Coscione	144
24	Castellu di Cucuruzzu	146
25	Zonza und Umgebung	148
26	Col de Bavella	154
27	Die korsische Eisenbahn	158

DER WESTEN

28	Réserve Naturelle de Scandola	162
29	Porto	164
30	Golf von Porto	168
31	Golf von Sagone	174
32	Ajaccio	180
33	Golf von Ajaccio	188
34	Golf von Valinco	192
35	Station Préhistorique de Filitosa	196
36	Propriano	198

DER OSTEN

37	Costa Verde	202
38	Castagniccia	210
39	Cervione	216
40	Aléria	222
41	Costa Serena	226
42	Solenzara	230

DER SÜDEN

43	Porto-Vecchio	236
44	Das Hinterland von Porto-Vecchio	240
45	Baie de Rondinara	246
46	Bonifacio	250
47	Lavezzi-Archipel	256
48	Sartène	258
49	Cauria	262
50	Korsische Musik	264

REISEINFOS

Korsika von A bis Z	272
Kleiner Sprachführer	284
Register	286
Impressum	288

Oben: Das Städtchen Cervione in der Castagniccia
Mitte: Reiterstandbild Napoleons in Ajaccio
Unten: Abendstimmung im Hafen

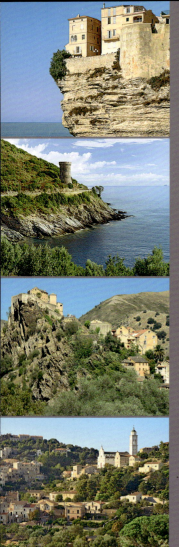

DIE TOP TEN

BONIFACIO (S. 250)
Die historische Festungsstadt auf Kreidefelsen bietet Ausblicke bis nach Sardinien. Nirgendwo ist die Altstadt so verwinkelt, so schwindelerregend nah am Abgrund und so hoch über dem Meer wie hier. Mit Ausflugsbooten geht es zu Grotten und den Lavezzi-Inseln.

CAP CORSE (S. 42)
Auf der Küstenstraße führt der Weg einmal rund um den nördlichsten Zipfel der Insel, Wanderer nehmen den Kammweg, einmal längs durch die Mitte – wer genügend Zeit mitbringt, verbindet am besten beides! Zu entdecken sind verträumte Dörfer und Piratennester, besondere Museen und versteckte Buchten. Von den Gipfeln entfalten sich Panoramen der Superklasse.

CORTE (S. 116)
Korsikas Universitätsstadt hat viel Kultur zu bieten. In die rebellische Inselgeschichte entführen die Zitadelle, Denkmale zu Ehren der Freiheitskämpfer und eine Hausfassade, die noch Kugeleinschläge zeigt. Durch seine zentrale Lage ist Corte obendrein Ausgangspunkt für viele schöne Touren und Ausflüge in die Bergwelt.

DIE BALAGNE (S. 74)
Die Hügellandschaft im Nordwesten Korsikas ist einmalig – auf den Bergkuppen und Hängen sitzen mittelalterliche Dörfer, die eine »Route der Kunsthandwerker« verbindet. Gelebte korsische Tradition mit vielen Gelegenheiten für besondere Souvenirs und kulturellen Highlights.

DIE CASTAGNICCIA (S. 210)
Weitläufige Wälder aus Kastanienbäumen und reichlich Gelegenheit, die »Nationalfrucht« zu kosten, urige Dörfer, Klöster, eine Mineralwasserquelle und andere Entdeckerziele bereichern das Hinterland der Costa Verde. Mittendrin: der ehemalige Königssitz Cervione mit repräsentativen Bauten und einer charmanten, kleinen Altstadt.

GOLF VON PORTO (S. 168)

Die spektakuläre Felslandschaft hat sich den Titel UNESCO-Weltnaturerbe redlich verdient. Märchen-Landschaften aus roten Felsen, ein bewaldetes Flusstal und das tiefblaue Meer vereinen sich im Hafenort Porto. Bei einer Fahrt mit dem Ausflugsboot eröffnen sich besonders schöne Perspektiven.

MAISON BONAPARTE (S. 180)

Das Geburtshaus von Napoléon Bonaparte steht in Ajaccio, denn hier, in der Inselhauptstadt, kam der berühmte Kaiser zur Welt. So sind auch die umliegenden Straßen und Plätze voll mit Denkmalen, Museen und anderen Erinnerungen an dieses Stück Geschichte. Bei einem Bummel entdeckt man auch noch andere spannende Seiten der Stadt.

PRUNELLI-TAL (S. 132)

Eine der schönsten Wandergegenden findet man im Prunelli-Tal mit dem »Brautschleier«-Wasserfall, Bergseen und alten Hirtenpfaden. In wunderschönen Bergdörfern wie Bocognano und Bastellica gibt es die passenden Unterkünfte, nette Restaurants und familiäre Atmosphäre. Nördlich des Tales lohnt ein Abstecher nach Ghisoni, einem Bergdorf mit geheimnisvollen Ruinen.

SCALA DI SANTA REGINA (S. 110)

Die »Treppe der Himmelskönigin« ist eine komplette Schlucht mit der vielleicht abenteuerlichsten Bergstraße der Insel. Mit dem Hochtal und den Schwarzwäldern von Niolo sowie der Spelunca-Schlucht folgen weitere spektakuläre Landschaften. Die Schönheit der Schlucht kann man bei einer Wanderung in Ruhe auf sich wirken zu lassen.

SOLENZARA (S. 230)

Der Bergfluss hat zahlreiche Badegumpen in den Felsen gebildet ... eine herrliche Alternative zu Strand und Meer. Er entspringt bei den Aigulles de Bavella. Die sieben Felsnadeln sind ein imposanter Anblick. Der zugehörige Pass Col de Bavella ist über die Straße zu erreichen, die den Fluss begleitet.

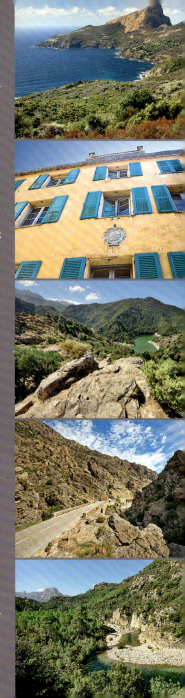

Kennen Sie Korsika?

Korsika überrascht selbst Stammgäste immer wieder. Vielfältig sind die Landschaften und Eindrücke, die das »Gebirge im Meer« bietet. Dies ist eine Insel für Abenteurer, Wanderer, Trekking-Anhänger und Campingfreunde, aber auch ein Ort für entspannten Badeurlaub oder kulturelle Erkundungen. Spektakuläre Schluchten und schroffe Gipfel, klare Flüsse und Wasserfälle, Wälder und Bergdörfer bilden ihr wildes Herz. Rundherum verführt ein Saum aus Stränden, kleinen Buchten, Badeorten und Hafenstädten.

Strände der Ostküste

Je nachdem, in welche Richtung man auf Korsika abbiegt, kann ein Urlaub auf der Mittelmeerinsel höchst unterschiedlich aussehen. Lieblich locken die Strände im Osten – oft viele Kilometer lang, laden sie zum Baden im Azurblau ein. Auf rund 80 Kilometer Länge bringen es die Sandstrände auf dieser Inselseite insgesamt. Sie prägen verschiedene Küstenregionen. An der Costa Verde, der »grünen Küste«, ist das kastanienreiche Hinterland der Castagniccia ganz nah. Weiter Richtung Süden folgen die »heitere« Costa Serena, die »Perlmuttküste« Côte des Nacres und schließlich, kurz hinter Porto-Vecchio, die karibisch anmutende Plage de Palombaggia sowie weitere schöne Buchten.

Die Golfe der Westküste

Von teils hoch aufragenden, zerklüfteten Felsen geprägt ist die westliche Seite Korsikas. Dazwischen bilden die fjordähnlichen Meereseinschnitte der Golfe zahlreiche reizvolle Urlaubsziele. Auf halber Strecke liegt Ajaccio, die Hauptstadt der

Oben: Die Place Saint Nicolas in Bastia mit Napoleon-Statue
Mitte: Die schroffen Felsküsten haben ihren eigenen Charme.
Unten: Weitläufige Strände laden zum Spaziergang ein.

Steckbrief Korsika

Lage: Korsika liegt südöstlich der französischen Festlandküste und westlich von Italien, auf derselben Höhe wie die Abruzzen. Unmittelbar im Süden schließt sich die italienische Insel Sardinien an, die ab Bonifacio zu sehen und per Fähre erreichbar ist.

Fläche: 8699 qkm (Haute-Corse: 4685 qkm, Corse-du-Sud: 4014 qkm).

Küste: Rund 1000 km, davon ein Drittel Strand und zwei Drittel Felsküste.

Hauptstadt: Ajaccio.

Flagge:

Amtssprache: Französisch. Die Orts- und viele andere Bezeichnungen sind zusätzlich auf Korsisch angegeben. Diese eigene Inselsprache, die etwas an Italienisch erinnert, ist heute wieder Wahlfach an Schulen. Auch in den Zeitungen und in der Musik gibt es viele korsische Beiträge. Viele Einheimische legen Wert auf den Erhalt ihrer Sprache und nutzen sie täglich.

Bevölkerung: Auf Korsika leben zurzeit 309 693 Einwohner (Stand 2010). Die größten Städte sind Ajaccio mit rund 65 000 und Bastia mit 43 000 Einwohnern. Die Bevölkerungsdichte beträgt 35,7 Einwohner pro Quadratkilometer.

Währung: Euro.

Zeitzone: MEZ und MESZ von Frühsommer bis Herbst.

Geografie: Korsika ist – nach Sizilien, Sardinien und Zypern – die viertgrößte Mittelmeerinsel. Sie ist 183 km lang (von Cap Corse im Norden bis Capo Pertusato im Süden) und 83 km breit (von Alistro im Osten bis Capo Rosso im Westen). Ihr Umfang beträgt aufgrund der zahlreichen Buchten mehr als 1000 km. 86 Prozent der Insel bestehen aus Bergland mit Gipfeln, die bis zu 2700 Meter erreichen.

Staat und Verwaltung: Korsika gehört zu Frankreich. Die Insel gliedert sich in die Verwaltungsgebiete Haute-Corse mit der Hauptstadt Bastia und Corse-du-Sud mit der Hauptstadt Ajaccio.

Wirtschaft: Auch wenn die Insel von Landwirtschaft geprägt zu sein scheint, lebt hiervon nur noch ein kleiner Teil der Bevölkerung. Rund 80 Prozent des Bruttoinlandproduktes entfallen heute auf den Tourismus.

Tourismus: Ungefähr 2,5 Millionen Touristen kommen jährlich nach Korsika. Etwa 81 Prozent der Erwerbstätigen arbeiten im Dienstleistungssektor, die Hälfte davon wiederum im Tourismus. Weitaus geringere Anteile entfallen auf die Bereiche Landwirtschaft (2 Prozent) und Industrie (17 Prozent).

Religion: Der größte Teil der korsischen Bevölkerung ist römisch-katholisch.

Oben: Auf einer Wanderung lernt man das wahre Korsika kennen.
Mitte: Viele Wanderwege sind gut ausgeschildert und markiert.
Unten: Die Gebirgsflüsse bilden herrliche Badegumpen.

Insel. Neben den vier großen Golfen von Valico, Ajaccio, Sagone und Porto gehören auch noch kleinere Golfe und Buchten zur Küstenlinie – einige von ihnen bergen Traumstrände wie die Plage d'Arone südlich von Porto. Auch für Wassersport von Wellenreiten bis Tauchen ist diese Region wie geschaffen.

Regionaler Naturpark Korsika

Für viele ist das Landesinnere das wahre Korsika. Mittendrin fasziniert Corte, Korsikas ehemalige Hauptstadt, mit ihrer ehrwürdigen Zitadelle und ihrem großen Kulturangebot. Der Regionale Naturpark Korsika (Parc Naturel Régional de Corse) erstreckt sich über eine Fläche von 3500 Quadratkilometern. Kristallklare Flüsse, Quellen und Badegumpen in den Felsen bilden eine völlig andere Welt als die Strände und das Salzwasser des Mittelmeeres. Seine Berglandschaften mit dichten Pinien- und Korkeichenwäldern bieten zahlreiche Wander- und Trekkingmöglichkeiten. Und nicht zuletzt verbinden mehrere spektakuläre Passstraßen Ost- und Westküste, etwa der Col de Bavella mit seinen sieben Felsnadeln »Aigulles de Bavella«.

Ein Paradies für Wanderer

Einmal quer durch das Bergland verläuft der berühmte Grande Randonnée (GR 20). Der 220 Kilometer lange korsische Fernwanderweg verbindet

Kennen Sie Korsika?

die Orte Calanzana im Norden und Conca im Süden über das zentrale Hochgebirge. Darüber hinaus gibt es fünf weitere Fernwanderwege, die in mehreren Etappen die beiden Küsten (Mare e Mare) oder Meer und Bergland (Mare e Monti) verbinden. Auch die vom korsischen Fremdenverkehrsamt kreierten »Routes des Sens Authentiques« (»Straßen der *authentischen* Sinne«) führen auf zehn Routen vor allem durch das gebirgige Hinterland, vorbei an Orten mit besonderen Pflanzen oder typisch korsischen Produkten.

Kunst und Kultur

Auch wenn Korsika vor allem eine Insel für Naturfreunde ist, die Städte und Dörfer bieten kulturelle Abwechslung. In Ajaccio, Geburtsort Napoléons I., können Besucher den Spuren des berühmten Kaisers folgen, in Bastia, Calvi, Corte und Bonifacio begeistert die mittelalterliche Architektur mit ihren gut erhaltenen Festungsanlagen (Citadelles). Besonders im Süden der Insel entführen mehrere Ausgrabungsstätten, Menhire und Bauten aus der Torre-Kultur in die Stein- und Bronzezeit. In Alèria und südlich von Bastia wiederum sind Reste von Siedlungen aus der römischen Antike zu bewundern.

Museen, Festivals und Feste in vielen Ortschaften bereichern das kulturelle Angebot, u.a. das Theaterfestival L'Aria in Vallinca, die Nuits de la Guitare in Patrimonio oder das Nussfest von Cervione. Unbedingt zu einem Korsika-Urlaub gehört es auch, den polyphonen Gesängen einer der zahlreichen korsischen Musikgruppen zu lauschen.

Natur und Umwelt

Die vielseitigen Landschaften Korsikas mit ihren unterschiedlichen Vegetationszonen – vom fla-

Oben: Viele Berghütten bieten auch Biwakplätze.
Mitte: In den großen und kleinen Museen erfährt man viel über die Insel.
Unten: Die korsische Musik ist ein wertvolles Stück Kultur und vielerorts live zu erleben.

Oben: Ganze Bergkämme sind dicht bewaldet, besonders in der Castagniccia.
Mitte: Korsika hat auch eine große Weintradition.
Unten: Nicht nur im Frühjahr erblüht die Insel.

chen Küstenland über das Mittelgebirge bis hin zu alpinen Regionen – haben eine reiche Pflanzenwelt hervorgebracht. Dazu tragen kulturelle Einflüsse wie der Weinanbau bei, den bereits die Griechen in der Antike pflegten, aber auch die Tatsache, dass Korsika eine Insel ist. Fernab vom Festland konnten sich endemische Arten entwickeln, Pflanzen also, die nur in dieser Region der Erde vorkommen.

Mit dem dichten Macchia-Bewuchs trotzt die Insel den Eingriffen des Menschen in ihre Natur. Ursache für die starke Ausbreitung des duftenden Gestrüpps sind nämlich Abholzung, Überweidung und zahlreiche Waldbrände, teils bewusst gelegt von Hirten, um neue Freiflächen zu schaffen. Im Zusammenspiel mit Erosion durch Wind und Wasser wurde das Erdreich stark abgetragen, an manchen Stellen bis auf den nackten Fels, sodass sich die Sekundärvegetation mit widerstandsfähigeren Pflanzen ansiedelte.

Noch eine Besonderheit der Flora Korsikas ist das große Vorkommen der Immortelle (korsisch: A Maredda), auch Italienische Strohblume (Helichrysum italicum ssp italicum) oder Currykraut genannt. Ganze Felder in der Balagne sind mit dem Halbstrauchgewächs bedeckt, das gelbe Blütenköpfe trägt, und auch in den Garigue-Zonen findet es sich. Es wird auch als Nutzpflanze angebaut, denn es liefert ein aromatisches Gewürz und wird für Kosmetika, etwa Anti-Aging-Produkte, eingesetzt. Die »unsterbliche« Immortelle ist eine Blüte von außergewöhnlicher Langlebigkeit: Sie verwelkt selbst nach dem Pflücken nicht. Auch als Souvenir ist die Immortelle in vielfacher Form auf Korsika zu finden. In Supermärkten bekommt man zum Beispiel Beutelchen mit getrockneten Blüten. So kann man sich den Duft Korsikas mit nach Hause nehmen.

Kennen Sie Korsika?

Urwüchsige Wälder

Es ist nicht nur die Macchia, die Korsikas grüne Landschaften prägt. Die Bergregionen bezaubern mit ausgedehnten Wäldern, je nach Inselregion Nadel-, Laub- oder Mischwälder, wobei bestimmte Baumarten in einigen Gebieten dominieren. Häufig sieht man die im Mittelmeerraum ohnehin weit verbreitete Larico-Kiefer, doch wer genau hinsieht, erkennt, dass es sich um eine endemische Unterart handelt, die daher auch als korsische Schwarzkiefer (Pinus laricio corsicanus) bezeichnet wird. Larico-Kiefern erreichen ein hohes Alter, einige der Bäume auf Korsika sind rund 800 Jahre alt. Sie dienten traditionell der Pechgewinnung, denn sie liefern jene schwarze, harzähnliche Flüssigkeit, die u.a. beim Bootsbau nützlich war. Pechöfen, Relikte aus jener Zeit, wurden zum Beispiel im Asco-Tal gefunden.

Eine weitere Baumart, die Korsikas Geschichte prägt und noch heute zum Charakter der Insel beiträgt, ist die Esskastanie (»chataigne«). Rund 40 000 Hektar sind insgesamt mit Kastanienwäldern bedeckt, drei Viertel davon entfallen auf die Mikroregion der Castagniccia im Nordosten der Insel, die daher auch ihren Namen hat. Es handelt sich um verwilderte Kastanienhaine, denn die Pflanze wurde zu Zeiten der genuesischen Besetzung gezielt angebaut, um den Korsen als Grundnahrungsmittel zu dienen. Sie wird auch Brotbaum genannt, denn aus Kastanienmehl lassen sich Produkte wie Pulenta (Polenta), Falculella (ovale Teigtasche mit Brocchiu-Käste) und Torta Castagnina (Kuchen) herstellen.

Oben: Mediterrane Pflanzen findet man auf Korsika genauso wie ...
Mitte: ... üppige Laubwälder.
Unten: In ihren Höhenlagen hat die Insel alpinen Charakter.

Im Südosten Korsikas wiederum, also rund um Porto-Vecchio, ist die Korkeiche stark verbreitet. Außerdem findet man in den Wäldern Steineichen, Seestrandkiefern und Buchen sowie den Eu-

Oben: Nicht Wildschweine, sonder verwilderte Hausschweine trifft man oft auf Wegen und Straßen.
Mitte: Der Schildkröte sind auch zwei Tierparks gewidmet.
Unten: Einfach köstlich!

kalyptusbaum, der gut an seiner sich abschälenden – und dadurch fleckig wirkenden – Rinde zu erkennen ist. Diese Baumart stammt ursprünglich aus Australien und Indonesien.

Drei Vegetationszonen

Bedingt durch die verschiedenen Höhenlagen, die bis auf fast 3000 Meter heraufreichen, unterscheidet man auf Korsika drei Vegetationszonen. In den Tieflagen bis 500 Meter finden sich Korkeichen, Ölbäume, Steineichen, Schirmpinien, Aleppokiefern und Palmen, außerdem dienen diese Regionen der landwirtschaftlichen Nutzung. Die mittlere Vegetationszone in 1000 bis 1500 Meter Höhe beherbergt Schwarzkiefern- und Kastanienwälder, auch Birken und Weißtannen, in sonnigen Lagen außerdem Zitruspflanzen und Ölbäume. Die Baumgrenze liegt bei rund 1800 Metern. In der alpinen Vegetationszone (ab 2000 Meter) schließlich gedeihen nur noch wenige Pflanzen, darunter die korsische Grünerle und Gebirgsblumen wie Fingerkraut, Ehrenpreis und Grasnelken.

Mufflons und verwilderte Hausschweine

Korsika hat so etwas wie ein Wappentier. Der Mufflon ziert Likörflaschen und andere Produkte, ist in Namen von Restaurants zu finden und auch die bekannteste korsische Band I Muvrini benannte sich nach dem Hörnertier. Der Bestand in den Wäldern der Insel ging jedoch bedingt durch Wilderei und die touristische Erschließung stark zurück. Seit 1956 ist die Mufflon-Jagd auf Korsika verboten. Eine Population lebt noch im Asco-Tal, wo man dem Tier auch ein Museum widmete.

Häufig indes begegnet man auf Korsika frei lebenden Kühen, Schafen, Ziegen und Schweinen,

besonders für Autofahrer ist dies von Bedeutung. Die Tiere stehen am Straßenrand, dösen auf dem Asphalt oder beschnuppern neugierig Touristen. Anders als viele meinen, handelt es sich bei den Schweinen jedoch selten um echte Wildschweine (»Sanglier«), denn die haben sich in die tiefste Macchia zurückgezogen. Vielmehr sind es zumeist verwilderte Hausschweine (»Couchon Sauvage«).

Feuersalamander und Schwarze Witwen

Die pflanzenreiche Insel mit ihren Lagunenseen (Étangs) an einigen Küstenabschnitten bietet auch optimale Lebensbedingungen für Vögel. Neben dem endemischen Korsenkleiber sind viele mitteleuropäische Vogelarten vertreten, darunter Singvögel wie Amsel, Drossel und Fink, außerdem der Specht, die Nachtigall und der Eisvogel. Über den Küsten und Wäldern kreisen Greifvögel wie Bussard, Falken, Sperber und Milan, Stein- und Fischadler sowie Bartgeier; hinzu kommen Wasservögel wie Kormorane, Reiher, Möwen und Wildenten. Zu den endemischen Amphibien Korsikas zählen unter anderem der Korsische Feuersalamander, der Korsische Gebirgsmolch und der Korsische Scheibenzüngler.

Ein Insekt, dem man nicht zu nahe kommen sollte, ist die Schwarze Witwe. Die Giftspinne kommt in einigen Regionen Korsikas vor. Ihr unregelmäßiges

Oben: An vielen Bergerien kann man Ziegenkäse direkt vom Erzeuger kaufen.
Mitte: Giftiger Inselbewohner: Die Schwarze Witwe ist gar nicht ganz schwarz.
Unten: Der Korsische Feuersalamander

Haubennetz baut sie in Bodennähe zwischen Grashalmen und niedriger Vegetation, in Räumen bevorzugt sie Winkel und Ecken wie Holznischen. Ihr Biss ist schmerzhaft und kann insbesondere bei gesundheitlich angeschlagenen Menschen auch größere Komplikationen hervorrufen. Die Schwarze Witwe tritt nicht so häufig auf, dass man laufend besorgt zu Boden blicken müsste, zumal sie nicht von sich aus angreift. Den Menschen sticht sie allenfalls bei unachtsamer Berührung, daher sollte man darauf achten. Zu erkennen ist das fünf bis zehn Millimeter große Tier an hell umrandeten roten Flecken auf dem schwarzen Hinterleib, die in drei Längsreihen angeordnet sind.

Eine »deftige« Insel

So herzhaft wie die Insel mit ihren verwilderten Hausschweinen und abenteuerlichen Landschaften ist auch die Küche. Charcuterie, also Fleisch- und Wurstwaren, kommen oft und in guten Portionen auf den Tisch, etwa Figatellu, eine geräucherte, grobe Wurst aus Leber und Speck, das gepfefferte Filet Lonzu oder Coppa, ein in Salz und Wein eingelegter Rollschinken aus Schweinenacken. Eine Spezialität ist auch Prisuttu, ein Räucherschinken, der gern mit frischen Feigen serviert wird.

Für seinen unverwechselbaren Duft berühmt ist Brocciu, der korsische Frischkäse aus Ziegen- oder Schafsmolke – im Comic »Asterix auf Korsika«

Oben: Genuesentürme gibt es in fast jedem Hafenort, doch in großer baulicher Vielfalt.
Mitte: Mit Büsten und Denkmalen gedenkt man vielerorts der Freiheitskämpfer, hier Pascal Paoli.
Unten: Deftig wie die Insel sind auch ihre Spezialitäten.

Kennen Sie Korsika?

bringt er ein ganzes Schiff zum Explodieren. Der mit Salz konservierte Käse dient auch als Füllung für Omeletts, Cannelloni und herzhafte Teigtaschen, genauso aber auch für süße Desserts und Kuchen. Für Feinschmecker eine Delikatesse, für alle anderen eher zum Gruseln ist Casjiu Merzzu, ein »verdorbener Käse«, in dem bewusst Maden angesiedelt werden als Zeichen der zweiten Reife.

Zu den inseltypischen Produkten verarbeitet werden auch – teils allerdings nur in bestimmten Regionen – Honig, Zitrusfrüchte, Oliven, Myrte, Haselnüsse, Feigen und Kastanien. Man findet sie unter anderem in Form von Konfitüren, Nougat, Likören, Speiseölen und Gebäck. Eine besondere Rolle nimmt die Kastanie ein, die hier so vielfältig verarbeitet wird wie wohl kaum irgendwo sonst – sogar zu Bier. An die italienische Polenta erinnert die Inselspezialität Pulenta, ein Brei aus Kastanienmehl und Wasser, zu dem zum Beispiel Wildschweinleber gereicht wird.

Zitadellen und Wehrtürme

Neben einer eindrucksvollen Natur findet man auf Korsika an vielen Stellen Relikte längst vergangener Epochen. Teils sind sie nicht zu übersehen, teils verstecken sie sich in der Landschaft und werden selten erwähnt. Das wohl auffälligste Zeugnis der bewegten, von Kriegen und Besatzung geprägten Jahrhunderte sind die Festungsanlagen (Zitadellen) in Städten und Hafenorten wie Bastia, Bonifacio, Calvi, Corte und Algajola sowie die zahlreichen »Genuesentürme«, die eine Verteidigungslinie rund um die Küste bildeten und größtenteils noch gut erhalten sind. Um sich vor Angriffen durch die Sarazenen und verfeindete Mächte zu schützen, ließen die Genuesen allein im Zeitraum 1510 bis 1620 rund 100 Türme an den Küsten Korsikas errichten.

Oben: Wahrlich nicht zu übersehen sind die Denkmale zu Ehren Napoleons.
Unten: Schmucke Details zieren mache Fassade.

Oben: Flachrelief am Sockel der Statue General Gafforis in Corte
Unten: Eindrucksvolle Menhire sind in Fundstätten wie Cauria zu bewundern.

Relikte der Römer und Griechen

Die Geschichte anderer Hinterlassenschaften reicht noch viel weiter zurück. Zwei Ausgrabungsstätten erinnern an die Antike, als die Griechen und Römer ihre Spuren hinterließen. Südlich von Bastia wurden die Überreste der Stadt Mariana gefunden, die der römische Feldherr Gaius Marius um 100 v. Chr. errichten ließ. Von der Fundstätte, die sich hinter der Kathedrale La Canonica befindet, ist allerdings nicht mehr viel zu sehen. Ganz anders verhält es sich in Aléria an der Ostküste: Hier sind die Grundmauern der antiken Stadt Alalia noch gut zu erkennen, die der griechische Volksstamm der Phokäer gegründet hatte. Die Ausgrabungsstätte zählt zu den größten kulturellen Sehenswürdigkeiten Korsikas.

Menhire und Torre-Kultur

Bekannt ist die Insel auch für einige Fundstätten aus der Vor- und Frühgeschichte (Neolithikum und Megalithikum). Besonders die Südhälfte Korsikas ist nahezu gespickt mit Menhiren, jenen geheimnisvoll anmutenden Steinsäulen, die oft Gesichter tragen und an Kultplätze denken lassen. Rund 630 Menhire, 73 Menhirstatuen sowie 64 Steinkistengräber und Dolmen verteilen sich in der Landschaft. Besonders eindrucksvoll zeigen sie sich in den Fundstätten Filitosa und Cauria, die als große Freilichtmuseen gestaltet wurden. Doch es gibt auch einige unbekanntere einzelne Menhire, die es aufzuspüren lohnt.

An manchen Fundplätzen, etwa in Filitosa, vermengen sich diese Hinterlassenschaften der Steinzeitkultur mit Bauten aus der Bronzezeit, die man nur auf Korsika und in ähnlicher Form noch auf Sardinien fand: die Ruinen von Rundbauten der »Torreaner«. Sie sind zum Beispiel nahe Porto-

Kennen Sie Korsika?

Vecchio zu bewundern und entstammen jener rätselhaften Kultur, über deren Geschichte und Untergang kaum etwas bekannt ist – nicht zu verwechseln mit den Genuesentürmen an der Küste, die erst im Mittelalter entstanden.

Die Korsen – ein Volk für sich

Dass die Korsen ein liebenswertes, aber auch eigenwilliges Volk sind, wird bei einem Besuch auf der Insel schnell spürbar. Da ist einerseits die Gastfreundschaft: die Vermieterin des Apartments, die herzlich zum Aperitif einlädt, oder der Wirt in der Bergerie, der humorvoll den berüchtigten Ziegenkäse mit seinem strengen Duft serviert. Andererseits fürchtet man als Autofahrer mitunter um sein Leben, wenn der genervte Einheimische zwar mit passgenauer Abmessung, doch gehörigen Schrecken einjagend die Kurven schneidet.

Auf den Punkt bringt es der Comic »Asterix auf Korsika«, der mit sympathischer Ironie die Eigenarten der Insulaner darzustellen weiß. Demnach sind die Korsen »Individualisten von überschäu-

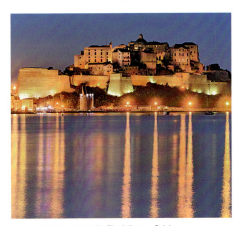

Im Abendlicht erstrahlt die Zitadelle von Calvi.

AUTORENTIPP!

FÜNF BESONDERE MUSEEN
Le Conservatoire du Costume. Das kleine Museum offenbart u.a., wie sich die Korsen im 19. Jahrhundert kleideten. Eine Fotoausstellung informiert über das Leben auf dem Cap Corse. Commune de Canari, Tel. 04 95 37 80 17, E-Mail: mairie canari@wanadoo.fr, www.canarivillage.com

Musée privé. Inhaber Guy Savelli richtete das Museum in seinem Wohnhaus ein und sammelte Gemälde, Karten, Bücher und andere Stücke aus vergangenen Jahrhunderten. Eintritt frei (Spende erbeten), 15–18 Uhr (nicht täglich, vorher anfragen), links neben der Kirche, 20256 Corbara, Tel. 04 95 60 06 65

Musée archéologique du Niolu. Eine Reise durch die korsische Gebirgsgeschichte. Mo–Fr 10–12 / 14–17 Uhr, Sa/So 10–12 / 15.30–18.30 Uhr, 20224 Albertacce, Tel. 04 95 48 05 22

Musée de l'Alta Rocca. Hier ist die berühmte »Dame von Bonifacio« zu bewundern. Das archäologische Museum befindet sich im Dorfzentrum von Levie. Juni–Sept. 10–18 Uhr, Okt.–Mai Di–Sa 10–17 Uhr, feiertags geschlossen, Quartier Prato, 20170 Levie, Tel. 04 95 78 00 78, E-Mail: musee.levie@cg-corsedusud.fr

Musée de la Bruyère. Eine winzige, aber lohnende Ausstellung zur Baumheide (Bruyère). April–Sept., Place de la marine, 20150 Porto Ota, Tel. 04 95 26 10 05

AUTORENTIPP!

DIE FÜNF SCHÖNSTEN STRÄNDE DER INSEL

Plage de Palombaggia. Einer der beliebtesten Strände Korsikas und ein Traum in mediterranen Farben. Abzweigung der N198 südlich von Porto-Vecchio (ausgeschildert)

Plage de la Rondinara. Der Strand ist geformt wie eine große Muschel und mindestens so hübsch wie Palombaggia, doch etwas verschwiegener. Route de la plage de Rondinara, 20169 Bonifacio

Plage de Lozari. Beliebter Strand im Nordwesten der Insel, nahe L'Île Rousse. Mit ihrem seicht abfallenden Wasser ist die Bucht auch für Familien mit kleinen Kindern der perfekte Platz. An der N197 bei L'Île Rousse.

Plage d'Arone. Wunderschöne Sandbucht ca. 15 km südlich von Porto. Das Wasser gewinnt schnell an Tiefe, daher ist der Strand für Familien nur bedingt geeignet. Umso mehr kommen Ruhesuchende auf ihre Kosten. Abzweigung von der D81 bei Piana, 12 km Fahrt bis zu einem Parkplatz, danach ca. 3 km Fußweg auf einem Pfad zur Felsspitze

Plage de Saleccia. Am Rande der »Wüste« Désert des Agriates verbirgt sich diese paradiesische Sandbucht. Zu erreichen über eine ca. 12 km lange Sandpiste (Abzweigung der D81) oder per Ausflugsboot (ab Saint Florent)

mendem Temperament, doch gleichzeitig beherrscht und gelassen in ihrem Gehabe, gastfreundlich, ihren Freunden treu, heimatverbunden, redegewandt und mutig«. Und sie haben noch eine andere Eigenschaft, resümiert der Verfasser: »Sie sind leicht beleidigt.« Doch während sich das Temperament heute eher in ungeduldigem Hupen oder einem vielsagenden Blick äußert, musste man sich in früheren Jahrhunderten ernsthaft vorsehen. Wehe dem, der zum Beispiel die Familienehre verletzte!

Ehrenkodex und Blutrache

Das »Recht« zur Selbstjustiz war einst auf Korsika selbstverständlich. Nach dem geltenden Ehrenkodex war ein Mann regelrecht dazu verpflichtet, Kränkungen durch Mord zu sühnen. Ein einmal gegebenes Wort durfte man keinesfalls brechen. Zu den Grundsätzen zählte auch die Gastfreundschaft, die man Hilfesuchenden anzubieten hatte. Schwere Verstöße gegen den Ehrenkodex wurden mit der Vendetta (korsisch: Vindetta) geahndet, aus der Literatur hinlänglich bekannt als »Blutrache«. Alle Familienmitglieder waren daran beteiligt. Dazu wurde ein Familienrat einberufen, um zu entscheiden, ob die Beleidigung gerächt werden sollte. Bei Einigkeit benachrichtigte man die Familie des Beleidigers, der wiederum fortan als Ehrenbandit galt und sich in die undurchdringliche Bergwelt mit ihrer Macchia und vielen Verstecken flüchtete. Solch eine Fehde zwischen zwei Familien konnte lange währen, sich sogar von Generation zu Generation fortsetzen, bis die Schande schließlich gerächt wurde. Dies führte so weit, dass auf Korsika einige Sippen regelrecht ausgelöscht wurden. Eine Hochburg der Vendetta war Sartène, das auch aus diesem Grund oft als düster bezeichnete Städtchen an der Südwestküste. Die korsische Blutrache prägte zudem einige große li-

Kennen Sie Korsika?

terarische Werke, darunter die Novelle »Colomba« von Prosper Mérimée.

»Korsika den Korsen«

Bei Fahrten über die Insel fallen Ortsschilder auf, deren französische Bezeichnung übersprüht oder überpinselt wurde. Dies ist das wohl offenkundigste Zeichen dafür, dass der Kampf um Unabhängigkeit für manche Korsen noch nicht vorüber ist. Mit Parolen wie A terra corsa a i corsi (Korsika den Korsen) und I Francesi fora (Franzosen raus) wollen die korsischen Autonomisten eine Eigenständigkeit erwirken, die soziale und wirtschaftliche Probleme verringern und auch der Erhaltung der korsischen Kultur zuträglich sein soll. Doch auch die Widerstandsgruppen untereinander sind sich nicht immer einig, und die Proteste gipfeln mitunter in Anschlägen und gewaltsamen Aktionen, bei denen es auch schon einige Todesopfer gab. Diese Aktionen richten sich nicht gegen Touristen, sondern beispielsweise gegen politisch einflussreiche Personen und andere Drahtzieher.

Das korsische Stirnband

Allgegenwärtig auf der Insel ist das Symbol korsischen Rebellentums, das bereits ab 1762 unter dem Freiheitskämpfer Pasquale Paoli zum Wappen bestimmt wurde: ein schwarzer Kopf mit weißer Stirnbinde, teils auch (als modernere, verfälschte Variante) mit Ohrring. Er ziert zahlreiche Souvenirs, da und dort tragen Eisverkäuferinnen und Servicemitarbeiter solch ein Stirnband als touristischen Werbegag. Um die Herkunft des Symbols kursieren einige Legenden. Auch der Rebellenführer Theodor Stephan von Neuhoff, der für wenige Monate in Cervione zum König ernannt wurde, soll bei seiner Ankunft eine weiße Flagge mit dem besagten Kopf gehisst haben.

Oben: Auch die Friedhöfe berichten von der bewegten Inselgeschichte.
Mitte: Das Symbol Korsikas ist vielerorts zu sehen.
Unten: Verzierte Fassade in Ajaccio

Die Steilküste bei Bonifacio im Abendlicht

Geschichte im Überblick

In der Steinzeit gibt es bereits erste Siedlungen, worauf so manche archäologische Fundstätte hinweist.

In der Antike hinterlassen die Griechen und Römer ihre Spuren – so gründete der griechische Volksstamm der Phokäer die Stadt Alalia (heute Aléria) an der Ostküste Korsikas.

535 v. Chr. Nach einer Seeschlacht gegen die Karthager und Etrusker verlassen die Griechen die Insel. An deren Stelle kommen die Römer, denen es im 3. Jh. n. Chr. gelingt, die Karthager zu besiegen.

Im 5. und 6. Jh. n. Chr. steht Korsika unter der Herrschaft der Vandalen, des byzantinischen Reiches und der Langobarden.

758 erobern die Truppen des fränkischen Königs Pippin die Insel, nachdem sie fast 200 Jahre lang zu Byzanz gehört hatte. In die Geschichte geht die »Pippinsche Schenkung« ein, wonach der Monarch die Insel dem Papst schenkt. In den folgenden tausend Jahren wird Korsika wiederholt von Angriffen der aus dem arabischen Raum stammenden Sarazenen gebeutelt.

Ab 1077 wird die Insel vom Bistum Pisa verwaltet – eine Zeit, in der ein gewisser Friede und kultureller Aufschwung einkehrt. Ein Zeugnis der pisanisch-romanischen Kirchenbaukunst ist die Kathedrale La Canonica am Lagunensee Étang de Biguglia südlich von Bastia.

Im Jahr 1284 besiegt die Seemacht Genua das gegnerische Pisa nach jahrelangem Streit um Korsika. Für die folgenden fünf Jahrhunderte sollte der aufstrebende ligurische Stadtstaat die Macht über die Insel haben. In dieser Epoche entstehen die imposanten Festungsanlagen der Insel.

1510 bis 1620 lassen die Genuesen, um sich vor weiteren Angriffen durch die Sarazenen und verfeindete Mächte zu schützen, rund 100 Türme an den Küsten Korsikas errichten. Diese militärischen Bauwerke bilden einen Verteidigungsgürtel und dienen der Überwachung. In den Städten werden Befestigungsanlagen angelegt oder bereits vorhandene Anlagen verstärkt, etwa in Bonifacio, Calvi, Algajola, St. Florent und Porto-Vecchio. Noch heute sind diese Anlagen und viele der Wehrtürme auf der ganzen Insel als eindrucksvolle historische Zeugnisse zu besichtigen.

1358 Bauernaufstände während der Zeit der genuesischen Herrschaft sorgen für Aufruhr.

1376 bis 1434 prägen die Kriege gegen Aragon diese bewegte Epoche der korsischen Geschichte.

1453 bis 1559 Innerhalb von mehr als 100 Jahren verschuldet sich das Inselreich hoch und wird schließlich an die Bank des Heiligen Georg verpfändet.

1559 fällt Korsika unter König Heinrich II. an Frankreich.

1559 bis 1567 begehren die Korsen selbst unter Sampiero Corso auf, in dem Bemühen, Unabhängigkeit zu erreichen.

1729 bis 1769 Fast 200 Jahre später gipfelt die Rebellion im Korsischen Unabhängigkeitskrieg, wobei den Korsen der deutsche Abenteurer Theodor von Neuhoff zu Hilfe kommt, den sie 1736 in Cervione zum König krönen. Nur sieben Monate währt seine Regierungszeit. Es folgen weitere Jahre mit Aufständen, ab 1755 unter Pasquale Paoli, dem »General der Nation«. Noch heute wird der Freiheitskämpfer als Nationalheld verehrt. Er verhilft Korsika zu einer Verfassung, führt die Schul- und Militärpflicht ein, macht Corte zur Hauptstadt und gründet dort eine Universität. Vierzehn Jahre lang hält sich Korsika als eine Art eigenständiger Staat unter den genuesischen Besatzern.

1768 endet diese relative Autonomie mit dem Verkauf der Insel an Frankreich. Ein Jahr später besiegen die Franzosen die an Zahl und Waffen unterlegenen Korsen in der historischen Schlacht von Ponte Novu und übernahmen die Insel.

1942 bis 1943 Während des Zweiten Weltkriegs ist Korsika von deutschen und italienischen Truppen besetzt.

Ende der 1960er-Jahre verstärken sich die Autonomiebestrebungen; treibende Kräfte sind die Union des korsischen Volkes (UPC) und die Nationale Front zur Befreiung Korsikas (FLNC).

1982 erhält Korsika ein Autonomiestatut, das im Jahr 1992 erneuert und erweitert wird.

1983 wird die FLNC verboten, da sie die Unabhängigkeit auch mit terroristischen Methoden zu erreichen versucht. Ab den 1990er-Jahren sorgt sie mit Anschlägen aber, die sich jedoch nicht an Touristen richten, wieder für Aufsehen.

Am 6. Februar 1998 wird der Präfekt Claude Erignac in Ajaccio auf offener Straße erschossen. Der Politiker stand im Visier der korsischen Extremisten.

2011 wird der korsische Nationalist Yvan Colonna, mutmaßlicher Mörder des Präfekten, vor dem Pariser Sonderschwurgericht zu lebenslanger Haft verurteilt.

2013 startet auf Korsika die 100. Tour de France – die erste Etappe beginnt am 29. Juni in Porto-Vecchio. Weitere Etappenziele sind Bastia, Ajaccio und Calvi. Damit ist die Insel erstmals an dem legendären französischen Radrennen beteiligt.

Statue des Generals Gaffori in Corte

DER NORDEN

1 Bastia
Versteckte Juwelen — 28

2 Das Umland von Bastia
Bergdörfer und ein Lagunensee — 36

3 Cap Corse
Eine Insel in der Insel — 42

4 Centuri Port
Languste essen bei Sonnenuntergang — 50

5 Weinanbaugebiet Patrimonio
Zwischen Reben viel erleben — 52

6 Saint-Florent
St. Tropez von Korsika — 54

DER NORDEN

1 Bastia
Versteckte Juwelen

Bescheiden gibt sich die zweitgrößte Stadt Korsikas auf den ersten Blick. Doch hinter ihrer unscheinbaren Fassade verbirgt sich barocke Pracht. Wie kleine Schatzkammern hüten die Kirchen und Oratorien sehenswerte sakrale Kunst. In die Gründerzeit entführt die Zitadelle über dem alten Hafen. Das Museum im Gouverneurspalast informiert über die Traditionen und Geschichte der Insel.

Bastia bedeutet für viele Inselgäste das erste Rendezvous mit Korsika. Die Flieger aus Frankreich und Deutschland landen auf dem zugehörigen Flughafen Poretta südlich der Stadt. Wer mit der Fähre anreist, könnte meinen, in Italien anzukommen. Pastellfarben und schlicht-elegant rückt eine Häuserfront ins Blickfeld, die genauso auch in Neapel oder Rom stehen könnte, dahinter ragen die Gipfel des Pigno-Massivs auf. Neben dem Fährhafen grüßt der historische Stadtteil mit dem alten Hafen und der Zitadelle. Sie gab der Stadt ihren Namen: Bastia entstammt dem italienischen Wort »Bastiglia« für Festung; auch in dem verwandten deutschen Begriff »Bastion« finden sich die Silben.

Terra Nova und Terra Vecchia

Die Festungsanlage ließ der genuesische Gouverneur Leonello Lomellini errichten. Im Jahr 1378 hatte er das Schloss von Biguglia verlassen, um die strategisch und wirtschaftlich günstige Lage für die Gründung der neuen Stadt zu nutzen. Der dortige Naturhafen »Porto Cardo« diente bereits der Verschiffung von Wein nach Pisa. Die Reben

Vorangehende Doppelseite: Am Kap Corse: das Kastell bei Pino
Oben: Hafenflair mit Wahrzeichen: Die doppeltürmige Kirche Saint Jean Baptiste
Unten: Von der Hafenmole aus bietet sich ein besonders schöner Blick auf Meer und Altstadt.

Bastia

gediehen im Hinterland des Bergdorfs Cardo, noch heute das ertragreiche Anbaugebiet Patrimonio. Mit dem Bau der Zitadelle entstand das neue Viertel »Terra Nova«, während man das Hafengebiet Porto Cardo fortan »Terra Vecchia« nannte. Im Jahr 1480 war der Bau der Befestigungsanlagen abgeschlossen. Weitere fünfzig Jahre später konnte der Gouverneurspalast als Anbau an den alten Wehrturm vollendet werden.

Im Laufe des 16. und 17. Jahrhunderts wuchs die Oberstadt Bastias – angelegt mit geraden Straßen im Schachbrettmuster, spiegelt sie die Tradition genuesischer Städte wider. Immer mehr Menschen ließen sich in der Stadt nieder, die sich während des 18. und 19. Jahrhunderts weiter Richtung Norden und über die Anhöhen ausbreitete. Repräsentative Bauten bereicherten nun das Stadtbild, darunter der Justizpalast und große Bürgerhäuser entlang der Boulevards, die zusammen mit der Place Saint Nicolas auch heute das wirtschaftliche Zentrum bilden. Noch bis 1811 blieb Bastia die Hauptstadt der Insel, dann übernahm Ajaccio als Geburtsstadt von Napoléon Bonaparte (1769–1821) diesen Status. Heute ist Bastia mit mehr als 43 000 Einwohnern die zweitgrößte Stadt Korsikas, seit 1975 ist sie die Hauptstadt des Verwaltungsbezirks Haute-Corse.

Rund um die Place Saint Nicolas

Korsischer Alltag und touristisches Treiben vermengen sich in der heutigen Neustadt mit ihren breiten Avenues und weiten Plätzen. Es gibt Läden, Restaurants und Cafés für jeden Geschmack. Besonders der Boulevard Paoli lädt zum Flanieren und Shoppen ein. Die benachbarte, von Palmen und Platanen gesäumte Place Saint Nicolas ist einer der größten Plätze Frankreichs. Auf dem

AUTORENTIPP!

PLACE DU MARCHÉ

Im Schatten der zentralen und bekannteren Place Saint Nicolas geht der Marktplatz von Bastia bei Reisenden ein wenig unter. Die Place du Marché misst nur etwa ein Viertel der Fläche ihres großen Schwesterplatzes, doch genau das macht sie für viele, die sie kennen, attraktiver. Während man sich auf dem größeren Platz schon fast etwas verloren vorkommt, ist es hier gemütlicher, die Straßencafés und Lokale ringsum sind mehr auf Einheimische als auf Touristen eingestellt. Besonders lebendig geht es an Markttagen zu, obendrein eine schöne Gelegenheit für einen traditionellen Einkauf. An den Ständen gibt es frischen Fisch, Fleisch, Käse und andere korsische Lebensmittel.

Place du Marché / Marché Couvert. Marktplatz und Markt in Bastia. Reges Treiben und korsische Produkte, z.B. Kastanienhonig, Olivenöl. Mo–So vormittags, 20 200 Bastia

Rund um die Place du Marché gibt es besonders schöne Cafés.

Oben: Auf der Place Saint Nicolas trägt Napoleon eine Toga.
Mitte: Durchgang zur Place du Donjon im Zitadellenviertel
Unten: Rund um die Zitadelle gibt es viel zu entdecken (hier: Rue de L'Hospiche).

DER NORDEN

300 Meter langen und 90 Meter breiten Areal stehen zwei Denkmäler. Das eine zeigt Napoleon in römischer Toga, das andere erinnert an die in den Kriegen des 18. und 19. Jahrhunderts gefallenen Korsen. In nahezu jeder Ortschaft auf der Insel steht übrigens solch ein Mahnmal.

Ein barocker Spaziergang

Der Glanz ist den Vorzeigebauten und Einkaufsstraßen vorbehalten. Besonders in der Altstadt blättert der Putz, harrt manche Fassade der Sanierung. Dazwischen aber versteckt sich kulturelle Schönheit: Bastia hat auf kleinem Raum gleich mehrere sehenswerte Kirchen und Oratorien zu bieten, die sich auf einem Spaziergang verbinden lassen. Dazu begibt man sich am besten zur Place Saint Nicolas und läuft an der Südseite des Platzes (Richtung alter Hafen) in die Rue Napoleon. Bereits nach etwa 100 Metern ist auf der linken Seite das Oratoire Saint Roch (1590–1604) zu sehen, das dem Schutzpatron der Pestkranken, Rochus von Montpellier, geweiht wurde. Unscheinbar fügt sich die Kapelle in die Häuserfronten der schmalen Einbahnstraße, ein schlichtes Mosaik mit einem Kreuz ziert den Vorplatz. Im Inneren aber erweist sie sich als Juwel des frühen Barocks: Viel Gold, Marmor, reich geschnitztes Mobiliar und zahlreiche Engel schmücken den Raum in prunkvollem Einklang mit karmesinroten Wänden und Holzvertäfelungen. Links neben dem Eingang befindet sich eine Statue des Heiligen Rochus im blauen Gewand. Die Fassade des Bauwerks entstammt dem Neoklassizismus. Der Bildhauer Giuseppe Bertolucci schuf das große Marmortor im Jahr 1860. Über dem Eingang ist die Jakobsmuschel als Symbol der Pilger zu sehen.

Am südlichen Ende der Rue Napoleon weist ein Sonnenmosaik den Weg zum Oratoire de l'Imma-

Bastia

Rundgang durch Bastia

Altstadt, Hafen und Zitadellenviertel: Ein Stadtrundgang führt durch die verschiedenen Teile Bastias. Teil der Tour ist beispielsweise ein barocker Rundgang, der die schönsten Kirchen und Kapellen verbindet.

Ⓐ Fährhafen – Hier legen die Fähren aus Frankreich und Italien an.

Ⓑ Place Saint Nicolas – Mondänes Flair verströmt der weitläufige Platz mit dem Napoleon-Denkmal.

Ⓒ Boulevard Paoli – Die Einkaufsmeile, Hauptgeschäftsstraße von Bastia, ist nach dem korsischen Revolutionär und Widerstandskämpfer Pascal Paoli benannt.

Ⓓ Oratoire Saint Roch – Die Kapelle, geweiht dem Schutzpatron der Pestkranken, ist Startpunkt des Barock-Spaziergangs.

Ⓔ Oratoire de l'Immaculée Conception – Auch das Oratorium zur Unbefleckten Empfängnis hat ein barockes Innenleben.

Ⓕ Église Saint Jean Baptiste – Das doppeltürmige Wahrzeichen Bastias ist Johannes dem Täufer geweiht.

Ⓖ Place du Marché – Auf dem Marktplatz von Bastia herrscht vormittags reges Treiben.

Ⓗ Alter Hafen – Schaukelnde Boote, Cafés und ein schöner Blick von der Mole verlocken zum Stopp.

Ⓘ Jardin Romieu – Der schönste Weg zur Zitadelle führt durch diese Gartenanlage.

Ⓙ Zitadelle – Ein Besuch der Festungsanlage gehört unbedingt zu einem Rundgang durch Bastia. Den ältesten bebauten Teil der Stadt nennt man übersetzt »Neustadt«.

Ⓚ Kathedrale Sainte Marie – Die Kathedrale in der Zitadelle beherbergt eine große Marienstatue aus Silber.

Ⓛ Oratorium Sainte-Croix – Das einzige Rokoko-Oratorium vermag den Prunk noch zu toppen.

Ⓜ Gouverneurspalast – Hier ist auch das Museum von Bastia, das sogenannte Musée de Bastia, untergebracht.

AUTORENTIPP!

PARFUMERIE CYRNAROM

Auf den ersten Blick sieht der kleine Laden in der Avenue Emile Sari Nr. 29 aus wie eine typische Parfümerie. Leicht übersieht man das schlichte Schaufenster zwischen einer Autowerkstatt und anderen Geschäften, doch ein Schriftzug neben der Tür lässt innehalten. MUSÉE steht dort in großen Buchstaben. Wer der Einladung folgt, betritt das Reich der Düfte von Guy Cecchini. Zwischen Kupferkesseln und Glaskolben hantiert »Le maître parfumeur« mit Essenzen aus heimischen Blüten und Kräutern. Es ist eine Szene, die aus dem Roman »Das Parfum« von Patrick Süßkind stammen könnte. Doch hinter diesen Türen verbergen sich keine düsteren Geheimnisse, sondern eine Welt der Düfte. Zugleich berichtet sie von der Tradition der Parfumherstellung. Während der Sommermonate gewährt Guy Cecchini Besuchern Einblicke in die hohe Kunst des Duftmischens. Ein Erlebnis und natürlich die Gelegenheit, ein besonderes Souvenir zu erwerben – den Duft von Korsika.

Laboratoire et Musée de la Parfumerie Cyrnarom. Avenue Emile Sari 29, Tel. 04 95 31 39 30

DER NORDEN

culée Conception (Oratorium der Bruderschaft zur Unbefleckten Empfängnis, 1609). Der barocke Eingang entstand 1704, der übrige Marmorschmuck der Fassade kam 1859 hinzu. Etwas weiter, kurz vor dem alten Hafen, führt links die Rue Saint Jean zum Wahrzeichen Bastias: Die doppeltürmige Kirche Église Saint Jean Baptiste (1636–1666) wird von der umgebenden Bebauung regelrecht verschluckt; man könnte meinen, dass sich das schwere Eingangsportal kaum noch öffnen lasse, so nah rückt die Häuserzeile gegenüber heran. Auf der Hinterseite indes weitet sich die Place du Marché (Marktplatz), umgeben von netten Cafés und kleinen Lokalen – eine schöne Gelegenheit für einen Stopp, besonders zu den Marktzeiten.

Kathedrale Sainte Marie

Eher schlicht gibt sich das Innere von Saint Jean Baptiste. Die Kirche diente der ärmeren Bevölkerung der Unterstadt. Seine beiden Kirchtürme erhielt das Bauwerk erst im 19. Jahrhundert. Als »Kirche der Reichen« hingegen galt die Kathedrale Sainte Marie (1495, Umbau 1600–1622) in der Zitadelle direkt gegenüber. Der schönste Weg dorthin geht um den u-förmigen Alten Hafen herum, vorbei an Brasserien und Straßencafés. Der Fußweg führt schließlich über Treppen hinauf zum Jardin Romieu, einen in den 1870er-Jahren angelegten, öffentlichen Garten. Das Prachtstück im Altarraum ist eine zwei Meter große Silberstatue der Mariä Himmelfahrt. Das fast 500 Kilogramm schwere Kunstwerk wurde aus Ohrringen und Geschmeiden der gut betuchten Bastianer geschaffen. Um die Kirche Jean Baptiste zu übertrumpfen, heißt es, sammelte man bergeweise Schmuck und andere Dinge aus Silber und ließ sie einschmelzen. Sainte Marie ist das größte sakrale Bauwerk Korsikas. Ganz in ihrer Nähe steht noch eine sehenswerte Kapelle: Das Oratoire Sainte-

Bastia

Croix (1735–1790) prunkt in der verschwenderischen Fülle des Rokoko.

Museum und Miniaturdorf

Verbinden lässt sich die Kirchentour mit einer anschließenden Besichtigung der Citadelle (Zitadelle). Ein Labyrinth aus engen Gässchen, umschlossen von hohen Festungsmauern, bildet die Terra Nova, die einstige »Neustadt« der Genuesen. Sie ist auch von der Straßenseite aus durch das Hauptportal, die Porte Louis XVI, zu erreichen. Herzstück der Zitadelle ist der Gouverneurspalast (1453), in dem sich heute das Musée de Bastia (Museum von Bastia) befindet. Auf einer Fläche von 900 Quadratmetern bietet es einen umfassenden Einblick in die Traditionen und Geschichte Korsikas.

In der Zitadelle ist zudem ein vollständiges korsisches Dorf im Miniaturformat (Miniature Citadelle de Bastia) zu besichtigen: Der Likörfabrikant René Mattei ließ 1983 bis 1986 »Le village miniature corse« errichten, Stein auf Stein im Maßstab 1:30 und komplett animiert: Die Windräder der Mühlen drehen sich, die Häuser sind beleuchtet, bewegte Figuren veranschaulichen das dörfliche Leben.

MAL EHRLICH

VERHALTENER GLANZ

Auch wenn der Boulevard-Charakter von Bastias Einkaufsstraßen oft hervorgehoben wird – mit den Champs-Élysées sind die schmalen Straßen der vergleichsweise kleinen Stadt natürlich nicht vergleichbar. Auch unter einem Shopping-Paradies stellen viele sich etwas anderes vor. Anderen wiederum gefällt es gerade, in den kleineren, authentischen Geschäften zu stöbern und die Präsenz der Filialisten den Metropolen zu überlassen.

AUTORENTIPP!

DIE HEILIGE TREPPE VON KORSIKA

Viele Pilger zieht es zur Heiligen Treppe beim Lateranspalast in Rom, den Originalstufen, auf denen Christus laut Überlieferung zu Pilatus geführt wurde. Doch nur wenige wissen, dass sich ein seltener Nachbau der »Scala Santa« in einer Kapelle bei Bastia befindet. Im 19. Jahrhundert erteilte Papst Pius VII. der Stadt das Privileg, eine solche Treppe einzurichten. 28 rotgoldene Stufen führen zum Altar des barocken Oratoire de Monserrato, das auf einem Spazierweg durch hübsche Gärten zu erreichen ist.

L'Oratoire de Monserrato. Fußweg (ca. 1,5 km): Vom Justizpalast dem Chemin du Fort Lacroix folgen, links in die Route de Saint-Florent, kurz darauf erneut links (Chemin de Scala Santa). Anfahrt mit dem Pkw: Richtung Kloster St-Antoine, in der Kurve oberhalb parken, ab dort ca. 15 Min. Fußweg. Chemin de Scala Santa, 20 200 Bastia

Sonnenmosaik vor dem Oratoire de l'Immaculée Conception

Infos und Adressen

SEHENSWÜRDIGKEITEN

Cathédrale St.-Marie de l Àssomption. Rue Notre Dame 12, Tel. 04 95 31 01 80

Église Saint Jean Baptiste. Rue Cardinal Viale Prélat 4, Tel. 04 95 55 24 60

Gouverneurspalast mit Musée de Bastia. Place du Donjon / La Citadelle, Tel. 04 95 31 09 12, www.musee-bastia.com

Miniature Citadelle de Bastia. April–Mitte Okt. 9–12 / 14.30–17.30 Uhr. Tel. 06 10 26 82 08

ESSEN UND TRINKEN

A Scudella. Traditionelle Küche, korsische Spezialitäten. Rue Pino 10, Tel. 06 18 93 06 98

Brasserie l'Etudiant. Auch Pizza. Avenue Jean Zuccarelli 11, Tel. 06 20 29 44 26

Charcuterie gehört zu den ausgesprochenen Spezialitäten Korsikas.

Chez Anna. Authentische und saisonale Küche mit Produkten aus der Region. Rue Jean Casale 3, Tel. 04 95 30 86 21, E-Mail: restochezanna@live.fr

Helios. In dem großen Innenraum geht es lebendig zu, dafür überzeugt die Terrasse. Route du Cap 39

La Cuisine du Sud. Restaurant im Süden von Bastia. Küchenchefin Marie France Muraccioli kreiert mediterrane Köstlichkeiten. Avenue de la Libération (Sud Hôtel), Tel. 04 95 30 20 61

La Fabrica. Restaurant in urigen Gewölben. Auch Pizza und eine gute Auswahl an korsischer Pasta. Boulevard Général Giraud 1, Tel. 04 95 58 32 95, E-Mail: michel.pierucci@orange.fr

La Tomate Noire. Keine schwarzen Tomaten, aber internationale Küche (thailändisch, marokkanisch usw.) und Traditionelles (Souris Rôtie à la Panzetta, Filet mi foie gras, frites maison). Rue César Campinchi 33, Tel. 04 95 55 16 4, E-Mail: marinavaillant@yahoo.fr

Santa Maria. Fisch und Meeresfrüchte im alten Hafen. Auf der Esplanade mit Meerblick. Quai des Martyrs, Tel. 04 95 36 40 59

ÜBERNACHTEN

Bonaparte. Drei-Sterne-Hotel gegenüber dem Fährhafen. Boulevard Gal Graziani 45, Tel. 04 95 34 07 10, E-Mail: hotel.bonaparte.bastia@wanadoo.fr, www.hotel-bonaparte-bastia.com/hotel-bastia

Des Voyageurs. Im Stadtzentrum nahe den Einkaufsstraßen. Avenue Mal Sebastiani 9, Tel. 04 95 34 90 80, E-Mail: contact@hotel-lesvoyageurs.com, www.hotel-lesvoyageurs.com

Le Central. Zimmer, Suiten und Apartments im barocken Stil. Drei Sterne. Rue Miot 3, Tel. 04 95 31 71 12, E-Mail: info@centralhotel.fr, www.centralhotel.fr

Posta Vecchia. Das Drei-Sterne-Haus bietet solide-elegantes Ambiente nahe dem Wasser. Rue Posta Vecchia 8, Tel. 04 95 32 32 38, E-Mail: info@hotel-postavecchia.com, www.hotel-postavecchia.com

Spa Ostella. Das Drei-Sterne-Hotel (52 Zimmer) zeichnet sich besonders durch den schönen Spa- und Fitness-Bereich aus. Avenue Sampiero Corso, Tel. 04 95 30 97 70, E-Mail: hotel.ostella@wanadoo.fr, www.hotel-ostella.com

Bastia

Terrasse mit Weitblick

AUSGEHEN

La Noche de Cuba. Haus-DJ Greg hat noch mehr zu bieten als Salsa-Klänge. Mit Cocktail-Bar. Do–Sa. Rue Chanoine Leschi, Tel. 04 95 31 02 83

Le Pub O Connors. Neben Korsikas Hausmarke gibt es auch andere Biere. Karaoke. Mi: 1980er-Musik. Rue St. Erasme 1, Tel. 04 95 32 04 97

EINKAUFEN

Cave Seddas. Weinhandlung mit großer Auswahl an korsischen Weinen. Av. Emile Sari 3, Tel. 04 95 32 47 23

Distillerie L. N. Mattei. In den Verkaufsräumen in Bastia gibt es den legendären korsischen Aperitif, außerdem Spezialitäten wie Likör aus wilden Zitronen, Kastanien- und Myrthenlikör. Boutique Mattei, Place Saint-Nicolas, www.capcorsemattei.com

AKTIVITÄTEN

Bahnhof Bastia. Mit der Eisenbahn in andere Regionen Korsikas. SNCF / Chemin de fer de la Corse (CFC). Infos und Tarife unter www.train-corse.com. Place de la gare, Tel. 04 95 32 80 61, www.ter-sncf.com/Regions/corse/Fr

INFORMATION

Office du Tourisme de l'Agglomération de Bastia. Mo–Fr 8–18 Uhr, Sa 8–12 / 14–18 Uhr, So 8–12 Uhr. Place Saint Nicolas, Tel. 04 95 54 20 40, www.bastia-tourisme.com

Auf der Place Saint Nicolas genießt man das mediterrane Leben.

DER NORDEN

2 Das Umland von Bastia
Bergdörfer und ein Lagunensee

Korsika hat landschaftlich Reizvolleres zu bieten als die dicht besiedelte Gegend rund um Bastia, doch es gibt auch hier einige lohnende Ziele: Eine Fahrt ins Pigno-Massiv eröffnet spektakuläre Panoramen. Das Vogelschutzgebiet Étang de Biguglia bildet eine grüne Lunge nahe der Stadt. An der angrenzenden Plage de Marana breiten Sonnenanbeter gern ihr Handtuch aus. Oben in den Bergen indes sind ehemalige Eislager zu bewundern.

Oben: An der Corniche Supérieure liegen hübsche Bergdörfer.
Unten: Das Écomusée du Furtin am Lagunensee von Biguglia

Nur vier Kilometer vom Stadtzentrum entfernt ruht Cardo auf einem Felsvorsprung. Das Dorf, dessen Hafen wegweisend für die Gründung von Bastia war, ist einen Ausflug wert, zumal er sich mit einem Besuch des Couvent Saint Antoine (16. Jahrhundert) verbinden lässt. Das Kapuzinerkloster liegt an derselben Strecke, es verbirgt sich hinter dem Grün der üppigen Gärten an der Route de Saint-Florent. Zur Besichtigung steht es Auswärtigen nicht frei, es gibt aber täglich Messen, Eucharistie und Ähnliches auch für öffentliches Publikum. Ein hauseigener Blogspot informiert über die Termine (siehe Infos und Adressen). Zum Kloster gehört auch das Radio di Salve Regina, eine Radiostation mit christlichen Themen.

Bergdorf Cardo

Um schließlich in das Bergdorf zu gelangen, nimmt man die Route de Cardo, eine Abzweigung der D64 an der Straße nach Saint-Florent, oder die höher gelegene Route supérieure de Cardo. Letztere ist etwas länger, bietet aber noch spektakulärere Aussichtspunkte. Am Ende wartet ein ty-

Das Umland von Bastia

pisch korsisches Dorf, dessen Ursprünge mindestens im Mittelalter liegen. Zum Schutz vor Barbaren und der sich aus den Mündungsgebieten ausbreitenden Malaria baute man in Höhenlage. Wahrscheinlich existierte hier bereits zu Römerzeiten eine Siedlung, da das Dorf mit dem vorgelagerten Hafen an der bedeutenden Handelsachse lag. Rund vier Jahrhunderte nach ihrer Gründung schlug die Stadt Bastia die Eingemeindung von Cardo vor. Sie erfolgte schließlich am 13. April 1844 unter König Louis-Philippe. Noch heute wird das Dorf durch einen Sonderabgeordneten im Stadtrat von Bastia vertreten.

Rund um Furiani

Ein weiteres sehenswertes Dorf liegt rund zehn Kilometer südlich von Cardo: Auf einer Bergkuppe gruppieren sich die Häuser von Furiani um die Ruinen einer genuesischen Festung. Der kleine Platz vor dem Kirchlein bietet fast Rundumblick. Vor dem Meer in Richtung Südosten glitzert der Lagunensee Étang de Biguglia, der sich als nächstes Ziel einer Rundfahrt anbietet. Der Weg führt durch den Speckgürtel von Furiani, ein neues Wohn- und Industriegebiet, das sich zwischen dem alten Dorfkern und dem See ausbreitet. Sogar ein Kino gibt es (Route du village). Zur Blütezeit des Ortes trug ab 1920 die Tabakproduktion bei, nachdem der Anbau der Pflanze freigegeben worden war. Heute verbindet man vor allem den Namen »Pietra« mit Furiani: Das erste korsische Bier eroberte nach seiner Einführung im Jahr 1996 rasch die Insel (siehe Autorentipp).

Nicht weit davon befindet sich ein Ort, an dem Begeisterung und Trauer gemischte Gefühle hinterlassen. Im Stadion Armand Césari treffen die besten Fußballmannschaften Frankreichs aufeinander. Am 5. Mai 1992 kam es zu einer Tragödie.

AUTORENTIPP!

BIER AUS KASTANIEN
Nach einem Konzert der korsischen Band »I Muvrini« in Corte merkte Dominique Sialeli, dass ihm etwas fehlte: das passende Bier. Der gebürtige Korse, seinerzeit Manager bei der französischen Telekom in Paris, war in seiner Heimat zu Gast und hatte nun eine neue Geschäftsidee. Zusammen mit seiner Frau Armelle fand er bald eine würdige und echt korsische Zutat … beim Träumen unter Kastanienbäumen, wie es heißt. Ein Einfall, den zunächst so mancher belächelte. Vier Jahre später jedoch stand das Ergebnis vor den Toren von Bastia: eine komplette Brauereianlage. In der Zwischenzeit sind mehr als 20 Jahre vergangen und das aus Malz und Kastanienmehl gebraute »Pietra« ist in aller Munde.

Brasserie Pietra. Eine Besichtigung der Brauereianlage ist nach telefonischer Anmeldung möglich. Route de l'Étang, 20 600 Furiani, Tel. 04 95 30 14 70, www.brasseriepietra.com

DER NORDEN

Im Halbfinale zwischen dem Sporting Club Bastia und Olympic Marseille stürzte eine Stahlrohrtribüne ein, es gab 18 Tote und fast 2400 Verletzte. Ein großes, umzäuntes Mahnmal mit Gedenkstein neben dem Eingang erinnert daran. Die Tribüne war kurz vor dem Spiel in aller Eile neu errichtet worden, um Platz für 9000 zusätzliche Zuschauer zu schaffen. Weil es dadurch erhebliche bauliche Mängel gab, wurden 14 verantwortliche Personen angeklagt und zum Teil verurteilt. Bastias damaliger Klubpräsident Jean-François Filippi, der nach der Katastrophe zurückgetreten war, wurde wenige Tage vor Prozessbeginn vor seinem Haus erschossen. Man spekuliert darüber, ob es einen direkten Zusammenhang gab oder andere Gründe für den Mord ausschlaggebend waren.

Réserve Naturelle Étang de Biguglia

Hinter der Bebauung von Furiani lädt der Étang de Biguglia zum Durchatmen ein. Mehrere kleine Straßen führen von verschiedenen Seiten an den Lagunensee, das Land weitet sich, der salzige Wind streicht durch das Schilf. Am Seeufer entsteht fast der Eindruck, irgendwo im Binnenland angekommen zu sein, doch nur ein Kieferngürtel trennt die Lagune vom Strand »Plage de Marana« und dem heranrollenden Meer. Etwa acht Kilometer von Bastia entfernt, ist dies die grüne Lunge der Stadt; viele Tiere finden optimale Brut- und Lebensbedingungen vor. Rund 130 Wasservogelarten sind ganzjährig in den Marschen, Schilfrohren und Salzwiesen zu Hause, auch zahlreiche Zugvögel sind zu Gast. Flamingos fischen in den Sumpfgebieten nach Nahrung. Reptilien und Amphibien wie Frösche, Geckos, Eidechsen und sogar Sumpfschildkröten sind anzutreffen. Im Wasser tummeln sich Meeräschen und Aale, entlang der Ufer wachsen Pflanzen wie die Afrikanische Tamariske,

Oben: Südlich von Bastia verbirgt sich eine besondere Natur mit Marschen, Schilf und Salzwiesen.
Mitte: Mit Glück sieht man auch Flamingos am Étang de Biguglia.
Unten: Funde aus der Römerzeit: Die Ausgrabungsstätte Mariana

Das Umland von Bastia

Wanderung zu historischen Eislagern

INFORMATION

Wie erfinderisch die Korsen schon seinerzeit waren, zeigt sich bei einer Bergwanderung ab Cardo auf eindrucksvolle Weise. Auf dem Kamm des Pigno-Massivs sind zwei Steinbauten zu bewundern, in denen man im Winter Schnee einlagerte, um im Sommer damit die Brunnen von Bastia zu kühlen – und damit das Wasser vor Fäulnis zu schützen. Die beiden gut erhaltenen »Niveres« wurden im 16. und 18. Jahrhundert errichtet. Die eine ist oval geformt, die andere ähnelt einem Wohnhaus, das Dach ist von Gestrüpp überwuchert. In den Gewölben sind die ehemaligen Eislager noch gut zu erkennen. Die Niveres befinden sich auf dem Bergkamm zwischen 750 und 800 Meter Höhe.

An- und Abfahrt: D64 Route de Cardo oder Route supérieure de Cardo (Abzweigungen der D81 Richtung Saint-Florent), beide führen direkt zur Piazza di à Chjessa, dem Startpunkt der Wanderung.

Ausgangspunkt: Kirchvorplatz von Cardo (Piazza di à Chjessa). Gute Parkmöglichkeiten.

Länge: 5,2 km (Variante: 7,2 km). Rd. 550 Hm. 3,5 Std. Gehzeit (mit Pause).

Ausrüstung: Wanderkleidung inkl. berggerechtem Schuhwerk einpacken. Sonnenschutz.

Verpflegung: Ausreichend Wasser und einen Snack / ein Picknick mitnehmen. Es gibt keine Einkehrmöglichkeit unmittelbar in Cardo.

Rad: Für Mountainbike geeignet.

Variante: An der letzten Abzweigung links halten und den Abschnitt auf dem Gipfelweg »Sentier des crêtes« damit um ca. 1 km verlängern

Tipp: Bei der ersten Nivere bilden einige Bäume einen schönen Picknickplatz.

WICHTIGE STATIONEN

A Kirchvorplatz von Cardo – An der Piazza di à Chjessa) beginnt die Wanderung.

B Abzweigung hinter der Kirche – Hier hält man sich links. Am Ende der Siedlung (Sackgasse) beginnt der Wanderweg.

C Nach ca. 600 m – Hier mündet der Pfad in eine breitere Sandpiste. Links abbiegen und dem Weg ca. 400 m folgen.

D Kleines Gebäude – An diesem in den Pfad abbiegen, der rechts direkt bergauf führt.

E Weggabelung nach 600 m – Die rechte Abzweigung führt direkt zu den »Niveres« (bis dort ist es noch ca. 1 km), bald steigt der Weg immer steiler an. Variante: Die linke Abzweigung nehmen.

F Gipfelweg »Sentier des crêtes« – Auf dem Gipfelweg angekommen, ist bereits die erste Nivere zu sehen, die zweite liegt rechts dahinter.

Spektakulär ist der Blick von der Serra di Pigno.

AUTORENTIPP!

ZWEI-KÜSTEN-BLICK

Der Kamm der Serra di Pigno teilt das Cap Corse in Westen und Osten. Zu überqueren ist er bei Bastia über den Col de Teghime (Teghime-Pass, 536 m). An einem Platz eröffnet sich ein herrlicher Panoramablick über beide Seiten: Im Osten breiten sich Bastia und Umgebung aus wie ein Häuserteppich, im Meer sind – bei guter Fernsicht – Elba und weitere Inseln des toskanischen Archipels zu erkennen. Nach einer 180-Grad-Drehung präsentieren sich der Golf von Saint-Florent und die Wüstenlandschaft Désert des Agriates auf der anderen Seite des Kaps. Am Col de Teghime erinnert ein Denkmal an die Befreiung Korsikas im Zweiten Weltkrieg.

Anfahrt/Wegbeschreibung. Ab Bastia über die D81 Richtung Col de Teghime. Parkmöglichkeit bei einer Haarnadelkurve vor Barbaggio. Ein Wanderweg führt von dort auf eine Bergkuppe mit dem besten Blick.

Erlen und Eukalyptusbäume, Korkeichen und das provenzalische Zuckerrohr. Über Flora, Fauna und die Geschichte des Sees, der einst zu den Befestigungsanlagen gehörte, informiert das Écomusée du Fortin an der Route de l'Étang (Führungen möglich). Das Museum befindet sich auf einer kleinen Insel, die über einen Steg mit dem Straßenende verbunden ist. Circa 150 Meter vorher gibt es rechtsseitig einen größeren Parkplatz.

Fünf Flüsse speisen den Étang de Biguglia, mit einer Fläche von rund 1450 Hektar der größte Lagunensee Korsikas. Das elf Kilometer lange und bis zu 2,5 Kilometer breite Gewässer bedeckt weite Teile der Marana-Ebene. Die topografische Lage – im Flachland südlich des Cap Corse und östlich des Nebbio-Massivs – begünstigte die Entstehung dieses Schwemmgebietes, das 1994 unter Naturschutz gestellt wurde. Als Réserve Naturelle ist der See nur an einigen Stellen zugänglich, Hinweis- und Verbotsschilder weisen die Schutzzonen aus. Es bleiben genügend Möglichkeiten, die Landschaft zu genießen. Entlang der östlich vorbeiführenden Küstenstraße gibt es einen Fahrradweg, und an der Plage de Marana spielt sich im Sommer ein reges Strandleben ab. An einigen Stellen, besonders im nördlichen Teil, ist der Strand unmittelbar erreichbar, an anderen schieben sich Feriensiedlungen und Clubanlagen dazwischen.

Das Umland von Bastia

Infos und Adressen

SEHENSWÜRDIGKEITEN

Couvent Saint Antoine. Route de Saint-Florent, 20 600 Bastia, Tel. 04 95 55 42 55, www.couventstantoine.blogspot.de (Kloster-Radio RSR: www.rsr.ift.fr)

Écomusée du Fortin. Sept.–Juni Di–Sa 9–12 / 13–17 Uhr (Juli/Aug. 9–16 Uhr). Route de l'étang, 20 600 Furiani, Tel. 04 95 33 35 73, E-Mail: ecomusee@cg2b.fr

Église La Canonica. Romanische Kathedrale im Süden des Lagunensees. Route de la Canonica (direkt an der D107 gelegen, ca. 3 km ab der Ausfahrt D10, kurz hinter dem Flughafen), 20 290 Lucciana

Le Site archéologique de Mariana. Interessante Fundstätte einer Römersiedlung am Étang de Biguglia (neben der Église La Canonica). Besichtigung während der Sommermonate möglich. Route de la Canonica (an der D107, ca. 3 km ab der Ausfahrt D10, kurz hinter dem Flughafen), 20 290 Lucciana

ESSEN UND TRINKEN

Cesar 1er. In der Brasserie wird auch das Auge verwöhnt, so liebevoll sind die Speisen hergerichtet. Rond point de Furiani, 20 600 Furiani. Tel. 04 95 34 07 23, E-Mail: cesar.premier@sfr.fr, www.cesar1resto.com

ÜBERNACHTEN

Thalassa. Drei-Sterne-Hotel. 32 geschmackvoll eingerichtete Zimmer, die Hälfte hat Meerblick. Route du Cap 39, Pietranera, 20 200 San Martino di Lota, Tel. 04 95 31 56 63, E-Mail: hotel-thalassa@wanadoo.fr, www.hotelthalassa.fr

AUSGEHEN

Le Petrabugno Bar. Pop und Rock, die Disco hat ganzjährig geöffnet. Guaitella, 20 200 Ville di Pietrabugno, Tel. 04 95 32 75 51

INFORMATION

Office du Tourisme de l'Agglomération de Bastia. Mo–Fr 8–18 Uhr, Sa 8–12 / 14–18 Uhr, So 8–12 Uhr. Place Saint Nicolas, Tel. 04 95 54 20 40, www.bastia-tourisme.com

Die Église La Canonica verzaubert mit schlichter romanischer Schönheit.

DER NORDEN

3 Cap Corse
Eine Insel in der Insel

Wie ein schmaler Finger ragt das nördliche Kap aus dem übrigen Korsika hervor, als wolle es sich melden, um auf seine eigene Schönheit aufmerksam zu machen. Mit dem Auto lässt es sich an einem Tag erkunden – besser aber ist es, unterwegs ein oder zwei Übernachtungen einzuplanen. Eine spektakuläre Alternative für Wanderer ist der gut markierte »Weg über die Bergkämme«.

Als *L'île dans l'île* (Insel in der Insel) bezeichnen die ansässigen Gemeinden das Cap Corse. Nur zehn Kilometer breit und rund 40 Kilometer lang, wird es oft auch als eine Miniaturausgabe von Korsika beschrieben, denn die Topografie des großen Inselteils setzt sich hier kleiner und flacher fort: schroffe, steile Küste im Westen, sanfter abfallendes Land mit fruchtbaren Tälern im Osten, ein Gebirgszug im Zentrum. Doch ein Spiegelbild ist es keineswegs, das Cap Corse hat sein eigenes Gesicht. Nirgendwo sonst gibt es beispielsweise so viele Wachtürme auf vergleichbar kleinem Raum. Diese mittelalterliche Alarmanlage rund um das Kap entstand im 16. Jahrhundert, um die Bevölkerung frühzeitig vor Angriffen warnen zu können. Große Teile der Landschaft sind zudem so sehr von Macchia überwachsen, dass kaum etwas anderes zu sehen ist.

Oben: Einer der schönste Hafenorte ist Erbalunga.
Unten: Auf dem Dorfplatz von Nonza steht ein Bildnis von Pasquale Paoli.

Rundfahrt um das Kap

Motorisiert sollte man sein für die Erkundung des Kaps, denn die Busse verkehren spärlich und für die Eisenbahn ist in Bastia Schluss. Zudem lohnt sich die Strecke mit dem Auto oder Motorrad:

Cap Corse

Eine Serpentinenstraße führt um die Halbinsel herum und bietet nach jeder Kurve eine neue Aussicht. Unterwegs gibt es schöne Gelegenheiten für eine Pause mit Panorama oder ein Bad im Meer – rund 25 Strände und Buchten verteilen sich um das Kap.

Für das erste Stück ab Bastia Richtung Norden gibt es eine atemberaubende Variante zur Küstenstraße. Die Bergstrecke D31 mit teils minimaler Randbefestigung erfordert stellenweise Schwindelfreiheit, entsprechend spektakulär ist dafür die Aussicht. Sie ist mit rund 20 Kilometern ungefähr doppelt so lang wie die Route direkt am Meer und offenbart die Vielfalt des Hinterlandes. Richtung Bergkamm grüßt zunächst die Gemeinde Ville di Pietrabugno. Ihr gehören mehrere Dörfer an, darunter Guaïtella und Alzeto. Mittendrin triumphiert die Barockkirche Sainte Lucie (1796), deren Fundament aus dem Jahr 1562 stammt, auf dem höchsten Punkt der Bergkuppe. Von Pietrabugno führt die Nebenstrecke durch eine Landschaft aus Wald und Terrassenfeldern, mit Flüssen, Quellen und kleinen Wasserfällen. Bei Santa Maria di Lota geht es wieder hinab an die Küste. Der schmucke Ort schmiegt sich an den Hang, die alten Häuser wurden größtenteils restauriert. Wie viele Dörfer des Kaps verfügt es über einen Naturhafen mit Genueserturm; er heißt Miomo und ist heute ein beliebter Badeort.

Auf dem Monte Stello

Die Küstenstraße indes führt durch ähnlich klingende, nahtlos zusammengewachsene Ortschaften: zunächst Pietranera, dann San Martino di Lota. Beide Routen vereinen sich vor Lavasina. Hier geht es zum Monte Stello (1307 m), dem höchsten Gipfel des Cap Corse. Wer ihn erklimmen möchte, biegt zunächst in die Nebenstrecke D54

AUTORENTIPP!

ÉCOMUSÉE DU CÉDRAT

Das Dorf Nonza an der Westküste des Cap Corse hat etwas Eigenwilliges: wie dem Mittelalter entsprungen, mittendrin eine knallbunte Kirche, ein quadratischer Genueserturm (Tour Paoline) und ein schwarzer Strand (siehe »Mal ehrlich«, S. 46). Seit Juli 2012 ist Nonza um eine kulturelle Attraktion reicher. Im Écomusée du Cédrat (Museum und Kunstgalerie) dreht sich alles um die Zitrusfrucht Cedrat (auch: Zitronatzitrone, Medischer Apfel, Zedernfrucht), die dem Dorf bis in das 19. Jahrhundert hinein Wohlstand bescherte.

Écomusée du Cédrat. Juli/Aug. Mo–So 10–13 Uhr (Do–So auch 13.30–18.30 Uhr). Casale, 20 217 Nonza, Tel. 04 95 38 59 83

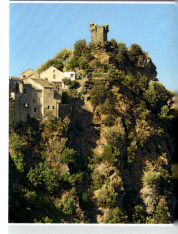

Charakteristisch ist der viereckige Genueserturm von Nonza.

AUTORENTIPP!

LES JARDINS TRADITIONNELS
Mitten auf dem vielerorts karg anmutenden Kap befindet sich ein Reservoir biologischer Vielfalt. In den »Traditionellen Gärten des Cap Corse« (Les Jardins Traditionnels du Cap Corse), zehn Kilometer von Luri entfernt, wird die Vielfalt regionaler Früchte, Gemüse und Blumen bewahrt. Dazu gründete sich bereits im Jahr 1992 die Association Cap Vert um die Biologin Claudie Seguie. Ihnen gelang es innerhalb von 20 Jahren, zahlreiche regionale Pflanzen wiederzuentdecken und neu zu kultivieren. Im zugehörigen Bioladen werden die eigenen Anbauprodukte verkauft, etwa Honig oder Kastanienmargarine.

Association Cap Vert. Mo–Sa 9.30–18 Uhr, 5 €. Lieu-dit Cepita, 20 228 Luri, Tel. 04 95 35 05 07, www.lesjardinstraditionnelsducapcorse.org

Die Bougainvilea blüht in vielen Gärten.

DER NORDEN

Blick vom Col de la Serra auf Berge und Dörfer

Richtung Pozzo ab. Nach fünf Kilometern ist das Dorf Pozzo erreicht, dort weist ein Schild zum Parkplatz oberhalb der Kirche. Die Bergwanderung ist markiert und ausgeschildert (Literaturangabe siehe Information). Man benötigt für die zwölf Kilometer lange, mittelschwere Strecke (Höhenunterschied 1030 m) rund fünfeinhalb Stunden.

Unterhalb von Pozzo befindet sich ein Hafenstädtchen, das oft als Vorzeigebeispiel des Cap Corse genannt wird: Erbalunga mit seinen verträumten Gassen ist auf jeden Fall einen Stopp wert, ein halbverfallener Wehrturm fügt sich in das romantische Bild. Einige Restaurants verführen zum Fischessen, darunter das Le Pirate mit Sterne-Küche. Weiter geht die Fahrt durch das benachbarte Brando. Dahinter sollte man die kleine Parkbucht am Straßenrand nutzen und rechts dem Schotterweg folgen – er führt zu einer Traumbucht der Superlative. An der Strecke folgen noch mehrere schöne Bademöglichkeiten.

Auf dem »Weg des Lichtes«

Ungefähr neun Kilometer hinter Brando weist ein Schild links nach Pietracorbara. Dieser Abstecher

Rundfahrt Cap Corse

Korsikas »Zeigefinger« lässt sich komplett entlang der Küste umrunden. Schöne Varianten sind die Querverbindungen von Ost nach West. Das Hinterland lohnt sich mit seinen ansprechenden Dörfern, Wanderrouten und grandiosen Aussichtspunkten.

Ⓐ Bergstrecke D31 – Schwindelerregend schöne Alternative zur Küstenstraße.

Ⓑ Ville di Pietrabugno – Die Gemeinde rund um die Barockkirche Sainte Lucie ist einen Stopp wert.

Ⓒ Santa Maria di Lota – Zu dem hübschen Bergdorf gehören der Naturhafen Miomo und ein beliebter Badestrand.

Ⓓ Monte Stello – Den höchsten Gipfel des Cap Corse erreicht man wandernd ab Pozzo.

Ⓔ Erbalunga – Sehenswertes Hafenstädtchen mit charakteristischem Wehrturm.

Ⓕ Brando – Kurz hinter dem Ort warten traumhafte Badebuchten unterhalb der Straße. Es lohnt sich auch die weniger bekannten aufzuspüren.

Ⓖ Pietracorbara – Hier beginnt der »Weg des Lichtes«, auf dem man dem Lauf der Sonne bis nach Barretali folgen kann.

Ⓗ Tour de Sénèque – Ob der berühmte Philosoph wohl genauso beeindruckt von der Aussicht war? Ein Platz für den äußeren und inneren Weitblick.

Ⓘ Macinaggio – Der nördlichste Badeort ist wegen seines schönen Strandes beliebt. Von hier aus lässt sich die Rundfahrt auf der gegenüberliegenden Kapseite fortsetzen.

Ⓙ Centuri Port – Der Hafenort lädt zum Fischessen ein. Er gilt als Wiege der Langustenfischerei.

Ⓚ Nonza – Hier gibt es einen schwarzen Strand und ein besonderes Museum zur Zitrusfrucht Cedrat. Auch der viereckige Genueserturm ist etwas Besonderes.

Ⓛ Saint-Florent – Das Seebad ist die vielleicht schönste Ortschaft auf dem Kap.

Ⓜ Weinanbaugebiet Patrimonio – Die sonnigen Hanglagen bescheren Korsika gute Tropfen.

DER NORDEN

Oben: Miomo besitzt einen Strand und einen prächtigen Genueserturm.
Mitte: Felsenküste und Insel Ilot de la Giraglia bei Barcaggi
Unten: Fischerboote in Erbalunga

von der Küstenrundfahrt bietet sich für eine bezaubernde Wanderung an. Der Chemin de Lumière (Weg des Lichtes) verbindet Pietracorbara mit dem Dorf Barretali auf der Westseite des Kaps. Er führt auch zu den jeweils fünf Kapellen in beiden Ortschaften. Der spirituell klingende Name hat allerdings einen ganz anderen Hintergrund. Gemeint ist, wortwörtlich »dem Licht zu folgen«: Die Tour ermöglicht es, an einem Tag den Weg der Sonne von der Morgendämmerung am Horizont der Toskana bis zu ihrem Eintauchen ins Ligurische Meer zu begleiten. Die markierte Wanderung (gelbe Kreuze) hat auf einfacher Strecke eine Gesamtlänge von zwölf Kilometern. Mit mittlerem Schwierigkeitsgrad und einem Höhenunterschied von 600 Metern ist sie bei durchschnittlicher Kondition gut zu bewältigen. Startpunkt ist die Kapelle Saint-Pancrace im Weiler Lapedina (im Norden der Gemeinde Pietracorbara, Wegverlauf siehe Karte S. 45).

Der Seneca-Turm

In Santa Severa, einer der nächsten Ortschaften an der Ostküste, zweigt die D180 Richtung Luri

MAL EHRLICH

DER »ASBEST-STRAND« VON NONZA
Bis 1965 wurde in einem Werk bei Canari u.a. Asbest abgebaut. Das Gebäude verschandelt die Landschaft und noch heute leiden ehemalige Arbeiter an den Spätfolgen. Insbesondere die dunkle Farbe des Strandes von Nonza wird damit in Verbindung gebracht, da er wohl mit Gesteinsschutt aus dem Werk aufgeschüttet wurde – was aber auch für den gut besuchten Strand von Albo weiter nördlich gilt. Vor Ort heißt es, dass von keiner Gesundheitsgefahr auszugehen sei. In Nonza schrecke eher der Weg zum Strand ab – er führt über 1000 Stufen.

Cap Corse

ab. Sie führt über den Lucie-Pass (Col de Ste-Lucie) zur Westküste. An der Strecke liegt nach rund 13 Kilometern der Tour de Sénèque (Seneca-Turm, 564 m) auf der linken Seite. Der für acht Jahre nach Korsika verbannte römische Philosoph Lucius Annaeus Seneca (4 v. Chr. bis 65 n. Chr.) soll darin gelebt haben. Auch wenn dies eine Legende ist, der Blick von oben hat allemal Kultstatus. Der kürzeste Aufstieg (ca. 20 Minuten ab dem Col de Ste-Lucie) ist ausgeschildert und wird mit einer fantastischen Aussicht über die Ost- und Westküste des Cap Corse belohnt.

Die Umrundung des Kaps setzt sich über den beliebten Badeort Macinaggio fort. Nun ist man fast ganz im Norden angekommen, und die Küstenstraße D80 schwenkt Richtung Westen. Bei Ersa führen noch zwei Nebenstrecken an den nördlichsten Punkt, bald darauf geht es Richtung Süden an der schrofferen Westküste zurück, mit lohnenden Ortschaften wie Centuri, Nonza und Saint-Florent und dem Weinanbaugebiet Patrimonio. Oberhalb des Passes Col de la Serra steht die Moulin Mattei, eine restaurierte Windmühle mit leuchtend rotem Dach, die der Likörfabrikant Mattei werbewirksam in Szene setzte. Sie lohnt wegen der schönen Aussicht.

Sentier des crêtes

Für geübte Wanderer gibt es noch eine Möglichkeit, das Cap Corse von Süden bis Norden zu erkunden – auf dem Sentier des crêtes, dem »Weg über die Bergkämme«. Die überaus reizvolle Kammwanderung ist gut markiert (rotes Dreieck), hat eine Gesamtlänge von 48 Kilometern und teilt sich in sechs Etappen. Der Höhenunterschied beträgt bis zu 800 Meter. Lange hatte die Gemeinschaft der Gemeinden von Cap Corse an der Gestaltung des Wanderweges gearbeitet, der im Jahr

AUTORENTIPP!

THEMENPFADE
Auf 18 markierten Themenwegen ist es möglich, mehr über das Cap Corse zu erfahren. Jedes Dorf verfügt über einen eigenen Pfad und ein besonderes Thema – z.B. »Wanderung Wasser des Lebens« (Le Sentier de l'eau vive) in Pietracorbara, »Ziegenhütten vor dem Meer« (Les Bergeries face à la mer) in Centuri oder »Barbarenweg« (Le Chemin des barbaresques) in Ogliastru. Obendrein sind die Wege auch für ungeübte Wanderer gut geeignet. Die Gehzeit liegt stets unter zwei Stunden und der maximale Höhenunterschied beträgt 400 Meter. In jedem Dorf informiert eine Tafel über den Routenverlauf. Beschreibungen jeder Tour (auf französisch) sind auf der Homepage der Gemeinden Cap Corse als Download erhältlich.

Communauté des Communes du Cap Corse. Gemeinschaft der Gemeinden. Informationen zu den Themenpfaden. Gelbe Markierung. Maison du Cap / Port Toga, Tel. 04 95 31 02 32, E-Mail: cc.cap corse@wanadoo.fr, www.destination-cap-corse.com

Werbewirksam und schmuckvoll: die Windmühle »Moulin Mattei«

2007 eröffnet wurde, vielerorts weisen Schilder den Weg. Die Orientierung fällt leicht (gutes Wetter vorausgesetzt!), zumal der Pfad vorrangig der Linie der Kämme des Massivs de la Serra folgt. Unterwegs überwältigt das Panorama von Bastia bis Centuri, ein weiter Blick über Täler und Küsten.

Empfohlen wird, die Strecke von Süden nach Norden und in mindestens drei Etappen zu wandern, wobei die erste Etappe mit der Besteigung des Monte Stello am längsten und anspruchsvollsten ist. Im Hafen von Toga geht es los. Die Route führt über Guaitella (Gemeinde Pietrabugno), die Pässe San Leonardu, Saint-Jean und Sainte-Lucie. Ziel ist der Hafen von Centuri. Dort sollte man am besten eine Übernachtung einplanen. Der Fischerort ist einen oder auch mehrere Urlaubstage wert (mehr Infos siehe Kapitel 4). Aufgetankt mit Ruhe und gestärkt vom guten Langustenessen, nimmt sich mach einer auch die Wanderung noch einmal vor – nun in der Gegenrichtung, die andere Perspektiven bietet.

Oben: Entlang der Küste verstecken sich »Piratennester« wie Marine de Negru.
Mitte: Kloster im grünen Hinterland bei Granaggiolo
Unten: Der perfekte Platz zum Entspannen

Auf der Homepage der Communauté des Communes du Cap Corse (siehe Infos und Adressen) stehen Wanderkarten aller Etappen zum einzelnen Download bereit (Wegverlauf siehe auch Karte S. 45).

Cap Corse

Infos und Adressen

SEHENSWERTES
Le Conservatoire du Costume. Das kleine Museum offenbart u.a., wie sich die Korsen im 19. Jh. kleideten. Eine Fotoausstellung informiert über das Leben auf dem Cap Corse. Commune de Canari, Tel. 04 95 37 80 17, E-Mail: mairiecanari@wanadoo.fr, www.canarivillage.com

Tour de Sénèque. Gehzeit ca. 20 Min., Ausgangspunkt: Col de Ste-Lucie

ESSEN UND TRINKEN
Le Pirate. Von außen unscheinbares und schlichtes Restaurant, doch die Küche erntete Michelin-Sterne. Man speist mit Blick auf den Hafen. Saisonal wechselnde Menüs. Le Port, 20 222 Erbalunga, Tel. 04 95 33 24 20, www.restaurantlepirate.com

ÜBERNACHTEN
Castel Brando. Charmantes Vier-Sterne-Hotel. Zimmer und Suiten in einer Villa aus dem 19. Jh. und im angrenzenden Neubau. Pool und Spa sorgen für Wohlfühlatmosphäre. Erbalunga, 20 222 Brando, Tel. 04 95 30 10 30, E-Mail: info@castelbrando.com, www.castelbrando.com

Im Restaurant »Le Pirate«

Torremare. Namensgeber des kleinen Drei-Sterne-Hotels ist der Genuesenturm direkt nebenan. Sieben Zimmer, einige davon mit Balkon über dem Meer. Route du bord de mer 2, Miomo, 20 200 Santa Maria di Lota, Tel. 04 95 33 47 20, E-Mail: elisabethcasanova@orange.fr, www.hotel-torremare-corse.com

INFORMATION
Communauté de Communes du Cap Corse. Die Gemeinschaft der Gemeinden des Kap informiert auch über das touristische Angebot. Maison du Cap / Port Toga, Tel. 04 95 31 02 32, E-Mail: cc.capcorse@wanadoo.fr, www.destination-cap-corse.com

Mertz, Peter: Bruckmanns Wanderführer Korsika. Tour Nr. 12, Bruckmann Verlag, München 2012, ISBN 3765458910

Am Dorfplatz von Nonza

DER NORDEN

4 Centuri Port
Languste essen bei Sonnenuntergang

Bunte Fischerboote schaukeln im Hafen, Netze trocknen in der Abendsonne und im Glas leuchtet ein guter Wein ... Wer Urlaub mit diesem Bild gleichsetzt, begibt sich am besten umgehend nach Centuri Port. Der Postkarten-Hafen gehört zur gleichnamigen 230-Einwohner-Gemeinde. Viele Gäste kommen allein schon wegen der guten Langusten.

Im Nordwesten ist das Cap Corse nur noch Kap. Schroff fallen Felsen ins Meer, das gewellte Hinterland gleicht einer grünen Wüste, unterbrochen nur vom hellen Band der Küstenstraße. Kakteen und Agaven krallen sich in die Abhänge, da und dort lugen Häuser hervor – wo sonst fände man ein echtes Fischerdorf, wenn nicht in Centuri, der nördlichsten Gemeinde Korsikas. Seit Jahrhunderten bestimmt hier das Meer den Rhythmus, noch heute betreibt jeder zehnte Einwohner Fischfang, um den Lebensunterhalt zu sichern. Mitte des 18. Jahrhunderts diente der Hafen militärischen Zwecken. Der Freiheitskämpfer Pascal Paoli nutzte ab 1757 die strategisch günstige Lage, um Schiffe für die korsische Flotte bauen zu lassen.

Wiege der Langustenfischerei

Centuri-Port gilt als Wiege der französischen Langustenfischerei. Glaubt man den Einheimischen, begannen Fischer in diesem Winkel des Landes als Erste, sich ausschließlich dem Fang dieser Tiere zu widmen, und setzten damit Ihre Entwicklung zur Delikatesse in Gang. Ein Urgestein ist Fernand Sker. Der Patron des Le Langoustier fährt noch

Oben: Malerischer geht es nicht: Centuri Port
Unten: Schon legendär ist das Restaurant »Le Langoustier«.

Centuri Port

höchstpersönlich mit seinem Boot »Laura« raus, um das aus dem Meer zu holen, was abends frisch auf die Teller kommt. Wie ein Pfahlbau steht die Holzterrasse des wohl bekanntesten Restaurants am Platz in den Felsen. Hier wird das Krustentier in allen Varianten serviert. Auch in den anderen Restaurants rund um den Hafen stehen Fisch und Meeresfrüchte auf der Karte, die direkt vom Kutter kommen. Die Preise sind entsprechend.

Appetit macht ein kleiner Spaziergang durch die urigen Straßen. Zwischen farbenfrohen Häusern, die Dächer gedeckt mit grünem Serpentin vom Kap, findet sich manch schönes Fotomotiv. Unübersehbar prägt der Tourismus das Fischerdorf, an fast jeder Ecke gibt es ein Restaurant, eine Snack-Bar, eine Pizzeria oder ein kleineres Hotel, von unansehnlichen Bettenburgen indes blieb Centuri Port, bedingt durch seine Lage, verschont.

Piratennester an der Küste

Am Ortsausgang Richtung Süden gibt es einen Parkplatz, von dem ein Fußweg zum Strand führt. Aus grobem Kies beschaffen, ist er zwar kein karibisches Paradebeispiel, doch zwischen Felsen finden Ruhesuchende verschwiegene Plätze. Auch gefällt der Blick mit der kleinen Insel Île de Capense, die ein schönes Schnorchelrevier bildet.

Der Straße weiter folgend (im Sommer parken hier Autos zu beiden Seiten), geht es über eine Brücke in die benachbarte Bucht von Mute – ein sympathisches Häufchen Häuser, vor dem Zodiacs und andere kleine Sportboote ankern, mit einigen Ferienapartments. Richtung Süden führt die dann teils nur dürftig ausgebaute Straße durch weitere kleine Orte, »Piratennester« an der rauen Küste, mit verfallenen Genuesentürmen und wildromantischen Ansichten, die eine Erkundung wert sind.

Infos und Adressen

ESSEN UND TRINKEN
Le Langoustier. Das Vorzeige-Restaurant am Hafen. Außer Langusten auch Bouillabaisse und andere Fischgerichte vom frischen Fang. Port, 20 238 Centuri, Tel. 04 95 35 64 98, www.lelangoustier.com

ÜBERNACHTEN
Le Vieux Moulin. Im oberen Teil des Dorfes gelegen, bietet das kleine Hotel einen schönen Blick über Centuri-Port. Im hauseigenen Restaurant gibt es auch frischen Fisch. 20 238 Centuri, Tel. 04 95 35 60 15, E-Mail: levieuxmoulincenturi@orange.fr, www.le-vieux-moulin.net

INFORMATION
Communauté de Communes du Cap Corse. Die Gemeinschaft der Gemeinden des Kap informiert auch über das touristische Angebot. Maison du Cap / Port Toga, Tel. 04 95 31 02 32, E-Mail: cc.capcorse@wanadoo.fr, www.destination-cap-corse.com

DER NORDEN

5 Weinanbaugebiet Patrimonio
Zwischen Reben viel erleben

Wein aus Korsika? In deutschen Supermärkten und Weinhandlungen findet man ihn selten. Auf der Insel selbst sieht es ganz anderes aus: Die Regale stehen voll mit guten Tropfen aus lokalen Anbaugebieten. Das wohl bekannteste ist Patrimonio im Südwesten des Cap Corse. Ein Besuch bei den Winzern mit Weinprobe ist sehr zu empfehlen. Bei den »Nuits de la guitare« im Juli wird gerockt, bis die Saiten reißen.

Grüne Hügel und Täler bilden rund um die Ortschaft Patrimonio eine anmutige Landschaft. Auf Feldern reihen sich Rebstöcke, im Kontrast dazu stehen Ohrenkakteen am Straßenrand und zackige Gebirgszüge, die Drachenrücken ähneln. Hier, nördlich des »Nebelgebiets« Nebbio, gedeihen die Nielluciu-Trauben, aus denen die korsischen Weine gewonnen werden. Diese Bezeichnung steht auf der Insel für die Rebsorte, die allgemein als Sangiovese bekannt ist.

Optimale Bedingungen

Zu dem Anbaugebiet, das halbkreisförmig vor dem Küstenstädtchen Saint-Florent liegt, gehören neben Patrimonio auch die Gemeinden Farinole und Barbaggio. Den Großteil der Region bilden mit Kieselsteinen bedeckte Kalk-Lehm-Böden auf einem Sockel aus Kalkstein. Hier findet die Rebsorte Nielluccio ideale Bedingungen, um kraftvolle, an Tanninen reiche Weine hervorzubringen, zu denen auch das optimale Klima beiträgt: Bei feuchter Witterung trocknen die häufig wehenden, teils

Oben: Die Berge im Weinanbaugebiet Patrimonio erinnern an einen Drachenrücken.
Unten: Viele Weingüter, wie hier die Domaine Lazzarini, bieten auch Direktverkauf.

Weinanbaugebiet Patrimonio

heftigen Winde aus Nordost die heranreifenden Beeren. Während der Dürreperiode im Sommer wiederum lindert maritime feuchte Luft den Wassermangel. Nachts sinkt zudem kältere Luft von den Berggipfeln und sorgt für ein ausgeglichenes Weinbauklima. Schon die Römer entdeckten die Vorzüge der Lage und nutzten sie, um den Rebensaft zu gewinnen.

Die Rot- und die Roséweine aus dem Patrimonio weisen einen Mindestanteil von Niellucio-Reben von 90 beziehungsweise 75 Prozent auf, für die übrigen Anteile dürfen die Winzer auch Nebensorten verwenden. Der Weißwein wird hingegen seit dem Jahr 2000 sortenrein aus der Rebsorte Vermentino gewonnen, die vor Ort Vermentinu oder Malvoisie de Corse genannt wird. Darüber hinaus gibt es die Spezialität »Rappu«, einen roten Dessertwein, der sehr spät gelesenen Beeren der Sorten Greanche und Aleatico entstammt. Um ihn kosten zu können, muss man allerdings etwas suchen, denn er wird nur in äußerst kleinen Mengen erzeugt.

Weinstraße AOC Patrimonio

Das fruchtbare Tal von Patrimonio liegt zwischen Bastia und Saint-Florent im Süden des Cap Corse. An der »Route du vin«, der Weinstraße des AOC Patrimonio (D81), gibt es viele Gelegenheiten, einen Stopp einzulegen, um das Können der Winzer zu bewundern und die korsische Lebensart bei einer Weinprobe zu genießen. Eine Übersicht über alle Weingüter ist im Tourismusbüro von St-Florent erhältlich. Übrigens gibt es auf Korsika auch noch weitere Weinanbaugebiete, etwa das AOC Calvi Balagne zwischen Calvi und der Désert des Agriates und das AOC Coteaux d'Ajaccio an der Westküste. Ebenfalls auf dem Cap Corse liegt das AOC Muscat du Cap Corse.

Infos und Adressen

WEINGÜTER

Domaine de Catarelli. Das Traditionsweingut wurde 1880 gegründet. Preise gab es unter anderem für den Muscat von 2011. Marine de Farinole, 20 253 Patrimonio, Tel. 04 95 37 02 84

Domaine Leccia. In dem noch jungen Weingut arbeitet man mit modernsten Winzeranlagen. Den aus 100 Prozent Nielluciu gewonnenen »Patrimonio« gibt es als Rot-, Weißwein oder Rosé, außerdem einen Muscat Corse. Lieu-dit Morta Piana, 20 232 Poggio d'Oletta, Tel. 04 95 37 11 35, www.domaine-leccia.com

ÜBERNACHTEN

Auberge U Lustincone. Uriges Hotel im Herzen des Anbaugebietes. Lieu-dit Lustincone, 20 253 Patrimonio, Tel. 04 95 37 15 28, www.u-lustincone.com

AKTIVITÄTEN

Nuits de la guitare. Open-Air-Gitarrenfestival im Sommer. Infos und Tickets unter www.festival-guitare-patrimonio.com

INFORMATION

Comité Intersyndical des Vins de Corse (CIVC). Korsikas Erzeugergemeinschaft informiert über die Anbaugebiete der Region und die dort produzierten Weine. Boulevard Charles de Gaulle 7, 20 200 Bastia, Tel. 04 95 32 91 32, www.vinsdecorse.com

DER NORDEN

6 Saint-Florent
St. Tropez von Korsika

Der Glanz von Saint-Florent zeigt sich besonders ab dem späten Nachmittag. Dann färben sich die Fassaden der Häuser im Licht der sinkenden Sonne, umarmt von den Höhenzügen des Nebbio. Man versteht nun, wie die Bucht zu ihrem Beinamen »Conca d'Oro« – Goldene Muschel – kam. Konkurrenzlos bettet sich das Städtchen in die Mulde zwischen dem Cap Corse und der nahezu unbesiedelten Küste der Désert des Agriates.

Seinen Spitznamen »Saint-Tropez von Korsika« verdankt Saint-Florent der hohen Dichte an Luxusjachten und eleganten Segelbooten, die sich vor der Hafenpromenade Rue du Furnellu aneinanderreihen. Noch weit bis in die Mündung des Flusses Aliso, der sich im Golf von Saint-Florent mit dem Meer vereint, setzt sich der Sportboothafen fort. Sein Gebiet nimmt damit beinahe genau die gleiche Fläche ein wie die Bebauung der Ortschaft. Einst war die Lage im Mündungsgebiet mehr Fluch als Segen: Noch bis ins 19. Jahrhundert wütete die Malaria in Saint-Florent. Dies änderte sich erst, nachdem Napoléon III. die Trockenlegung der angrenzenden Sümpfe veranlasst hatte.

An der Hafenmeile

Der Inselhafen bietet sich für einen Wochenendausflug ab der Côte d'Azur an, eine Möglichkeit, die viele Skipper vom Festland nutzen. In Saint-Florent reagiert man mit einem touristischen Ausbau auf gehobenem Niveau; darunter mischt sich das gewohnte Ambiente beliebter Ferienorte.

Oben: Hafenort mit mondänem Flair: Saint-Florent
Unten: In der Altstadt bieten Händler regionale Produkte an.

Saint-Florent

Gourmettempel und schicke Hafenboutiquen wechseln mit Pizzerien und Imbissen. Auf der zentralen Place des Portes lassen Boule-Spieler ihre Kugeln rollen. Direkt gegenüber befindet sich ein großer Parkplatz, von dem aus Promenade und Altstadt schnell erreicht sind. Einen Bummel ist Saint-Florent, reich an Begrünung und schönen Plätzen, allemal wert. Dies haben allerdings schon viele bemerkt – vor allem im Sommer platzt das 1650-Einwohner-Städtchen aus allen Nähten.

Bummel durch die Altstadt

Gar nicht weit vom Glamour der Hafenmeile zeigt sich Saint-Florent von einer bodenständigeren Seite. In der Altstadt zwischen der Place des Portes und der Place Doria laden kleine Cafés und Bistros zur Einkehr ein. An Obst- und Gemüseläden und anderen kleinen Geschäften vorbei geht es hinauf zur »Citadelle« ... so steht es zumindest auf dem Wegweiser. Die Beschilderung täuscht darüber hinweg, dass nur noch wenig geblieben ist von der einstigen Befestigungsanlage (1439) aus der Zeit der genuesischen Besatzung: ein Donjon, ein runder Wohnturm. Das wuchtige Gebäude, das der genuesische Gouverneur Janus di Campofregoso (1405–1448) errichten ließ, war einst von Rundmauern und Wirtschaftsgebäuden umgeben. Es diente als Bischofssitz und Gouverneurspalast.

Die Festung wurde im 17. Jahrhundert abgetragen, als Genuas Herrschaft gesichert schien und Saint-Florent keine strategische Bedeutung mehr besaß. Doch der Weg lohnt schon wegen des schönen Rundumblicks über den Golf von Saint-Florent und das hügelige Hinterland. Der Donjon hat sich auch zu einem kulturellen Treffpunkt entwickelt. Im Gebäude gibt es im Sommer wechselnde Kunstausstellungen, auf dem Vorplatz steigt jährlich Anfang August das Porto Latino Music Festival.

AUTORENTIPP!

PONTE REVINCO: VERSTECKTES PARADIES

Ein Naturpool mit klarem Wasser bei einer alten Mühle, davor eine Genuesenbrücke und ein verträumtes Restaurant am Fluss ... Dieses wunderschöne Ausflugsziel versteckt sich rund elf Kilometer vor Saint-Florent, an der D82 Richtung Ortale/Biguglia. Im Tal vor dem San-Stefano-Pass hat der Fluss Bevinco ein Badebecken ausgewaschen, das Erfrischung bietet. Anschließend kann man im Schatten alter Bäume einen Kaffee trinken oder einen Snack genießen. Nur ein kleines Schild am Straßenrand weist auf das idyllische Lokal hin, sodass man leicht daran vorbeifährt.

Mulino Allé Nocé (Mühle bei Murato) / Restaurant Chez Anto. Anfahrt: D82 Saint-Florent–Biguglia, ca. 1,5 km hinter dem Kreisverkehr beim Bocca di San Stefanu (368 m). Lieu dit Ponte Revinco, 20 273 Olmeta-di-Tuda

Die Zitadelle von Saint-Florent

Kathedrale Santa Maria Assunta

Ungefähr einen Kilometer vom Stadtzentrum entfernt (an der D238) beeindruckt die Kathedrale des ehemaligen Bistums Nebbio in romanischer Schönheit und mit – für die Epoche – ungewohntem Prunk. Eine Fassade mit Blendarkaden und Skulpturen schmückt das Bauwerk aus hellem Kalkstein. Im Altarraum sind die Reliquien des Heiligen Florus zu sehen. Die dreischiffige Kathedrale ist der Jungfrau der Himmelfahrt, Santa Maria Assunta, gewidmet. Erstmals urkundlich erwähnt wurde das Bauwerk im Jahr 1144. Zuvor befand sich wahrscheinlich eine frühchristliche Basilika an seinem Platz. Im Tourismusbüro von Saint-Florent sind gegen eine kleine Gebühr mehrsprachige MP3-Audioguides für die Besichtigung erhältlich.

Plage de la Roya

Oben: Besonders schön ist Saint-Florent im Abendlicht.
Mitte: Blick in den Altarraum der Kathedrale Santa Maria Assunta
Unten: Spaziergang an der Plage de la Roya

Auf der anderen Seite des Aliso-Flusses liegt die zwei Kilometer lange Plage de la Roya. Der Hausstrand von Saint-Florent mit seinem seichten Wasser ist kinderfreundlich und gut besucht. Landschaftlich wesentlich schöner jedoch sind die Plage du Loto und die Plage de Saleccia. Diese karibisch anmutenden Traumstrände liegen versteckt am Rande der öde wirkenden Désert des Agriates (siehe Kapitel 7).

Saint-Florent

Infos und Adressen

ESSEN UND TRINKEN

U Trogliu. Restaurant in schöner Altstadtlage, Außenplätze auf lauschigem, kleinem Vorplatz. Korsische Lasagne, Cannelloni, Tagesgerichte. Spezialität: tägl. frisch zubereitete Pasteten. Place Doria / Rue Furnellu (auch: Rue centrale), 20 217 Saint-Florent, Tel. 04 95 37 20 73, E-Mail: info@utrogliu.com, www.utrogliu.com

ÜBERNACHTEN

Auberge le Montana. Charmante Herberge an der D82, ca. 5 Fahrminuten vor Saint Florent. Zimmer mit Dusche, kleiner Pool und Bar. Route d'Oletta, 20 217 Saint-Florent, Tel. 04 95 374 85, E-Mail: info@auberge-lemontana.com, www.auberge-lemontana.com

Camping Acqua Dolce. Campingplatz direkt am Strand (Plage de la Roya), 2 km vor Saint-Florent. Route de la Roya, 20 217 Saint-Florent, Tel. 04 95 37 08 63, E-Mail: info@camping acquadolce.fr, www.campingacquadolce.fr

Hotel Santa Maria. Drei-Sterne-Hotel beim Hafen. Restaurant mit Terrasse über dem Wasser. 27 Zimmer, teils mit Meerblick, sowie drei

Straßenmusikant in der Altstadt von Saint-Florent

Junior-Suiten. Lieu dit Cisternino, 20 217 Saint-Florent, Tel. 04 95 37 04 44, E-Mail: hotelsantamaria@wanadoo.fr, www.hotel-santa-maria.com

AKTIVITÄTEN

Porto Latino Music Festival. Hafen-Festival mit heißen Rhythmen, jährlich im August. www.portolatino.fr

INFORMATION

Office Municipal de Tourisme de Saint-Florent. Bâtiment Administratif, 20 217 Saint-Florent, Tel. 04 95 37 06 04, E-Mail: info@corsica-saintflorent.com, www.corsica-saintflorent.com

An den Plätzen und in den Seitenstraßen locken Bars und Cafés.

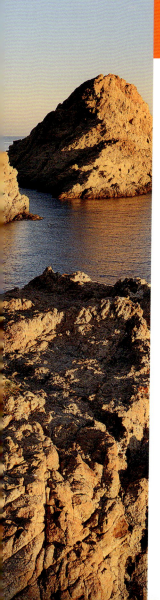

DER NORDWESTEN

7 L'Île-Rousse
Badeort mit Charme — 60

8 Calvi
Hauptstadt der Balagne — 66

9 Hinterland der Balagne
Reise durch bezaubernde Dörfer — 74

10 Cirque de Bonifatu
Bergwelt nahe der Badeorte — 82

11 Der GR 20
Korsikas Herausforderung — 86

12 Im Fango-Tal
Biosphärenreservat mit Badevergnügen — 90

13 Galéria
Fast vergessenes Dorf am Meer — 94

DER NORDWESTEN

7 L'Île-Rousse
Badeort mit Charme

Eine rötliche Insel gab dem 3200-Einwohner-Städtchen den Namen. Hier buchen sich gern Urlauber ein, die auf Strandleben, Wassersport und Laissez-Faire schwören. Eher rar gesäht sind kulturelle Sehenswürdigkeiten, dafür belohnt der Blick rund um den Leuchtturm Piétra. Mit der Strandbahn geht es zu Naturstränden in der Umgebung und zu so schönen Zielen wie dem Festungsdorf Algajola.

Vor dem Trubel kommt die Einsamkeit, zumindest, wenn man sich L'Île-Rousse über die Nebenstrecke D81 aus Richtung Saint-Florent nähert: Rund 30 Kilometer geht es durch die Désert des Agriates, einer Wüste aus Gestein und Macchia, da und dort steht ein Olivenbaum. Noch im 19. Jahrhundert war dies eine fruchtbare Gegend, auf Feldern kultivierte man Getreide, das Gebiet wurde durch Brandrodung urbar gemacht – zu einem hohen Preis. Im Laufe der Zeit eroberte sich die Natur das Land zurück, über das nun die Küstenwinde unaufhaltsam fegen konnten. Beides steckt im heutigen Namen: *Désert* bedeutet Wüste und Agriates ist verwandt mit *agraire*, dem französischen Wort für Agrar(-wirtschaft).

Stopp an der Désert des Agriates

Nur Schotterpisten führen durch das 16 000 Hektar große, nahezu unbesiedelte Gebiet, über dem häufig Greifvögel kreisen. Sein höchster Punkt ist der Monte Genova (418 m). An ihrer Küstenlinie aber verbirgt die Désert des Agriates mit der Plage de Saleccia und der Plage de Loto zwei traumhaf-

Vorangehende Doppelseite und oben: Morgenstimmung an der Felsenküste der Île de la Piétra
Unten: Lauschige Cafés unter Platanen: An der Place Paoli

L'Île-Rousse

te Strände. Wer einen Fußmarsch nicht scheut oder einen Geländewagen fährt, sollte die Gelegenheit für einen Stopp nutzen. Am besten geht es ab der Abzweigung bei Casta. Eine Alternative ist die Fahrt mit dem Ausflugsboot ab Saint-Florent, und auch robuste 4x4-Taxis fahren die Strände an.

Zurück auf der D81 geht es Richtung Westen auf die Fernstraße N1197/N197 und schnurstracks weiter, bald entlang der Küste, bis L'Île-Rousse ins Sichtfeld rückt. Bereits einige Kilometer vor dem Ortsschild ist die vorgelagerte Insel zu sehen, der die Stadt ihren Namen verdankt. Besonders eindrucksvoll zeigt sich dies bei Sonnenuntergang (siehe Autorentipp rechts), wenn sich die Felsen leuchtend rot färben. Noch bis 1848 trug der Hafenort offiziell die italienische Bezeichnung »Isola Rossa«. Auf Korsisch heißt der Ort »Isula Rossa« und daran halten noch immer viele Einheimische fest. Kaum jemand, der vor Ort ansässig ist, sagt L'Île-Rousse; ein Blick in die Geschichte verdeutlicht, warum.

Vom Fischerdorf zum Handelshafen

Das einstige Fischerdorf wurde im Jahr 1759, also zu Zeiten der korsischen Aufstände, unter dem Revolutionär Pascal Paoli (1725–1807) zum Handelshafen ausgebaut. Damit wollten die Rebellen dem genuesischen Hafenort Calvi, nur wenige Kilometer weiter westlich gelegen, die Stirn bieten. Paoli ließ die Stadtfläche im für die Epoche typischen Schachbrettmuster einteilen, das sich noch heute im Straßenbild der Altstadt widerspiegelt. Bis 1848 war die Amtssprache Italienisch. Die ersten Pläne der Stadt sind im Museum von Paoli in Morosaglia/Castagniccia ausgestellt (siehe Autorentipp S. 120).

AUTORENTIPP!

CAFÉ LICIOLLA

Bei einem Parkplatz an der Küstenstraße N1197 lädt das Café Liciolla zur Rast ein. Es ist in einem traditionellen Steinhäuschen untergebracht und zur Hälfte von einer Terrasse umgeben, die an einer Seite mehr einer Lounge ähnelt als einem Ausflugslokal. Zum überwältigenden Blick über das Meer – bis hin zu den Ausläufern der Désert des Agriates – gibt es leckere korsische Sandwiches, z.B. mit Ziegenkäse und Feigenkonfitüre. Abends wandelt sich die »Raststätte« in eine Bar mit chilliger Musik zum Sonnenuntergang. Der Platz lohnt sich übrigens auch aus einem anderen Grund: Vor dem Café stehen große Infotafeln mit Karten der Region. So erfährt man unter anderem, wo sich die nächsten Märkte und Tourist-Offices befinden (auf Französisch).

Café Liciolla. An der N1197 zwischen Lozari und Ostriconi, ca. 3 km hinter der Abzweigung der N197 Richtung Belgodère.

AUTORENTIPP!

PARQUE DE SALECCIA

Wie vielseitig die Vegetation des Mittelmeeres ist, zeigt sich am nördlichen Ausgang von L'Île-Rousse, in der Gemeinde Monticello: Im Parque de Saleccia sind auf sieben Hektar rund 800 verschiedene Pflanzenarten zu stilvollen Gärten angelegt, darunter auch Arten aus Ländern wie Neuseeland und Kalifornien. Das Gelände gehört zu einer alten landwirtschaftlichen Domäne der Familie Demoustiers – ein Spaziergang voller Farben und Düfte! Das Vergnügen ist allerdings nicht gerade preiswert. Vor Ort begründet man es damit, dass es sich um eine private Einrichtung handelt, die ohne Fördergelder auskommen muss.

Parque de Saleccia. Anfahrt: An der N1197, ca. 4 km vor L'Île-Rousse. 8,50/6,50 € (Erwachsene/Kinder). Lieu dit Saleccia, 20 220 L'Île-Rousse, Tel. 04 95 36 88 83, E-Mail: parc.de.saleccia@wanadoo.fr, www.parc-saleccia.fr

DER NORDWESTEN

Es heißt, dass L'Île-Rousse in seinen ersten Jahren Paoliville oder Paolina genannt wurde, um den Gründer zu würdigen. Heute erinnert die Place Pasquale Paoli an den kämpferischen Korsen. Auch das Denkmal ihm zu Ehren fehlt nicht – an der Westseite des Platzes ist eine Marmorbüste mit Brunnen unter vier großen Dattelpalmen opulent in Szene gesetzt. Der schöne Platz mit Schatten spendenden Platanen und vielen Cafés ist der zentrale Treffpunkt der Stadt. An seiner Ostseite leiten Palmen zum Portal der Kirche Église de l'Immaculée Conception (1892). Sie wurde 1914 bei einem Brand zerstört und in den 1930er-Jahren im barocken Stil neu errichtet. Östlich davon, in der Rue Louis Philipe, steht die Église de la Miséricorde (Kirche zur Barmherzigkeit, 1850), zu der einst ein Kloster gehörte. Ihre strahlend-weiße Fassade verschönert seit 2011 das Stadtbild, nachdem eine aufwendige Restauration des schon fast verfallenen Bauwerks abgeschlossen wurde.

Direkt neben der Place Pasquale Paoli fällt ein Bauwerk mit Säulen und Spitzdach auf. An den Vormittagen der Woche füllt es sich mit buntem Treiben: die Markthalle. Hier werden täglich regionale Produkte verkauft, unter anderem Kastanienhonig, Ziegenkäse und Gemüse, frisch aus der Balagne.

Urlaubsfreuden und Romantik

Besonders im Sommer wird es voll in L'Île-Rousse, bietet doch der Ferienort alles, was zu einem genussvollen Badeurlaub gehört. Der helle Hausstrand ist bequem zu Fuß zu erreichen, eine Strandbahn fährt stündlich zu weiteren schönen Stränden in der Umgebung. An der Rue Notre-Dame werden Wassersportbegeisterte gut bedient, von Anbietern von Jet-Ski und Katamaranen bis hin zur Tauchschule ist alles vertreten.

Direkt gegenüber entfaltet sich das Stadtzentrum. Hinter jeder Ecke wartet ein anderes Straßencafé, ein Restaurant oder eine Boutique. Balladensänger geben ihr Repertoire zum Besten, Einheimische widmen sich dem Pétanque-Spiel und auf den Straßen wird oft bis in die Nacht hinein gefeiert. Zu schön ist es in der lieblichen Abendluft. Auch tagsüber ist es in L'Île-Rousse oft einige Grad wärmer als in anderen Badeorten Korsikas. Das liegt an der geschützten Lage zwischen den Bergen der Balagne und an der Sonne, die ab dem Vormittag die Häuser bestrahlt, bis sie schließlich im Meer versinkt.

Verliebte und Romantiker zieht es in den Abendstunden über den Damm, der die kleine Insel mit dem Festland verbindet. In den ockerfarbenen Felsen findet sich manch Plätzchen, um den Sonnenuntergang anzusehen. Auf dem höchsten Punkt der Insel bildet der weiße Leuchtturm Piétra ein lohnendes Fotomotiv. Sein Signalfeuer wurde erstmals im Jahr 1857 entzündet. Kurz vor dem Leuchtturm erinnert ein Wehrturm an alte Zeiten. Schön ist – neben dem Blick über das weite Meer – auch die Sicht zur anderen Seite:

Oben: In der Altstadt von L'Île-Rousse
Unten: Am nach ihm benannten Platz ist Pasquale Paoli prunkvoll in Szene gesetzt.

DER NORDWESTEN

das Städtchen vor den Hügeln der Balagne, dahinter die schroffen Gipfel des Cinto-Massivs, die im Frühjahr sogar oft noch Schnee tragen.

Vor der roten Insel verteilen sich einige große Felsen, die zusammen mit dem kristallklaren Wasser für gute Tauch- und Schnorchel-Möglichkeiten sorgen. Auch Kletterer zieht es hierher. Die Ostseite ist dem Fährhafen vorbehalten, in dem regelmäßig Schiffe aus Marseille, Toulon, Savona und Nizza anlegen.

Lozari Plage und Algajola

Mit der Strandbahn, die bis nach Calvi fährt, sind weitere Badeziele rund um L'Île-Rousse schnell erreicht. Auch für Urlauber mit eigenem Mietwagen ist dies durchaus eine Alternative, denn zur Rush-Hour kann aus einem Kurzausflug schnell ein ermüdendes Standspiel werden. Ungefähr neun Kilometer östlich der Stadt breitet sich Lozari Plage wie eine Sichel vor dem Meer aus. Die anderthalb Kilometer Strand sind im Sommer gut besucht. Im Westen der Bucht, also aus L'Île-Rousse kommend, führt eine mit Schlaglöchern gespickte Straße von der N197 direkt zum Strand, wo auch Parkmöglichkeiten vorhanden sind. Eine ähnliche Möglichkeit gibt es weiter östlich, dort dominiert allerdings eine angrenzende Clubanlage.

In der Gegenrichtung, also zwischen L'Île-Rousse und Calvi, gefällt Algajola, ein kleiner Badeort (ca. 300 Einwohner). Mit einer Festungsanlage und idyllischen Gassen hat er mittelalterlichen Charme bewahrt und der Strand kann sich in seiner Länge mit Lozari messen. Algajola ist auch Ausgangspunkt für viele Wanderungen entlang der Küste oder durch die Balagne. Noch davor begeistern die wilden Strände von Bodri und Ghjunquidu, nur zwei Kilometer vor L'Île-Rousse.

Oben: Badeort mit Mittelalterkulisse: Die Festung von Algajola
Unten: Restaurant in der Altstadt von L'Île-Rousse

L'Île-Rousse

Infos und Adressen

ESSEN UND TRINKEN

A Siesta. Direkt am Strand nahe der Place Pasquale Paoli. Frischer Fisch und Langusten. Boulevard Charles-Marie Savelli, 20 220 L'Île-Rousse, Tel. 04 95 60 28 74, www.a-siesta.com

U Spuntinu. Urig-gemütliches Traditionsrestaurant mit Gewölbesaal. Auf den Tisch kommen Gemüse aus dem eigenen Garten, korsische Pasta und Fleischgerichte. Rue Napoléon 1, 20 220 L'Île-Rousse, Tel. 04 95 60 00 05, www.restaurant-spuntinu.com

ÜBERNACHTEN

Le Grillon. Das Zwei-Sterne-Hotel bietet ein gutes Preis-Leistungs-Verhältnis. Geschmackvoll-moderne Einrichtung. Avenue Paul Doumer 11, 20 220 L'Île-Rousse, Tel. 04 95 60 00 49, www.hotelgrillon.com

AKTIVITÄTEN

U Trinichellu. Die Strandbahn verbindet L'Île-Rousse und Calvi und hält auch an den dazwischen liegenden Stränden Bodri, Ghjunchitu, Marine de Davia, Algajola, San Damiano, Marine de Sant'Ambroggio und Lumio. Mo–Sa 6.10–19.10 Uhr, So 8.30–13.15 / 15.30–20.30 Uhr. Die Fahrpläne schwanken, am besten vor Ort informieren! Gare de L'Île-Rousse (Bahnhof), Chemin de fer de la Corse, Vado Ligure, 20 220 L'Île-Rousse, Tel. 04 95 60 00 50, www.train-corse.com

INFORMATION

Office de Tourisme de L'Île-Rousse. April–Mitte Juni Mo–Sa 9–12 / 14–18 Uhr, Mitte Juni–Sept. Mo–Sa 9–19 Uhr, So 9–13 / 15–18 Uhr, Okt.–März Mo–Fr 9–12 / 14–18 Uhr. Avenue Calizi/BP42, 20 220 L'Île-Rousse, Tel. 04 95 60 04 35, E-Mail: info@ot-ile-rousse.fr, www.ot-ile-rousse.fr, www.balagne-corsica.com

Office de Tourisme d'Algajola. 5. April–30. Sept. 10–12 / 14.30–19 Uhr. Place de la Gare, 20 220 Algajola, Tel. 04 95 62 78 32

Die Gewürzstände auf den Wochenmärkten sind ein Erlebnis.

DER NORDWESTEN

8 Calvi
Hauptstadt der Balagne

Sechs Kilometer Strand vor der Tür, eine sehenswerte Zitadelle und eine Altstadt, die nur so zum Bummeln einlädt – Calvi hat alles, was zu einem beliebten Urlaubsort am Mittelmeer gehört. Noch dazu finden sich Spuren von Christoph Kolumbus, der hier geboren worden sein soll. Im Port de Plaisance starten Ausflugsboote, nebenan am Bahnhof die Züge zu den Nachbarstränden, und rundherum bieten Lokale kulinarische Abwechslung.

Bereits in den 1960er-Jahren begann sich der Tourismus in Calvi zu entwickeln. Heute gilt das Hafenstädtchen neben Porto-Vecchio als der meistbesuchte Ferienort Korsikas. Seine regulär überschaubare Zahl von rund 5500 Einwohnern schwillt im Sommer aufs Zehnfache an. Für mehr als die Hälfte der Einwohner bildet der Tourismus die Lebensgrundlage, die Dichte an Hotels, Ferienwohnungen und Campingplätzen ist groß. Zum Glück wurde Calvi an einem ausladenden Meerbusen errichtet, der reichlich Platz bietet: Rund sechs Kilometer zieht sich der helle Sandstrand Richtung Osten; je nach Geschmack sucht man stadtnahe Abschnitte mit viel Trubel auf oder fährt ein Stück mit der Strandbahn, um sich ein verschwiegeneres Plätzchen zu suchen. Im Zentrum geht es im Sommer lebendig zu, Shoppende schieben sich durch die Gassen, die Tische der Lokale rund um den Hafen sind meist gut besetzt.

Entwicklung der Festungsstadt

Schützende Landzungen formen den Golf von Calvi, die Punta di Revellata im Westen und das

Oben: Wahrscheinlich eines der meistfotografierten Motive Korsikas – die Zitadelle von Calvi
Unten: Von der Zitadelle hat man einen schönen Blick auf den Hafen.

Calvi

Felsdoppel Punta Caldanu/Punta Spano im Nordosten begrenzen die weite Bucht. Die Schifffahrtswege zum Festland sind kurz. Diese strategisch und wirtschaftlich perfekte Lage wussten in der Antike schon die Phönizier, Griechen und Etrusker zu schätzen. Die Römer gründeten eine Handelssiedlung, die verschiedenen Quellen zufolge »Sinus Caesiae« oder »Sinus Casalus« hieß.

Die Wurzeln des heutigen Calvi liegen in der Epoche der Besatzung Korsikas, die mit dem Sieg der Seerepublik Genua über Pisa (1284) eingeläutet wurde. Bereits im Jahr 1268 begannen die Genueser, die Festungsanlage auf der Halbinsel Punta San Francesco zu errichten, die sie während der folgenden drei Jahrhunderte mehrfach erweiterten. So entstand ein Bollwerk hoch oben auf den Klippen, das auf der Insel seinesgleichen suchte. Mancher Belagerung konnte die Zitadelle im 15. und 16. Jahrhundert standhalten; so mussten auch der korsische Freiheitskämpfer Sampiero Corso und seine Verbündeten, die Türken und Franzosen, wieder abziehen. Erst im späten 18. Jahrhundert, als Korsika an Frankreich fiel, endete die glorreiche Zeit Calvis. Bei Gefechten mit britischen Truppen, die den korsischen Revoluzzer Pascal Paoli unterstützten, wurde die Stadt zu großen Teilen zerstört.

»Ici est né en 1451 Christophe Colomb«

Es heißt, dass Christoph Kolumbus (1451–1506) in Genua, also der heutigen Stadt Genova an der ligurischen Küste, geboren wurde. Auf Korsika indes interpretiert man die Geschichte anders. Viele Einheimische sind felsenfest davon überzeugt, dass der Seefahrer und Amerika-Entdecker in Calvi geboren wurde, also nicht Italiener, sondern Korse war. Besucher begegnen seinem Namen überall in

AUTORENTIPP!

GALERIE »DCAMPANAGLAS«
An einer apricotfarbenen Hauswand vor der Zitadelle sitzt eine riesige Spinne, bestimmt einen halben Meter groß, und vor dem Eingang grüßt ein Roboter. Furchterregend ist dies keineswegs, sondern nur ein erster Eindruck der Glas- und Stahlkunst, die in der Galerie von Dominique Campana und Carol Haas zu bewundern ist. Der Glasbläser und die Künstlerin lassen sich von persönlichen Erlebnissen, der Natur und dem Licht inspirieren. So entstehen unter anderem auch Libellen, Krokodile und besondere Korsika-Souvenirs, außerdem wunderschöne Vasen in allen Regenbogenfarben.

Dcampanaglas. Place des Anges/Montée du port (an der Treppe vom Vorplatz der Zitadelle Richtung Hafen), 20 260 Calvi, Tel. 04 95 47 81 60, E-Mail: dcampanaglass@wanadoo.fr, www.dcampanaglass.com

DER NORDWESTEN

Oben: »Port de plaisance« – ein Hafen zum Vergnügen
Unten: Es gefallen auch die verwinkelten Gässchen in der Zitadelle.

der Stadt: Die Hauptdurchfahrtsstraße wurde nach ihm benannt (Avenue Chistophe Colomb), außerdem inoffiziell der Platz vor der Zitadelle (Place Christoph Colomb) und mindestens ein Hotel. Einige Lokale bieten Kolumbus-Salat oder -Eisbecher an.

Das Haus, in dem Kolumbus das Licht der Welt erblickt haben soll, steht im Nordwestbereich der Zitadelle – vielmehr das, was davon übrig ist, denn es wurde bei den Angriffen der Briten im Jahr 1794 zerstört. Zu erkennen sind nur noch Reste von Steinmauern, doch ein Schild behauptet selbstbewusst: »*Ici est né en 1451 Christophe Colomb immortalisé par la découverte du nouveau monde, alors que Calvi était sous la domination génoise, mort à Valladolid le 20 mai 1506.*« Frei übersetzt bedeutet die Inschrift: »Hier wurde 1451 Christoph Kolumbus geboren, der unsterbliche, weltberühmte Entdecker, während sich Calvi unter genuesischer Herrschaft befand, er verstarb in Valladolid am 20. Mai 1506.« Korsische Ahnenforscher, so wird berichtet, fanden heraus, dass in dem vermeintlichen Geburtshaus noch im 18. Jahrhundert Bewohner namens Colombo gelebt und als Weber gearbeitet hatten. Auch der berühmte Seefahrer entstammte einer Wollweber-Familie. Dennoch: Auch in Genua gibt es ein »Geburtshaus Christoph Kolumbus«, obendrein beanspruchen auch Länder wie Spanien und Portugal das Privileg für sich, das wahre Geburtsland zu sein. Hier rätselt die Wissenschaft noch; selbst DNA-Analysen von Menschen gleichen oder ähnlichen Namens wurden dazu bereits durchgeführt.

Besichtigung der Zitadelle

An der Außenmauer der Citadelle (Zitadelle) setzte man Kolumbus zudem das passende Denkmal: eine Büste auf einem halben Boot, sodass es aus

Calvi

Ein Bummel durch Calvi

Ⓐ Avenue Chistophe Colomb – Hauptverkehrsachse, Verlängerung der Fernstrecke N197.

Ⓑ Place Christoph Colomb – Platz vor der Zitadelle (wird vor Ort so genannt).

Ⓒ Zugang zur Zitadelle

Ⓓ Geburtshaus Christoph Kolumbus

Ⓔ Kolumbus-Denkmal

Ⓕ Place d'Armes – Hier befand sich u.a. das ehemalige Pulverlager.

Ⓖ Église St-Jean Baptiste

Ⓗ Oratoire St. Antoine – Schönes Innenleben.

Ⓘ Punta de la Revellata

Ⓙ Punta di Spano

Ⓚ »Port de commerce« – Fähr-/Fischereihafen.

Ⓛ »Port de plaisance« – »Vergnügungshafen«.

Ⓜ Tourist-Information

Ⓝ Bahnhof Calvi – Start der Strandbahn.

Ⓞ Sandstrand von Calvi – Mit Piniengürtel.

Ⓟ Hafenmeile Quai (Adolphe) Landry – Nette Cafés, Bootsanlegestelle.

Ⓠ Rue Georges Clemenceau – Wichtigste Geschäftsmeile.

Ⓡ Église Sainte Marie Majeure – Zwischen Häusern versteckt.

DER NORDWESTEN

der Mauer herauszufahren scheint ... auf zu neuen Entdeckungen. Die Hauptattraktion aber ist die Festungsanlage selbst. Über eine wuchtige Zugbrücke geht es in den Innenbereich. Über dem Tor wurde die Genua-Treue der Stadt verewigt: »Civitas Calvi semper fidelis« (Calvi, die immer getreue Stadt) steht dort in Stein gemeißelt.

In der Zitadelle geht es links zum »Waffenplatz« (Place d'Armes). In einem der umgebenden Gebäude, der Caserne Sampiero, lebte einst der genuesische Statthalter. Heute ist es Sitz der Militärpolizei der französischen Fremdenlegion. Über dem Platz erhebt sich die romanische Kirche Église St-Jean Baptiste (13. Jh.) mit ihrer großen Laternenkuppel. Das benachbarte Pulverlager erwies sich als nachteilig: Im Jahr 1567 kam es zu einer Explosion, bei der die Kirche fast vollständig zerstört wurde. Drei Jahre später stand das Bauwerk wieder, 1576 erhob Papst Gregor XIII. es zur Kathedrale. Der Gasse Richtung Hafen folgend, gelangt man zur Oratoire St. Antoine, der Kapelle der Bruderschaft des Heiligen Antonius. Ein Blick hinein lohnt sich wegen der hübschen Fresken. Eine Statue zeigt den Heiligen Antonius, unter anderem Schutzpatron der Landwirte, mit einem Schwein an seiner Seite.

Oben: Eine Kirche wie ein Sahnebonbon: Église Ste-Marie-Majeure im Hafenviertel
Unten: Aus der Mauer der Zitadelle sticht Christoph Kolumbus in See.

MAL EHRLICH

RESTAURANTS IM HAFEN

Viele Urlauber zieht es zum Essen und Kaffeetrinken in den Hafen. Doch auch wenn die Umgebung es vielleicht wert ist, die Qualität der Speisen ist eher bescheiden, das Angebot oft nur typisch touristisch. Für einen Imbiss ist das okay, doch wer ausgiebig und vor allem echt korsisch tafeln möchte, sollte dies lieber in den Restaurants der Rue Georges Clemenceau tun. Einige davon haben sogar eine Terrasse über dem Hafen.

Der traditionsreiche Hafen von Calvi

Hafen und Altstadt

Bei der Besichtigung der Zitadelle sollte man den Blick auch nach außen richten. Im Westen ist die Punta de la Rivellata zu sehen; überwältigend ist das Panorama mit dem Hafen über den Golf von Calvi bis hin zur Punta di Spano auf der Ostseite. Zu Füßen liegen der Fähr- und Fischereihafen »Port de commerce«, daneben Richtung Stadt der »Port de plaisance« an (»Vergnügungshafen«, der Name ist Programm). Neben Jachten und anderen Sportbooten ankern Ausflugsschiffe, die zum Teil bis in das Naturreservat La Scandola (siehe Seite 162) fahren. Neben der Capitainerie befindet sich die Tourist-Information, und gleich um die Ecke starten ab dem Bahnhof Calvi (Gare SNCF) die Züge der Strandbahn Richtung L'Île-Rousse. Am südlichen Ende des Hafens beginnt der familienfreundliche Sandstrand von Calvi. Entlang der Hafenmeile Quai (Adolphe) Landry reihen sich Lokale für jeden Geschmack. Parallel zum Kai schließt sich die verwinkelte Altstadt mit der Hauptschlagader Rue Georges Clemenceau an. Mittendrin erinnert die Kirche Église Sainte Marie Majeure (1774) daran, wo einst Calvis Zentrum lag.

AUTORENTIPP!

DAS GEISTERDORF OCCI

Ein Geheimnis ist das seit 1918 verlassene Bergdorf oberhalb von Lumio zwar nicht mehr, doch es bleibt ein ganz besonderer Tipp. Nahezu mystisch ist die Stimmung zwischen den halb verfallenen Häusern, die sich um die Kirche Annunziata gruppieren. Das kleine Gotteshaus wirkt so lebendig, als begänne die noch vorhandene Glocke gleich zu schlagen. Der Förderverein »Occi Paese Rinascitu« ließ es restaurieren. Einmalig ist auch das Panorama, das den Aufstieg (377 m) belohnt. Der Blick reicht über den kompletten Golf von Calvi, bei guter Fernsicht sogar bis zum Cap Corse.

Wegbeschreibung: Fußweg ca. 40 Min., Ausgangspunkt: Hotel-Restaurant Chez Charles (an der N197), 20 260 Lumio, Tel. 04 95 60 61 71

Infos und Adressen

SEHENSWÜRDIGKEITEN
Punta di la Revellata. Die Halbinsel ist ein Naturparadies mit tollen Ausblicken und einsamen Buchten. Am Ostufer führt ein Trampelpfad bis zur Spitze des Kaps mit dem Leuchtturm Phare de la Revellata (1844). Ca. 2 km vor Calvi, Richtung Girolata, an der D81B

Zitadelle. Place Christophe Colomb, 20 260 Calvi (Oberstadt)

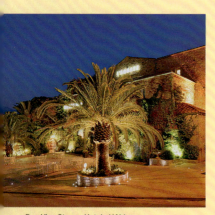

Das Vier-Sterne-Hotel »L'Abbaye«

ESSEN UND TRINKEN
A Stalla. Restaurant-Bar in der Altstadt mit empfehlenswerter Küche, Fr und Sa abends korsische Live-Musik. Rue Clémenceau 13, 20 260 Calvi, Tel. 04 95 65 21 48

Bistro A Piazetta. Familiäre Atmosphäre. Place Marchal, 20 260 Calvi, Tel. 04 95 37 87 74

Le Chalut. Fischspezialitäten, besondere Menüs (Langusten-Menu, Fischer-Menü und ein korsisches Menü). Terrasse über dem Hafen. Rue Clémenceau 22, 20 260 Calvi, Tel. 04 95 65 00 50

Le Lido. Direkt am Strand. Salate, Fisch und Fleisch. Route de la plage, 20 260 Calvi, Tel. 04 95 36 91 66, www.lelido-plage-calvi.sitew.com

Restaurant du pain du sucre. Geheimtipp! Romantisches Beach-Restaurant in einer kleinen Traumbucht. Ca. 7,5 km ab Zitadelle, nach der Abzweigung Route de Calenzana (D151) noch ca. 1300 m, dann links. Plage de Sainte-Restitude, 20 260 Lumio, Tel. 04 95 60 79 45, www.le-pain-de-sucre.com

Restaurant Santa Maria. Korsische Küche mitten in der Altstadt. Wunderschöne Außenplätze direkt vor der Kirche Église Sainte Marie Majeure. Rue Clemenceau 14, 20 260 Calvi, Tel. 04 95 65 04 19

ÜBERNACHTEN
Hotel Christoph Colomb. Drei Sterne gab es für das charmante Hotel vis-á-vis von Meer und Zitadelle. Place Bel Ombra, 20 260 Calvi, Tel. 04 95 65 06 04, E-Mail: info@hotelchristophecolomb.com, www.hotelchristophecolomb.com

L'Abbaye. Vier-Sterne-Hotel in zentraler Lage. Montée de l'Abbaye BP 18, 20 260 Calvi, Tel. 04 95 65 04 27, www.hostellerie-abbaye.com

La Caravelle. Drei-Sterne-Hotel am Strand von Calvi, nahe Hafen. Route de la plage, 20 260 Calvi, Tel. 04 95 65 95 50, www.hotel-la-caravelle.com

Le Grand Hotel. Anders als der Name andeutet kein Luxus, sondern drei Sterne. Aber zentrale Lage – Hafen und Altstadt vor der Tür. Boulevard Wilson 3, 20 260 Calvi, Tel. 04 95 65 09 74, www.grand-hotel-calvi.com

Villas Mandarine. Fünf-Sterne-Luxus-Villen mit eigenem Pool (3, 4 oder 6 Zimmer). Route de Pietramaggiore, 20 260 Calvi, Tel. 04 95 44 44 46, E-Mail: info@villasmandarine.fr, www.calvi-location-villa.com

Zum störrischen Esel. Familienfreundliches Feriendorf unter österreichischer Leitung, 2 km vor Calvi. Anspruchsvolles Aktiv- und Unterhaltungsprogramm (Touren, Exkursionen etc.). Club Alpin Autrichen s.a.s, Route Nationale 197,

Calvi

20 260 Calvi, Tel. 04 95 65 98 00,
E-Mail: clubalpinautrichien@wanadoo.fr,
www.stoerrischeresel.com

AUSGEHEN

Acapulco. Diskothek nahe Calvi. Auch Events mit verschiedenen Künstlern. Route de Calenzana, 20 260 Calvi, Tel. 04 95 65 08 03

Calvi Jazz-Festival. Die international hoch angesehene Veranstaltung vereint für acht Tage im Juni mehr als hundert Jazz-Interpreten. Zahlreiche Konzerte innerhalb der Festungsmauern und auf den Straßen Calvis, auch spontane Sessions »Boeufs« im Hafen. Infos: OMT Calvi, Tel. 04 95 65 16 67; Restaurant Le Chalut, Tel. 04 95 65 00 50, E-Mail: info@calvi-jazz-festival.com, www.calvi-jazz-festival.com

EINKAUFEN

A Funderia. In der handwerklichen Gießerei werden original korsische Messer und verschiedene Werkzeuge gefertigt. Mo–Sa 10–19 Uhr, Avenue Christophe Colomb, beim Parkplatz vom Supermarkt Casino

Wochenmarkt. Obst und Gemüse, regionale Produkte, frischer Fisch. Täglich 8–12 Uhr, Marché Couvert (überdachter Marktplatz), hinter der Kirche Sainte Marie Majeure

AKTIVITÄTEN

Colombo Line. Bootsausflüge bis nach La Scandola, Halbtages- und Ganztagestouren. Quai Landry, 20 260 Calvi, Tel. 04 95 65 32 10 und 04 95 65 03 40, E-Mail: infos@colombo-line.com, www.colombo-line.com

Parcour Aventure. Abenteuerpark für Kletterfans jeden Alters: Es gibt einen leichten zwölfminütigen Parcours für Kinder ab 2,5 Jahren, einen mit leichtem Schwierigkeitsgrad für Kinder ab 5 Jahren (30 Min.) und einen mittelschweren für Kinder ab 9 Jahren (1 Std. 15 Min.). Pinède de Calvi (Einfahrt Casino, im Pinienhain direkt am Strand), 20 260 Calvi, Tel. 06 83 39 69 06 und 06 08 72 67 19, E-Mail: altorebalagne@gmail.com, www.altore.com

U Trinichellu. Informationen zur Strandbahn siehe Kapitel 7.

INFORMATION

Office de Tourisme de Calvi. Am Port de Plaisance, zu erreichen über die Treppe links von der Capitainerie. Gratis W-Lan im Empfangsbereich. April Mo–Sa 9–12 / 14–18 Uhr, Mai/Juni/Sept. Mo–Sa 9–12 / 14–18 Uhr, So 9.30–12.30 Uhr, Okt.–März Mo–Fr 9–12 / 14–18 Uhr; Nebenstelle in der Zitadelle (Salles d'exposition): 10. Juni–31. Aug. Mo–Fr 10.30–13.30 / 15.30–18.15 Uhr, So 15.30–19 Uhr. Port de Plaisance/BP 97, 20 260 Calvi, Tel. 04 95 65 16 67, E-Mail: info@balagne-corsica.com, www.balagne-corsica.com

Das Restaurant »Le Chalut« hat eine überdachte Terrasse mit Hafenblick.

DER NORDWESTEN

9 Hinterland der Balagne
Reise durch bezaubernde Dörfer

Biegt man zwischen Calvi und Lozari in das Hinterland ab, eröffnet sich eine eigene Welt. Durch fruchtbare Hügel, Olivenhaine und Immortelle-Felder geht es hinauf zu fast vergessenen Dörfern und verträumten Weilern. In den mittelalterlichen Gassen verstecken sich zahlreiche besondere Anblicke und das wohl schönste Kunsthandwerk Korsikas. Die Künstlerstraße »Route des Artisans« verbindet die Dörfer der Balagne.

Der Anblick ist unvergleichlich und auf Korsika nirgendwo sonst zu finden: Wie herausgewachsen aus Hängen und Bergkuppen, wie ein Teil der Granitfelsen wirken die sand- und ockerfarbenen Häusergrüppchen aus der Ferne betrachtet. Hinter fast jeder Kurve rückt ein anderes Dorf ins Blickfeld. Rund 20 Ortschaften verteilen sich auf diese Weise im Hinterland der Balagne, jedes für sich in einer Position, aus der sich das gewellte Land bis hin zum Meer überblicken lässt. Im Mittelalter war diese schwer zugängliche Lage ein überlebenswichtiger Schutz vor Überfällen und Plünderungen.

Im Garten Korsikas

Heute verzaubern die typisch korsischen Dörfer, die sich ihre Ursprünglichkeit bewahrt haben, jeden Besucher. Man könnte sich verlieren in all den windschiefen Mauern, Gässchen und kleinen Plätzen, Durchgängen, Höfen und Kellern. Ein Erlebnis sind auch die Strecken, die sie verbinden: abenteuerliche Serpentinenstraßen mit vielen Aussichtspunkten, der Duft der Immortelle ist allge-

Oben: Die Bergdörfer Cassano und Montemaggiore
Unten: Wunderschön ist der Dorfplatz von Cassano.

Hinterland der Balagne

genwärtig und überall bieten sich Gelegenheiten, auch den Geschmack der Balagne zu erleben, regionale Produkte zu kosten.

Als »Garten von Korsika« gilt die Balagne noch immer, ihre wortwörtliche Blütezeit indes erlebte die Region im 18. und 19. Jahrhundert. Die reichen Erträge bescherten den Bauern ein gutes Leben. Dies änderte sich mit dem Einsetzen der Landflucht; Versteppung, Dürre und Brände taten ihr Übriges dazu. Doch viele der heutigen Bewohner widmen sich wieder mit Hingabe der Landschaftspflege, kultivieren Produkte aus eigenem Anbau, die großen Anklang finden. Dazu gehören das lokale Olivenöl »Niellaghja«, der Olivenöl-Kuchen »Oliosi« aus Lama, die »Croquants« aus Sant'Antonino sowie Mandeln und Orangen aus Aregno.

Musik und Kunsthandwerk

Aus der Balagne kommen auch einige namhafte Musiker wie z.B. der Sänger und Komponist Michele Malory, der auch Texte für Johnny Hallyday schrieb, und der Sänger und Komponist Stephane Calalta, der seine Karriere mit der legendären Polyphonie-Gruppe A Filetta begann. In vielen Ortschaften gibt es regelmäßig polyphone Gesänge oder andere kleine Konzerte, Festivals und spontane Darbietungen.

Auch Kunsthandwerker haben sich mit kleinen Ateliers in den Dörfern niedergelassen, Licht und Farben der Landschaft fließen in ihre Kreationen ein. Die Anbieter lokaler Produkte verbindet die »Route des Artisans« (siehe Autorentipp S. 79).

Rundfahrt durch die Balagne

Mehrere Routen bieten sich für eine Rundfahrt durch die Balagne an. Besonders reizvoll ist auch

AUTORENTIPP!

SPIELUHREN UND ESTIVOCE

Von der Küste gut zu erreichen ist das »Künstlerdorf« Pigna. Etwas Besonderes ist dort das Atelier Scat'A Musica: Marie Darneal kreiert fantasievolle Spieluhren (Boites à musique), die traditionelle korsische Lieder spielen. Pigna ist auch Schauplatz der Estivoce, einer ganzjährigen Kulturveranstaltung, die das Centre Culturel Voce 1991 ins Leben rief. Mitbegründer ist der Maler und Bildhauer Tony Casalonga. An verschiedenen Plätzen gibt es Instrumentalmusik, Gesang, Theater und andere Darbietungen.

Centre Culturel Voce/Auditorium di Pigna. 20 220 Pigna, Tel. 04 95 61 73 13, E-Mail: contact @ccvoce.org, www.centreculturel voce.org (Mediathek: www.reperto rium.centreculturelvoce.org)

Scat'A Musica. Mai–Okt. tägl. 10–13 / 15–20 Uhr. Marie Darneal, Tel. 04 95 61 77 34, E-Mail: mc.darneal@waynadoo.fr, www.scattamusica.fr

Oben: Belgodère, das »Tor zur Balagne«
Mitte: Pigna ist bekannt für Keramik und anderes Kunsthandwerk.
Unten: Taverne in Sant Antonino

DER NORDWESTEN

eine Rundwanderung mit Rast in verschiedenen Dörfern. Eine 15-Kilometer-Tour, die in rund fünf Stunden zu schaffen ist wird zum Beispiel in Tour Nr. 7 in *Bruckmanns Wanderführer Korsika* (Literaturangabe siehe Information) beschrieben.

Eine schöne Tagestour mit dem Auto oder Zweirad ist die Rundstrecke ab L'Île-Rousse über die D71. An der Strecke liegen die schönsten Dörfer und sie ist dennoch überschaubar. Dazu fährt man von L'Île-Rousse zunächst Richtung Osten und biegt bei Lozari Richtung Belgodère ab. Bis hier führt die Strecke noch über die Fernstraße N197. Bei Belgodère, dem Tor zur Balagne, geht es auf die D71, und die Straße wird zunehmend abenteuerlicher. Zunächst aber lohnt ein Stopp in diesem ersten Dörfchen, das in 300 Meter Höhe in den Hang gebaut wurde. An der Durchfahrtsstraße gewährt ein kleiner Parkplatz freie Sicht über das Tal mit dem Stausee von Reginu, der seit den 1980er-Jahren die Bewässerung der Region sicherstellt. Der Straße weiter Richtung Costa folgend, kommt bald auf der linken Seite eine (Literaturangabe siehe Information) »Dégustation de fromage« oder, frei übersetzt, »Käsebar« – so nennt man auf Korsika kleine Läden, in denen Käsesorten aus der Region verkauft und zum Kosten angeboten werden.

Abstecher nach Speloncato

Im nächsten Dorf, Occhiatana, befindet sich das erste Atelier der »Route des Artisans«: In der Poterie Terra e Focu fertigt Isabelle Volpei schöne Dinge aus Keramik – die Gelegenheit für ein besonderes Souvenir. Ungefähr drei Kilometer weiter lohnt der erste Abstecher: Links weist ein Schild nach Speloncato, einem der oft erwähnten und absolut sehenswerten »Adlerhorst«-Dörfer der Balagne: Wie ein Raubvogel-Nest sitzt es auf der Kuppe. Die Straße führt nach zwei Kehren direkt in den schmucken Ortskern, einem kleinen Platz

Hinterland der Balagne

Tour durch die Balagne

Es gibt eine Vielzahl an Möglichkeiten, die Balagne zu erkunden. Bei einer Rundfahrt ab L'Île-Rousse lassen sich die schönsten Dörfer wunderbar miteinander verbinden. Kleine Abstecher bereichern die Route.

Ⓐ Verlauf der »Route des Artisans« – Die Künstlerroute verbindet viele Ateliers.

Ⓑ L'Île-Rousse – Startpunkt der beschriebenen Rundtour.

Ⓒ Belgodère – Aus Richtung Osten kommend, ist der Ort gleichsam das Tor zur Balagne.

Ⓓ Stausee von Reginu – Das Gewässer liegt in der Ebene zwischen den Bergen.

Ⓔ Occhiatana – Hier lohnt ein Besuch der Poterie Terra e Focu.

Ⓕ Speloncato – Das Dorf sitzt genau auf der Bergkuppe und verführt mit einem schönen Marktplatz.

Ⓖ Col de Bataglia – Die Passstraße führt von Speloncato nach Piogiolla. Von oben bietet sich ein einmaliger Blick über die Balagne.

Ⓗ Feliceto – Hier ist u.a. das Weingut Domaine Renucci zu besichtigen.

Ⓘ Genuesenbrücken bei Feliceto – Das mittelalterliche Konstrukt führt über den Reginu-Fluss.

Ⓙ Sant'Antonino – Zu Fuß oder per Esel durch das Gassenlabyrinth.

Ⓚ Aregno – Sehenswert ist die Kirche Église de la Trinità.

Ⓛ Pigna – Viel Kunsthandwerk und Musik machen das Dorf zu etwas Besonderem.

Ⓜ Corbara – Zwei kleine Museen bieten Abwechslung.

Ⓝ Couvent St-Dominique – In dem Kloster bei Corbara (halbe Strecke ab Pigna) kann man auch übernachten.

AUTORENTIPP!

OLIVENBAUMFESTIVAL

Wer Mitte bis Ende Juli auf Korsika verweilt, sollte nach Montegrosso fahren. Alljährlich steigt dort ein großes Fest zu Ehren des Olivenbaums: die »Fiera di l'Alivu«. Eine Woche lang strömen rund 10 000 Besucher in das Dorf im Westen der Balagne, um den Wert und die Vielseitigkeit der Frucht mit allen Sinnen zu erfahren. Es gibt zahlreiche Verkostungen von Olivenprodukten und andere Aktionen. Das Festival wurde in Frankreich durch den Conseil National de l'Art Culinaire zur »site remarquable du goût« erhoben – eine Auszeichnung, die nur 100 besondere Orte in ganz Frankreich erhalten.

Fiera di l'Alivu. Aktuelle Termine im Internet (auf Korsisch unter >Calendrier). Montemaggiore, 20 214 Montegrosso. Tel. 04 95 62 81 72, E-Mail: fieradilalivu@wanadoo.fr, www.foiresdecorse.com

Die Kapelle »Capella di Lavasina« in Sant'Antonino

DER NORDWESTEN

mit Brunnen, Kirche, zwei Cafés und Sahne-Panorama. Nach einer Stärkung kann man noch weiter fahren bis auf den Pass Col de Bataglia (1100 m) Richtung Pioggiola, der den Ausblick aus Dorfhöhe noch um einiges überbietet. Die gesamte Balagne liegt nun zu Füßen, oft sind auch Gleitschirmflieger zu beobachten.

Zurück auf der D71 windet sich die schmale, teils nur dürftig befestigte Bergstraße weiter durch die Hochbalagne; bald sind die ersten Häuser Felicetos zu sehen. An der Gabelung im Zentrum geht es zum Traditions-Weingut Domaine Renucci (1850) – eine schöne Gelegenheit, um eine Cuvée Vignola aus biologischem Anbau zu verkosten. Wer auf der Hauptstrecke bleibt, kommt an der Sandwichbar A Panetta vorbei. Auf der Mini-Terrasse steht nur ein Tisch; wer den Platz ergattert, kann zum Kaffee einen schönen Blick ins Tal genießen.

Unbedingt besuchen sollte man auch die Glasbläserei von David Campana, dem man an Werktagen bei seiner Kunst über die Schulter schauen kann. Noch ein schöner Tipp für Feliceto: Bei der Ortschaft stehen zwei der wenigen Genuesenbrücken der Balagne. Die schönste spannt sich über den Reginu-Fluss (kurz nach dem Ortsausgang Rich-

MAL EHRLICH

KURVIGE ANGELEGENHEIT

So wunderschön die Fahrt durch die Balagne ist, die Straßen haben es in sich: Sie sind oft schmal und haben nur eine spärliche Randbefestigung auf der Talseite. Hinzu kommt erschwerend der auf Korsika weit verbreitete Fahrstil, gnadenlos Kurven zu schneiden. Also sollte man stets achtsam sein und vielleicht lieber mehrere kürzere Touren unternehmen, zumal die Straßen mehr Zeit beanspruchen als die gut ausgebauten Fernstraßen.

Hinterland der Balagne

tung Muro rechts abbiegen, nach circa zwei Kilometern erneut rechts, dann sind es noch anderthalb Kilometer bis zur Brücke). Die zweite Brücke steht bei der Kapelle San Rocca in Feliceto.

Sant'Antonino: Ritt ins Mittelalter

Nach den weiteren Dörfern Muro und Avapesse kommt Cateri. Ab dort führt die D71 schließlich direkt zurück nach L'Île-Rousse. Es wäre aber nahezu ein Frevel, die Rundfahrt zu beenden, ohne in Cateri nach Sant'Antonino (D413) abgebogen zu sein. Denn damit verpasst man das wohl urigste Dorf der Balagne mit dem allerschönsten Blick. Schon die Anfahrt bietet einen Vorgeschmack. Wie an einem Korkenzieher schraubt sich das Sträßchen um den Berg. Bei einem großen Parkplatz schließlich ist Schluss mit dem Autofahren: Das Mittelalterdorf selbst lässt sich ausschließlich zu Fuß erkunden oder stilgemäß per Esel (Verleih auf dem Parkplatz). Auf gepflasterten Gassen geht es durch ein Labyrinth teils überwölbter Gänge, vorbei an einem alten Steinofen und anderen Relikten aus vergangenen Zeiten. All diese toppt wortwörtlich die Aussichtsterrasse hoch oben im Dorf, von der aus sich ein 360-Grad-Panoramablick über die Balagne bietet.

Ab Cateri ist die Rundfahrt auch in verschiedenen Varianten Richtung Calvi erweiterbar. So lassen sich noch Dörfer wie Aregno erkunden oder (über die D151) Montegrosso und Calenzana. Ein »Muss« in Richtung L'Île-Rousse ist auch das Künstlerdorf Pigna (siehe Autorentipp S. 75). Drei Kilometer weiter lohnt auch ein Besuch der beiden kleinen Museen von Corbara sowie, etwa auf halber Strecke zwischen Pigna und Corbara, das sehenswerte Kloster »Couvent St-Dominique de Corbara« (Übernachtung möglich).

AUTORENTIPP!

»ROUTE DES ARTISANS«
Die »Route der Künstler« führt durch die gesamte Balagne. Sie umfasst rund 30 Ateliers sowie einige Restaurants und Läden, die sich der Künstlergemeinschaft angeschlossen haben. Wer sich nur an den braunen Hinweisschildern orientiert, die da und dort aufgestellt sind, wird sich schwer tun, alle Ateliers zu finden. Dafür gibt es auf der Homepage eine Karte und Informationen zu sämtlichen Kunstateliers und den Partnern der »Route des Artisans«, und dies in drei Sprachen (Französisch, Italienisch, Englisch). Es lohnt sich sehr, einen Blick darauf zu werfen, zumal man sich anhand der Karte einige Ateliers vorab heraussuchen und eine Tour entsprechend planen kann.

Informationen.
www.routedesartisans.fr

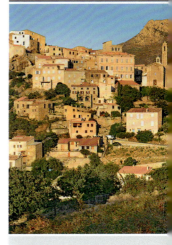

Der Besuch von Speloncato gehört unbedingt zur Balagne-Tour.

Infos und Adressen

SEHENSWÜRDIGKEITEN

Couvent St-Dominique. 20 256 Corbara, Tel. 04 95 60 06 73, www.stjean-corbara.com

Couvent de Tuani. Bei Belgodère. In dem Sinne nicht zu besichtigen, aber schön anzusehen. Für Übernachtungen kann nur das komplette Kloster (!) gemietet werden. 20 226 Costa, Tel. 04 95 61 07 43, www.couventdetuani.com

Le Musée du Trésor. Ausstellung von Kirchenkunst und sakralen Gegenständen aus dem 18. Jh. Mo–Fr 10–12 / 15–18 Uhr, Sa 15–18 Uhr, 20 256 Corbara, Tel. 04 95 46 15 53

Kirchenkunst in der Balagne

Musée privé. Ein kleines Museum in Corbara, das ganz besondere Einblicke in die korsische Geschichte erlaubt. Inhaber Guy Savelli richtete es in seinem Wohnhaus ein, sammelte Gemälde, Karten, Bücher und andere Stücke aus vergangenen Jahrhunderten. Eintritt frei (Spende erbeten), 15–18 Uhr (nicht täglich, am besten vorher anfragen), links neben der Kirche, 20 256 Corbara, Tel. 04 95 60 06 65

ESSEN UND TRINKEN

Casa Musicale. Auf der Panoramaterrasse des Restaurants sitzt man unvergleichbar schön (Adresse siehe Übernachten).

L'Ortu Di Ziu Simone. Einschlägiges Restaurant mit Gartenterrasse in Montegrosso. Spezialitäten wie Calamar Farçi (gefüllter Oktopus) und Terrine Maison. Mai–Sept., Cassano, 20 214 Montegrosso, Tel. 04 95 61 32 11, E-Mail: 20214.lortudiziusimone@orange.fr

ÜBERNACHTEN

A Spelunca. Absolut keine Spelunke, vielmehr leitet sich der Hotelname von Speloncato ab. Einrichtung mit viel Pomp im Palaststil. Place du Village, 20 226 Speloncato, Tel. 04 95 61 50 38, www.hotel-a-spelunca.com

Casa Musicale. Uriges Hotel-Restaurant. Einige Veranstaltungen der Festivoce finden hier alljährlich statt. Von der Terrasse des alten Herrenhauses hat man einen sagenhaften Blick über die Landschaft der Balagne bis hin zum Meer. Place de l'Église, 20 220 Pigna, Tel. 04 95 61 77 31, E-Mail: resa@casa-musicale.org, www.casa-musicale.org

Le Niobel. Kleines Hotel (12 Zimmer) in Belgodère. Die Räume sind ein wenig düster (viel Holz und schwarzer Samt), doch einige haben einen Traumblick über die Balagne bis hinunter zum Meer. Lieu dit Rimessa, 20 226 Belgodère, Tel. 04 95 61 34 00, www.hotel-niobel-corse.com

U Palazzu. Stilvolles Hotel in Pigna mit Panoramablick und romantisch eingerichteten Räumen. 20 220 Pigna, Tel. 04 95 47 32 78, E-Mail: palazzupigna@wanadoo.fr, www.hotel-corse-palazzu.com

EINKAUFEN

Chez Zia Rô. Das Kunsthandwerkergeschäft ist Partner der »Route de Artisans«. Es bietet eine Auswahl an Keramik und Schmuck verschiedener

Hinterland der Balagne

Künstler, außerdem regionale Produkte aus Oliven, Kastanien, Wurstwaren und Käse. Centre du village, 20 214 Montegrosso, Tel. 06 64 14 96 59, E-Mail: zia-ro@live.fr

Domaine Renucci. Das Weingut mit 17 Hektar Anbaufläche besteht bereits seit 1850 und befand sich lange in Familienbesitz, bis Bernard Renucci es im Jahr 1991 übernahm. Er stattete es mit moderner Winzertechnik aus. Auf den Einsatz von Pestiziden sowie Chemikalien bei der Fertilisation wird verzichtet. Abfüllvolumen: 40 000 Flaschen/Jahr. Weine: Cuvée Vignola (rot, weiß, rosé). Mo–So 10–12 / 15–18.30 Uhr, Herbst und Winter geschlossen, 20 225 Feliceto, Tel. 04 95 61 71 08

Markt in Belgodère. Lokale Produkte von Anbietern und Künstlern der Region. März–Dez., Sa 9–12.30 Uhr, Marché des producteurs locaux, Place de l'Èglise, 20 226 Belgodère

Poterie Terra e Focu. Keramik von Isabelle Volpei. Vasen, Kerzenhalter, Geschirr, Lampen und andere schöne Dinge. Tägl. 10–13 / 14.30–19.30 Uhr, Ochjatana bei Belgodère, Tel. 04 95 61 33 20, E-Mail: isabellevolpei@hotmail.fr

Soufflerie de verre Ange Campana. Die Glasbläserei in Feliceto zählt zu den bekannteren Ateliers der Künstlerroute. Tägl. 10–12 / 15–18.30 Uhr. 20 225 Feliceto, Tel. 04 95 61 73 05, E-Mail: m.jcampana@yahoo.fr.

INFORMATION

Office de Tourisme de Lama. Bei Ostriconi. 20 218 Lama, Tel. 04 95 48 23 90, E-Mail: tourisme@villagedelama.fr, www.villagedelama.fr

Office de Tourisme du Ghjunsani. Batiment Battaglini, 20 259 Olmi-Capella, Tel. 04 95 47 22 06, E-Mail: ot.giussani@wanadoo.fr, www.balagne-corsica.com

Mertz, Peter: Bruckmanns Wanderführer Korsika. Tour Nr. 12, Bruckmann Verlag, München 2012, ISBN 3765458910

Bei der Aussicht könnte man fast das Essen vergessen.

DER NORDWESTEN

10 Cirque de Bonifatu
Bergwelt nahe der Badeorte

Während in Calvi der Sand glüht, geht es 20 Kilometer weiter direkt in eine Landschaft aus Felsen, Gipfeln und Kiefernwäldern. Der grüne Kessel von Bonifatu ist ein Naturjuwel und birgt schöne Wandertouren. Hier beginnt auch die erste Etappe des Fernwanderweges GR 20. Bizarre Formationen, Baden im klaren Bergfluss, Hängebrücken ... all dies ist bereits bei einer Tagestour zu erleben.

In einer halben Stunde vom Strand in die Bergwelt wechseln – es sind diese Extreme, die Korsika zu etwas Besonderem machen. Schon die Anfahrt aus Calvi ist ein Erlebnis. Nach und nach weicht die alte Kulturlandschaft der Balagne grünen Tälern und Nadelhölzern, beim Blick zurück sieht man das tiefblaue Meer entschwinden. Die Straße endet schließlich im grünen Herz Korsikas. In den steilen Hängen des Cirque de Bonifatu hat sich ein Urwald aus Lariciokiefern erhalten, der als Forêt Domaniale unter Naturschutz gestellt wurde.

Auberge de la Forêt

Bereits bei einer Tagestour (einfache Strecke fünf Kilometer) erhält man einen schönen Eindruck. Die Route ist von mittlerem Schwierigkeitsgrad, erfordert jedoch Schwindelfreiheit und Trittsicherheit und – bedingt durch die Aufstiege – eine gute Kondition. Der Höhenunterschied beträgt immerhin 734 Meter! Auch der Rückweg bergab ist nicht zu unterschätzen. Wie bei allen Bergwanderungen sollte man zudem nur bei gutem Wetter aufbrechen und bei Anzeichen eines Wetterumschwungs sofort umkehren oder Schutz suchen.

Oben: Grüner Kessel: Die Bergwelt des Cirque de Bonifatu
Unten: Hier geht es zur »Refuge de Carozzu«.

Cirque de Bonifatu

Wanderung durch den grünen Kessel

Diese mittelschwere Tagestour vermittelt einen Eindruck von Korsikas Bergwelt. Mit einem Aufstieg und einigen Flussdurchquerungen ist sie auch eine gute Einstiegsmöglichkeit zur Vorbereitung für längere Bergtouren. Sie führt zum GR 20 und lässt sich damit noch beliebig erweitern.

INFORMATION

An- und Abfahrt: Bis Forsthaus Bonifatu (Auberge de la Forêt).

Ausgangspunkt: Forsthaus Bonifatu mit der Auberge de la Forêt.

Wegbeschaffenheit: Forstweg und steiniger Bergpfad, teils steil ansteigend. Schwindelfreiheit erforderlich.

Länge: 10 km (mit Variante 11 km), 4,5 Std. Gehzeit.

Ausrüstung: Wanderkleidung inkl. berggerechtem Schuhwerk, Sonnenschutz.

Verpflegung: Ausreichend Wasser und einen Snack mitnehmen. Einkehrmöglichkeit in der Refuge de Carrozzu.

Variante: Ab der Refuge de Carrozzu lässt sich der Weg in die Spasimata-Schlucht und noch darüber hinaus erweitern (GR 20).

WICHTIGE STATIONEN

Ⓐ Auberge de la Forêt – Die D521 endet an einem Parkplatz bei der Auberge. Hier beginnt die Wanderung (ausgeschildert).

Ⓑ Lichtung – Von dieser Lichtung zweigen mehrere Wanderwege ab. Der Weg rechts neben dem Figarella-Fluss ist der richtige.

Ⓒ Die erste Flussüberquerung – Ein Nebenarm kreuzt den Weg.

Ⓓ Hängebrücke – Über den Figarella selbst führt eine Hängebrücke. Große Felsen am Wasser laden zur Rast ein.

Ⓔ Zweiter Nebenarm des Figarella – Auch diesen gilt es zu durchqueren.

Ⓕ Dritter Nebenarm des Figarella – Erneut den Fluss überqueren. Ab hier beginnt das schwierigste Stück des Weges.

Ⓖ Refuge de Carrozzu – Das Ziel ist erreicht. Nach einer Rast oder Übernachtung geht es wieder zurück ins Tal.

Ⓗ Variante – Ab der Hütte dem GR 20 für 400 m in Richtung Asco-Hütte folgen. Er führt in die Spasimata-Schlucht mit einer abenteuerlichen Hängebrücke.

Die Hängebrücke führt über das Flussbett.

AUTORENTIPP!

LOHNENDE STOPPS

Entlang des Figarella-Flusses mit seinen 13 Nebenarmen sind schöne Plätze zu entdecken mit Naturschwimmbädern und eindrucksvollen Felsformationen aus rosafarbenem Granit. Um immer wieder innehalten und genießen zu können, empfiehlt es sich, eine Übernachtung in der Berghütte einzuplanen. Bei der Refuge de Carrozzu trifft die beschriebene Wanderung auf den »legendären« Fernwanderweg GR 20 (siehe Kapitel 11). Es lohnt sich, ihm für 400 Meter in Richtung Asco-Hütte zu folgen: So gelangt man zur Spasimata-Schlucht und einer Hängebrücke, die sich weit über den Fluss spannt.

Refuge de Carrozzu. Reservierung über die Homepage des Nationalparks.
Direkter Link zur Buchung:
www.parc-corse.org/vad/

Startpunkt ist der Parkplatz am Ende der D251. Gegen eine Gebühr (derzeit 4 €) kann man hier seinen Pkw abstellen. Die Route beginnt auf einer Höhe von 536 Metern beim Forsthaus Bonifatu mit der Auberge de la Forêt. Hier kann man auch gegen eine geringe Gebühr übernachten. Das Ziel ist die Berghütte Refuge de Carrozzu auf 1270 Metern Höhe. Auch dort besteht die Möglichkeit, ein Bett zu nutzen oder zu zelten – eine schöne Variante für eine Zweitagestour. Hin- und Rückweg sind aber auch an einem Tag zu schaffen.

Über die Hängebrücke

Die Tour ist gut markiert (gelbe Streifen) und ausgeschildert. Gleich zu Beginn weist ein Schild mit der Aufschrift »G.R.20 Carozzu 2h30« die Richtung. Der zunächst leicht begehbare Weg verläuft entlang des Figarella-Flusses. Nach einem guten Kilometer (30 Minuten Gehzeit) ist ein kleiner Platz erreicht, an dem mehrere Wanderwege abzweigen. Der nun schmalere Pfad nach Carozzu setzt sich rechts neben dem Fluss fort, zwischen den Wegweisern und einer Sitzbank. Spätestens jetzt ist man dankbar für gute Wanderschuhe,

Cirque de Bonifatu

denn von nun an geht es über Stock, Stein und Geröll, teils am Abgrund entlang. Nach etwa einem Kilometer ist der erste Flusslauf, ein Nebenarm des Figarella, zu durchqueren. Brücke ist keine vorhanden, doch es liegen Steine im Flussbett.

Nochmals einen Kilometer (Gehzeit insgesamt ca. 1,25 Stunden) geht man bis zum Figarella selbst, über den eine kleine Hängebrücke führt. Ein wunderschöner Platz für eine Pause: Rundgewaschene Felsen bilden sonnenbeschienene Plätzchen. Der Markierung folgend, geht es durch zwei weitere Nebenarme des Flusses. Der erste ist nach circa zehn Minuten erreicht, der zweite nach einer halben Stunde (gesamte Gehzeit bis hier 1,75 Stunden). Dann beginnt das steilste Stück des Aufstiegs zur Refuge de Carrozzu, nur 300 Meter Wegstrecke, jedoch mit einem 250-Meter-Höhenunterschied. So sind weitere 45 Minuten – insgesamt also etwa zweieinhalb Stunden Wanderzeit – bis zur Hütte realistisch. Unterwegs passiert man eine Schutzhütte und trifft auf den Fernwanderweg GR 20 (rot-weiße Markierung). Das bewirtschaftete Refuge de Carrozzu schließlich bietet aus 1270 Meter Höhe einen herrlichen Blick ins Tal, außerdem Speis und Trank sowie Schlafplätze. Nach der wohlverdienten Pause geht es auf derselben Strecke zurück zur Auberge de la Forêt.

MAL EHRLICH

TÜCKISCHER BERGFRIEDEN

Obwohl in Wanderführern und Broschüren der Forstverwaltung davor gewarnt wird, unterschätzen Wanderer oftmals, wie tückisch das Wetter in den Bergen sein kann. Bei Regen können sich vormals liebliche Bächlein in reißende Ströme verwandeln und sind dann nicht mehr passierbar! Wer sich über die aktuelle Wetterlage informiert und im Zweifelsfall auf die Wanderung verzichtet, ist auf der sicheren Seite.

Infos und Adressen

ESSEN UND TRINKEN
Auberge de la Forêt. Bewirtschaftete Herberge in Bonifatu, am Startpunkt der Wanderung (Adresse siehe Übernachten).

ÜBERNACHTEN
Auberge de la Forêt. Zwei- und Dreibettzimmer sowie Chalets für sechs bis acht Personen und Campingplatz. Forêt de Bonifatu, 20 214 Calenzana, Tel. 04 95 65 09 98, E-Mail: aubergeforetbonifatu@sfr.fr, www.auberge-foret-bonifatu.com

Refuge de Carrozzu. Die Berghütte ist das Ziel der Bonifatu-Wanderung. Eine Übernachtungsmöglichkeit vor dem Rückweg. Betten und Biwakplatz. Reservierung z.B. über www.parc-corse.org

INFORMATION
Office National des Forêts. Direction régionale de Corse (Regionalverwaltung), Résidence La Pietrina, Avenue de la Grande Armée, 20 000 Ajaccio, Tel. 04 95 23 78 20, www.onf.fr/corse

Parc Naturel Régional de Corse (PNRC). Verwaltung des Nationalparks. Rue Major Lambroschini BP 417, 20 184 Ajaccio CEDEX 1, Tel. 04 95 51 79 10, www.parc-corse.org

DER NORDWESTEN

11 Der GR 20
Korsikas Herausforderung

Für Wanderer ist es ein Code, der den Puls höher schlagen lässt: Die Abkürzung »GR 20« bedeutet Grand Randonée 20 und kennzeichnet den Fernwanderweg, der in Nord-Süd-Richtung einmal fast komplett über Korsika verläuft. Je nach Erfahrung, Kondition und Urlaubszeit bieten sich einzelne Etappen oder die volle Länge an, um die Schönheit der Mittelmeerinsel zu entdecken.

Offiziell eröffnet wurde der Grand Randonée 20 im Jahr 1972. Während es zu Beginn nur einige wenige Refuges gab, ist es heute möglich, im kompletten Tourverlauf in festen Unterkünften zu übernachten.

Der GR 20 beginnt in Calenzana bei Calvi an der Nordwestküste und verläuft bis nach Conca nahe Porto-Vecchio im Südosten der Insel, folgt dem Verlauf des Hauptgebirgskammes und führt einmal quer durch den Nationalpark. Er zählt zu den

Beim Wandern am Bavella-Massiv genießt man fantastische Ausblicke.

MAL EHRLICH

VÖLKERWANDERUNG

Fast könnte man *Grand Randonée* auch mit Völkerwanderung übersetzen: Während der Sommermonate gleicht der GR 20 stellenweise einer Strandpromenade – leider teils auch, was die Bekleidung betrifft. Es wurden schon Wanderer mit Badelatschen gesichtet. Viele unterschätzen, wie fordernd die Route ist, und stellenweise wird es ganz schön voll auf dem Weg. Dennoch bleibt es einer der schönsten Fernwanderwege – es liegt an jedem Einzelnen, ihm mit Respekt zu begegnen.

Der GR 20

schwersten Fernwanderwegen Europas, wobei er sich in vergleichsweise einfache, mittelschwere und »schwarze« Etappen unterteilt. Als einer der schwersten Abschnitte gilt der Cirque de la Solitude, der »Kessel der Einsamkeit« (Etappe 4: Haut Asco – Cirque de Solitude – Refuge de Tihjettu).

Die rot-weiße Route

Den GR 20 auf wenigen Seiten zu beschreiben, ist unmöglich. Ein Wanderführer und eine gute Wanderkarte sind unerlässlich, auch wenn der Streckenverlauf vor Ort gekennzeichnet ist. Der rot-weißen Markierung begegnet man an vielen Stellen in Zentralkorsika, sie prangt auf Steinen und Schildern, auf Mauern und an nackten Felswänden. Als eine der Hauptattraktionen Korsikas wird der GR 20 gehegt und gepflegt, von ausführlicher Beschilderung bis hin zu festen Vorrichtungen wie Ketten, die das Erklimmen von Felsen erleichtern ist alles vorhanden, allerdings ist der Zustand der Hilfsmittel teils nach wie vor ausbaufähig.

Verantwortlich für den Unterhalt ist die Verwaltung des Parc Naturel Régional de Corse (PNRC). Sie kontrolliert die Wege und hat auf ihrer Homepage einen Blog eingerichtet, in dem die Équipe de Montagne de PNRC aktuelle Informationen bereitstellt.

Hinsichtlich der Gesamtlänge des GR 20 schwanken die Angaben. Laut der wohl zuverlässigsten Quelle, dem PNRC selbst, liegt sie bei 200 Kilometern. Zu schaffen ist sie in sage und schreibe weniger als anderthalb Tagen – doch dies gilt nur für den Rekordhalter Emilie Lecomte. Der damals 21-jährige Spanier schaffte die Strecke im Juni 2009 in 32 Stunden und 54 Minuten – bislang ungeschlagen. Als realistisch hingegen gelten, je nach Kondition, acht bis fünfzehn Tage für die komplette Tour.

AUTORENTIPP!

BERGWETTER AKTUELL

Das Wissen um die aktuelle Wetterlage ist unverzichtbar für eine sichere und schöne Wanderung. Zu berücksichtigen ist, dass etwa im Süden Korsikas schönstes Badewetter herrschen kann, während in den Bergen ein heftiges Gewitter niedergeht. Wer jedoch bei den allgemeinen europäischen Online-Vorhersagen nachsieht, könnte zu vage Angaben erhalten. Die Verwaltung des Nationalparks empfiehlt die Vorhersage von Météo France. Zusätzlich sollte man aber das Wetter unbedingt unterwegs im Auge behalten! Für besonders unerfahrene Wanderer empfiehlt es sich ohnehin, sich Touren von ansässigen Bergführern anzuschließen. Die erfahrenen Guides sehen das Gewitter, bevor andere nur daran denken, und kennen auch die besten Schutzmöglichkeiten.

Météo France. Tel. 0899/71 02 20, www.meteofrance.com

Die Wegmarkierung des GR 20

DER NORDWESTEN

Anspruchsvolle Bergwanderung

Der Rekord darf nicht darüber hinwegtäuschen, dass es sich um eine Bergwanderung handelt, die für unerfahrene und/oder schlecht ausgerüstete Wanderer ungeeignet bis lebensgefährlich ist. Erforderlich sind gute Kondition, Trittsicherheit und auf einigen Etappen absolute Schwindelfreiheit; teils besteht Steinschlaggefahr. Es geht hinauf bis in Höhen von 2400 Metern, die Temperaturen können dort selbst im Hochsommer um den Gefrierpunkt liegen. Gewitter können überraschend und mit enormer Heftigkeit auftreten. Alle Jahre wieder gibt es auf Korsika Todesfälle durch Unterkühlung und Blitzschlag in den Bergen.

Auch wenn immer ein Restrisiko bleibt: Wer sich gut vorbereitet (möglichst auch durch Trainingstouren im alpinen Gelände), kann sich auf die wohl spektakulärste und schönste Begegnung mit Korsika freuen. Der GR 20 führt mitten durch das wilde Herz der Insel, über Gebirgsgrate mit Blicken bis zum Meer, durch urwüchsige Wälder und vorbei an Bergseen und klaren Flüssen mit Quellen und Badegumpen, die zur Erfrischung einladen.

Übernachten und Ausrüstung

Wild campieren entlang des GR 20 ist verboten und wird entsprechend kontrolliert. Es gibt aber bei einigen Refuges/Gîtes d'Etapes Campingmöglichkeiten und sogar Leihzelte. Außerdem stehen dort günstige Schlafplätze (Kosten pro Übernachtung meist unter 10 €) zur Verfügung. Ein eigener (leichter!) Schlafsack ist auf jeden Fall erforderlich, auch ein Zelt oder Biwak. Der Wanderrucksack sollte nicht schwerer sein als 16 Kilogramm, reduziert auf alles, was zu einer sicheren Bergwanderung gehört, u.a. also auch ein Erste-Hilfe-Set und Regenschutz. Unverzichtbar sind zudem geeignete Wanderschuhe (über Knöchelhöhe).

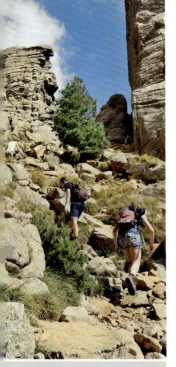

Oben: Der GR 20 führt auch durch die Bergwelt des Monte Cinto.
Unten: Die Felsnadeln des Bavella-Massivs sind wortwörtlich ein Höhepunkt auf dem Fernwanderweg.

Der GR 20

Infos und Adressen

SEHENSWÜRDIGKEITEN
Calenzana. Im Zentrum von Calenzana steht die Église Saint-Blaise (Barockkirche aus dem 17. Jahrhundert), daneben erinnert der »Friedhof der Deutschen« (Campu Santu di i Tedeschi) an militärische Unterstützung, die Kaiser Karl VI. im Jahr 1732 gegen die genuesische Besatzung Korsikas gewährte. 20 214 Calenzana, www.calenzana.com

ESSEN UND TRINKEN
A Flatta. Das Hotel bietet in seinem Restaurant traditionelle korsische Küche und hat eine Bar (Adresse siehe Übernachten).

ÜBERNACHTEN
A Flatta. Charmantes Berghotel. Auch Zimmer im Chalet und in einer ehemaligen Hirtenhütte (Bergerie). Pool mit spektakulärer Aussicht über das Tal bis hin zum Meer. Lieu-dit A Flatta, 20 214 Calenzana, Tel. 04 95 62 80 38, www.aflatta.com

Bel Horizon. Einfaches (Ein-Sterne-)Hotel mit Ein-, Zwei- und Dreibettzimmern. Auf die vielen Wandergäste hat man sich eingestellt: Das Frühstück gibt es äußerst zeitig (für Langschläfer aber auch bis 11 Uhr). Place Prince Pierre 4, 20 214 Calenzana, Tel. 04 95 62 71 72 oder 04 95 62 79 92, E-Mail: contact@calenzana.com

EINKAUFEN
Domaine Orsini. Weine, Liköre, Feigenkonfitüre, Pâtes de fruits, Nougats und andere regionale Spezialitäten. Degustation im wunderschön gestalteten Gewölbesaal. Rochebelle, 20 214 Calenzana, Tel. 04 95 62 81 01, www.vins-corse.com

Marché des producteurs et artisans locaux. Markt auf dem Kirchplatz von Calenzana. Kunsthandwerk und lokale Produkte. Juli–Mitte Okt. Sa 8–12 Uhr, Place de l'Église, 20 214 Calenzana

INFORMATION
Office National des Forêts. Direction régionale de Corse (Regionalverwaltung). Résidence La Pietrina, Avenue de la Grande Armée, 20 000 Ajaccio, Tel. 04 95 23 78 20, www.onf.fr/corse

Parc Naturel Régional de Corse (PNRC). Verwaltung des Nationalparks. Rue Major Lambroschini BP 417, 20 184 Ajaccio CEDEX 1, Tel. 04 95 51 79 10, www.parc-corse.org

Immer an die richtige Belüftung denken!

DER NORDWESTEN

12 Im Fango-Tal
Biosphärenreservat mit Badevergnügen

Vom Bergland bei Manso, vor der Kulisse der Zweitausender, bis zum Golf von Galéria schlängelt sich der Fluss Fango durch leuchtend orangefarbene Felsen. Er bewässert eine Landschaft, die von der UNESCO zum Biosphärenreservat ernannt wurde, und schuf wunderschöne Naturschwimmbäder. Bei einer Kanutour durch das Fango-Delta sind seltene Wasservögel und Schildkröten zu beobachten.

Es gibt zwei Möglichkeiten, sich dem Vallée du Fango (Fango-Tal) aus Richtung Calvi zu nähern – und beide vereinen sich kurz vor dem Flusslauf. Dort trifft die Küstenstraße D81b auf die durch das Hinterland führende D81, die an dieser Stelle über die »Pont de cinq arcades« führt. Übersetzt heißt dies »Brücke der fünf Bögen«, und so lohnt es sich, das hübsche Konstrukt auch einmal von der Seite anzusehen. Kurz danach fährt man direkt auf das – man muss schon fast sagen: niedliche – Tourist-Office der Region zu. Es ist in einem Container untergebracht. In seinem Inneren aber wird man von einem großen Informationsangebot und einer mehrsprachigen Beratung empfangen.

Panorama vor Zweitausendern

Vor der Tourist-Information verzweigt sich die Straße erneut. Rechts geht es nach Galéria, links direkt ins Fango-Tal. Es bietet sich an, zuerst eine Wanderung oder einen Badetag am Fluss zu unternehmen und anschließend den Küstenort zu besuchen.

Oben: Der Blick reicht über das Fango-Tal bis hin zum Monte Estremo.
Unten: Im Fluss findet man die verschiedenfarbigsten Steine.

Im Fango-Tal

Der Fango entspringt oberhalb von Manso, am Fuß des Paglia Orba (2525 m) – einem der höchsten Berge Korsikas – in der Schlucht von Capu Tafunatu. Aus dem Tal eröffnen sich bemerkenswerte Panoramen; überaus reizvoll ist der Anblick der Landschaft im Frühjahr mit den mächtigen, noch schneebedeckten Gipfeln am Horizont und den mit blühender Macchia bewachsenen Hügeln davor. Unmittelbar neben dem Paglia Orba ist, in südlicher Richtung, der Capu Tafunatu (2343 m) zu sehen. Aus einigen Winkeln erkennt man sogar sein Markenzeichen, ein großes Felsloch unterhalb des Scheitelpunktes von rund 30 Meter Durchmesser. Laut Legende schmiedete der Teufel sich eine Sense, indem er den Bergrücken des Paglia Orba als Amboss nutzte. Die Klinge brach entzwei. Wutentbrannt schmetterte der Teufel den Hammer gegen den Berg und schlug damit das Loch heraus; der Hammer ging an der Küste nieder. So entstand die Bucht von Calvi. Wenn Wolken durchs Loch ziehen, sieht es aus, als ob der Berg rauche.

Beliebte Badestellen am Fluss

Mit einer Länge von 22 Kilometern durchquert der Fango die vier Ortschaften Montestremu, Barghjana, Manso und Tuarelli, um sich schließlich in ein fruchtbares Delta zu verzweigen und im Golf von Galéria mit dem Meer zu vereinen. Auf seinem Weg schliff er im Laufe der Jahrtausende zahlreiche Felsen zu glatten Steinen, die in Orange-, Rost- und Grautönen schimmern. Sie bilden größere und kleinere Becken, einige davon so tief, dass man von den hohen, sie umgebenden Felsen oder Brücken hineinspringen kann, und Plateaus, auf denen Ruhesuchende ihr Handtuch ausbreiten. Die höheren Temperaturen im Tal erwärmen das kristallklare Wasser in den Sommermonaten auf angenehme Grade. All dies macht den Fluss zu

AUTORENTIPP!

DAS FANGO-DELTA ERKUNDEN

Im Fango-Delta verästelt sich der Fluss in mehrere Seitenarme. Dazwischen entwickelte sich ein wahres Biotop. Zu beobachten sind zahlreiche Vogelarten (u.a. Zwergtaucher und Fischreiher), eine vielfältige Sumpf-Flora und sogar Wasserschildkröten. Nahe heran kommt man mit dem Kanu – eine tolle Gelegenheit auch für schöne Fotos! Die Verleihstation befindet sich in der Bucht neben dem Delta, kurz vor Calvi. Um alle Seitenarme zu erkunden, sollte man anderthalb Stunden einplanen, es sind aber auch kürzere Fahrten möglich. Um den Schutz der Tiere zu gewährleisten, ist Abstand einzuhalten.

Kanuverleih Delta du Fangu.
Tel. 06 22 01 71 89, E-Mail: info@delta-du-fangu.com, www.delta-du-fangu.com

Oben: Sprungturm korsischer Art: Die genuesische Brücke »Ponte Vechju« ist ein beliebter Badeplatz.
Unten: Einladend sind die Badegumpen mit ihrem klarem Wasser.

einem äußerst beliebten Badeziel, das bei Wetterumschwüngen allerdings Aufmerksamkeit erfordert. Denn der Fango ist ein Bergfluss wie die anderen Badeflüsse Korsikas. Bei Gewitter und Starkregen verwandeln sich die stillen Wasser in reißende Ströme. Tückisch ist, dass man unten im Tal nicht unbedingt etwas davon mitbekommt, wenn das Wetter hoch oben in den Bergen umschlägt. Aus diesem Grund gibt es an der unteren Genuesenbrücke eine Warnsirene – wenn sie ertönt, gilt es schleunigst das Flussbett zu verlassen.

An einigen Stellen kann es in der Hauptsaison sehr voll werden, doch fährt man weiter hinauf bis nach Manso, wird man auch noch versteckte Plätze finden. Da die Straße nahe dem Fluss verläuft, sind die meisten Badestellen gut erreichbar. Aus Richtung Küste kommend, geht es zunächst am Flussdelta entlang. Bald ist ein kleiner Weiler erreicht, mit kleinen Hotels und Bed-&-Breakfast-Unterkünften. Wer den Fluss sehen möchte, fährt geradeaus weiter Richtung Manso. Nach ungefähr zwei Kilometern kommt eine erste beliebte Badestelle bei einer Genuesenbrücke, die auch als »Sprungturm« dient. Praktischerweise gibt es direkt gegenüber einen großen Parkplatz. Eine weitere historische Brücke mit Felsbecken existiert kurz vor Manso. Wanderwege laden dazu ein, die Flussumgebung näher zu erkunden.

Im Fango-Tal

Infos und Adressen

ESSEN UND TRINKEN
Restaurant L'Artigiana. Neben der Küstenstraße, doch ruhig, da etwas landeinwärts gelegen. Schöne Terrasse mit herrlichem Meerblick. Auf den Tisch kommen regionale Produkte, die auch im dazugehörigen Laden verkauft werden (siehe Einkaufen). Zwischen Fango-Delta und Galéria, direkt neben der Küstenstraße, Tel. 04 95 60 64 11

ÜBERNACHTEN
Auberge de Ferayola. Gemütliches Zwei-Sterne-Hotel in schöner Lage in Argentella nahe Galéria

Oft weisen kleine Schilder zur nächsten Gîte d'Etape.

(der Ort wurde nach einer stillgelegten Silbermine benannt). Argentella, 20 260 Calvi, Tel. 04 95 65 25 25, E-Mail: info@ferayola.com, www.ferayola.com

Camping La Morsetta. Zwei-Sterne-Campingplatz bei der Bucht von Crovani. Auch Vermietung von Bungalows. Route de Calvi-Porto (D81b), 20 260 Calvi, Tel. 04 95 65 25 28, E-Mail: info@lamorsetta.net, www.lamorsetta.net/de/info.html

EINKAUFEN
L'Artigiana. Kunsthandwerk (Keramik) und korsische Produkte wie Honig, Käse, Charcuterie etc. (Adresse siehe Essen und Trinken)

AKTIVITÄTEN
Bucht von Crovani. Hübscher Kiesstrand an der Küstenstrecke, der einen Stopp wert ist. Rund 10 km vor dem Fango-Delta (aus Richtung Calvi kommend) an der D81b

INFORMATION
Office de Tourisme de Galéria. Mai–Sept. 9.30–12.30 / 16.30–19 Uhr, Carrefour des cinq Arcades (bei der Fango-Brücke, wo die D81 auf die D351 trifft), 20 245 Galéria, Tel. 04 65 62 02 27, E-Mail: galeria@orange.fr, www.si-galeria.com, www.balagne-corsica.com

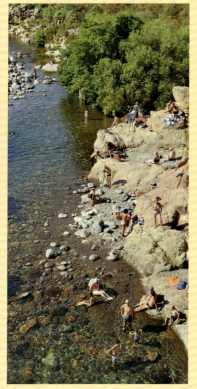

Badefreuden im Fango-Tal

DER NORDWESTEN

13 Galéria
Fast vergessenes Dorf am Meer

Die Häuser schlicht, die Kirche unscheinbar, der kleine Hafen pragmatisch ... nun gut, es gibt charmantere Dörfer an Korsikas Küste. Dafür punktet Galéria mit der Lage zwischen Fango-Tal und dem Naturreservat Scandola. Auf der langen Fahrt von Calvi nach Porto bietet es sich zudem für einen Erholungsstopp an. Vor allem aber beginnt bei Galéria eine lohnende Etappe des Langwanderweges Mare e Monti Nord.

Ab dem Fango-Delta führt die Nebenstrecke D351 noch ein kleines Stück weiter, dann kommt Galéria und damit ist Schluss an diesem Küstenabschnitt: Die Hauptstrecke nach Porto zweigt schon kurz nach dem Fluss Richtung Hinterland ab. Durch diese Lage »am Ende der Welt« hat der kleine Hafenort (ca. 400 Einwohner) durchaus etwas Verträumtes, auch wenn der historische Charme ein wenig fehlt. Dafür gewinnt er durch sein ländliches Flair. Lange war die Region ausschließlich von Anbau und Viehzucht geprägt, was sich noch immer im Angebot der Läden und Lokale bemerkbar macht. Und dort, wo die Zivilisation endet, gleich hinter der folgenden Bucht, liegt die Halbinsel Girolata mit dem Naturreservat Scandola.

Bootstour nach La Scandola

Oben: Die Felsküste bei Galéria
Unten: Von Galéria aus kann man eine Bootstour nach La Scandola unternehmen.

Im Hafen gibt es einen Anbieter, der mit zwei kleinen Booten regelmäßig die unter Naturschutz stehende Halbinsel ansteuert. Damit ist Galéria eine schöne – und vor allem ruhigere – Alternative zu den Sportboothäfen von Calvi und Porto, von wo die meist rappelvollen Boote reihenweise rausfah-

Galéria

Der weitläufige Hausstrand bietet viel Platz.

ren. Aufgrund der geringen Entfernung sind bereits zweistündige Fahrten möglich; so lässt sich zum Beispiel ein Badenachmittag am Fango mit einer Bootsfahrt am Vormittag verbinden.

Blick vom Capu Tondu

Der Strand von Galéria besteht aus grobem Kies, gefällt aber durch seine Weitläufigkeit und geschützte Lage zwischen den Ausläufern der Balagne und dem felsigen Kap im Süden. Die Straße führt direkt am Strand vorbei und es gibt unmittelbare Parkmöglichkeiten. Auf der anderen Straßenseite kann man ein leckeres Eis essen gehen oder bei einen Kaffee den Meerblick genießen. Südlich des Strandes sind die Ruinen eines alten Leuchtturmes zu sehen. Im überschaubaren Zentrum von Galéria gibt es einige kleine Hotels, eine Handvoll Restaurants und einen kleinen Supermarkt. Eine kleine Wanderung führt auf das Kap, sozusagen den Hausberg Galérias: das Capu Tondu (839 m). Von oben eröffnet sich ein herrlicher Blick auf den Golf und das Fango-Delta.

Auf dem Mare e monti nach Girolata

Förmlich »geblendet« von der Präsenz des großen Fernwanderweges GR 20 übersehen viele, dass

AUTORENTIPP!

KÜSTENSTRASSE CALVI–GALÉRIA

Über die D81 benötigt man nur eine halbe Stunde von Calvi nach Galéria. Sie führt durch das karge Hinterland Balagne déserte. Die Fahrt auf der Küstenstrecke D81b dauert doppelt so lang, ist aber auch viel schöner. In Serpentinen fährt man direkt über dem Meer, die Felsküste bietet einen herrlichen Anblick nach dem anderen. Vier Kilometer nach Calvi gibt es obendrein einen lohnenswerten Abstecher: Bei der Halbinsel Revellata führt links ein Sträßchen zur Chapelle Saint Christine (auch: Notre Dame de la Serra, 1479), die der Schutzpatronin der Stadt gewidmet ist. Von dort oben hat man einen außergewöhnlichen Panoramablick über die gesamte Bucht von Calvi. Verliebte suchen den Platz gerne auf, um sich beim romantischen Sonnenuntergang ewige Treue zu schwören.

Notre Dame de la Serra. An der D81b, 4 km hinter Calvi

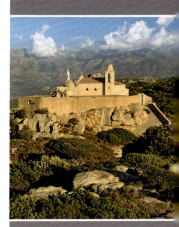

Oben: Galéria liegt sozusagen »am Ende der Welt«.
Unten: Die Felsen von La Scandola

Korsika noch einige weitere reizvolle Langwanderwege bietet. Einer davon ist der Mare e monti Nord. Er beginnt genau wie sein berühmter Bruder in Calenzana. Recht gut (orangefarbenes Zeichen) markiert, verläuft er über elf Etappen bis nach Cargese an der Westküste (südlich von Porto). Die erste Etappe lohnt nicht besonders, dafür beginnt eine umso schönere in Galéria und führt nach Girolata – eine Möglichkeit also, die Halbinsel mit dem Naturreservat zu Fuß zu besuchen statt mit dem Boot. Es ist die vierte Etappe des Mare e monti Nord; mit normaler Kondition leicht zu bewältigen, führt sie größtenteils über schöne Pfade an der Küste entlang, mit entsprechend fantastischen Ausblicken.

In Girolata gibt es einige Gîtes d'Etappes, sodass auch die Möglichkeit besteht, eine Übernachtung einzulegen und am folgenden Tag entspannt zurück nach Galéria zu wandern. Sehr zu empfehlen ist die Gîte Le Cormoran, denn hier wird besonders gut gekocht!

Galéria

Infos und Adressen

ESSEN UND TRINKEN
Le Concept Snack-Glacier. Eisdiele mit Blick über den Hausstrand. Sehr gutes Eis, auch Snacks und kleine Speisen. An der Durchfahrtsstraße gegenüber dem kleinen Parkplatz, 20 245 Galéria

ÜBERNACHTEN
Gîte Le Cormoran. Familiäre Wanderunterkunft, 20 Plätze, gekocht werden unter anderem frischer Fisch und Bouillabaisse. Girolata, Tel. 04 65 20 15 55

Palazzu. Schönes Hotel mit herrlichem Pool, nur 100 m vom Meer entfernt. Bord de mer, 20 245 Galéria, Tel. 04 65 62 03 61, www.palazzu.com

Résidence de la Punta. Motel im oberen Teil des Dorfes, eigener Pool, 300 m bis zum Meer. 20 245 Galéria, Tel. 04 65 62 01 74

AKTIVITÄTEN
Galéria Marina. Bootsausflüge in das Naturreservat Scandola. Mit zwei Booten werden zwei- und vierstündige Touren rund um die Halbinsel durchgeführt. Galeria Marina, 20 245 Galéria, Tel. 06 12 52 63 53, E-Mail: info@visite-scandola.com, www. visite-scandola.com

Mare e monti Nord. Wanderung auf der 4. Etappe des Fernwanderweges über Berg- und Küstenpfade mit Auf- und Abstiegen. Ausgangspunkt: Ortszentrum von Galéria, Länge: 11 km, Wanderzeit (einfache Strecke): 6 Std., Höhenunterschied: 874 m (ist zugleich der höchste Punkt der Route). Variante: Der Mare e Monti lässt sich in beiden Richtungen um weitere Etappen erweitern.

Tauchbasis Incantu. Unterwasserausflüge rund um das Kap. Route de Calca, 20 245 Galéria, Tel. 04 65 62 03 65, E-Mail: info@incantu.com, www.incantu.com

INFORMATION
Office de Tourisme de Galeria. Mai–Sept. 9.30–12.30 / 16.30–19 Uhr, Carrefour des cinq Arcades (bei der Fango-Brücke, wo die D81 auf die D351 trifft), 20 245 Galéria, Tel. 04 65 62 02 27, E-Mail: galeria@orange.fr, www.si-galeria.com, www.balagne-corsica.com

An der Eisbar kann man sich stärken.

DIE INSELMITTE

14 Parc Naturel Régional de Corse	100
15 Im Asco-Tal	104
16 Monte Cinto	108
17 Fahrt durch das Niolo-Tal	110
18 Corte	116
19 Georges de la Restonica	124
20 Bocognano	128
21 Durch das Prunelli-Tal	132
22 Bastelica	138
23 Hochebene Plateau di Coscione	144
24 Castellu di Cucuruzzu	146
25 Zonza und Umgebung	148
26 Col de Bavella	154
27 Die korsische Eisenbahn	158

DIE INSELMITTE

14 Parc Naturel Régional de Corse
Alpine Landschaft im Mittelmeer

Für viele ist es das »wahre Korsika«. Während sich an den Küsten das doch oft typische mediterrane Strandleben abspielt, offenbart das Landesinnere eine einmalige, wilde Insel mit rauen Seiten und doch viel Charme, mit unvergleichlicher Natur und zahlreichen Pfaden, die selbst Korsika-Kenner immer wieder zu unbekannten Plätzen leiten. Der Großteil dieser Bergwelt steht als Parc Natural Régional de la Corse unter Schutz.

Der Parc Naturel Régional de Corse (Regionaler Naturpark Korsika) erstreckt sich über eine Fläche von 3500 Quadratkilometern. Damit bedeckt er mehr als ein Drittel der Inselfläche mit mehreren Tälern und Gebirgszügen sowie der Felslandschaft der Calanche an der Westküste. Dichte Pinien- und Korkeichenwälder, kristallklare Flüsse, Quellen und Bergseen bilden eine völlig andere Welt als die Strände und das Salzwasser des Mittelmeeres. In den Höhenlagen (1500–1900 m) gedeihen Erlen und korsische Schwarzkiefern; in Gipfelnähe blühen Akeleien und das *Viola corsica*, das korsische Veilchen. Im Reservat leben Mufflons, Hirsche, Wildschweine und verwilderte Hausschweine, Greifvögel wie Wanderfalken, Sperber und Bussarde, viele Arten von Schmetterlingen und anderen Insekten sowie Reptilien wie der Feuersalamander.

Vorangehende Doppelseite: Corte bei Nacht
Oben: Panorama am Col de Larone
Unten: Mehr als ein Drittel der Insel gehört zum Regionalen Naturpark Korsikas.

Spektakuläre Passfahrten und Wanderungen

Bereits eine Fahrt durch die korsische Bergwelt mit der Eisenbahn, dem Auto oder Motorrad ist

Parc Naturel Régional de Corse

ein Abenteuer für sich. In Serpentinen und auf in den Fels geschlagenen, oft sehr schmalen Straßen geht es durch Schluchten und Täler und hinauf bis auf fast 3000 Meter Höhe. Begegnungen mit Tieren gehören dazu, am Straßenrand stehen Ziegen, Geißböcke und Kühe, verwilderte Hausschweine dösen auf dem Asphalt oder kreuzen mitsamt einer Kolonie Frischlinge die Straße. Besonders eindrucksvoll sind der Col de Bavella (Bavella-Pass), die Scala di Santa Regina und die Gorges de Spelunca (Spelunca-Schlucht). Wer weiter Richtung Osten fährt, entdeckt am Flusslauf der Solenzara die schönsten Naturbadebecken Korsikas.

Für Wanderer ist Korsikas Mitte das Ziel schlechthin. Alte Hirtenpfade, Berg- und Küstenwege leiten durch duftende Macchia, alpine Panoramen mit dem tiefblauen Meer am Horizont entfalten sich, in Bergdörfern ist die korsische Gastfreundlichkeit zu erleben. Zum Vergnügen tragen ein Netz aus Wanderer-Unterkünften (*Gites d'étapes*), viele natürliche Trinkwasserquellen und größtenteils gut markierte Wanderwege mit einer Gesamtlänge von rund 1500 Kilometern bei.

Fernwanderwege im Nationalpark

Neben der Königsdisziplin, dem Fernwanderweg GR 20 (siehe Kapitel 11), der von Nord nach Süd quer durch den Nationalpark verläuft, gibt es zahlreiche weitere, oft wenig bekannte Wege, auf denen noch Einsamkeit und Stille pur zu genießen sind. Darüber hinaus bieten sich noch weitere Fernrouten für Mehrtagestouren an: Der Mare e Monti verbindet, der Name besagt es, das Meer und die Berge, und dies auf gleich zwei verschiedenen Routen: Der Mare e Monti Nord führt in zehn Etappen von Calenzana nach Cargèse (zur vierten Etappe siehe auch Kapitel 13), während es

AUTORENTIPP!

KAJAKFAHREN BEI BARCHETTA

Für Neulinge unter den Kajakfahrern ist Barchetta in der Gemeinde Volpajola die Topadresse Korsikas. Der kleine Weiler verdankt den regen Zuspruch dem Fluss Golo, der am Fuße der höchsten Berge entspringt. Kurz vor der Ortschaft nämlich bildet dieser bei einer Brücke eine wilde und dennoch überschaubare Wasserfläche, die ein hervorragendes Übungsareal abgibt. Eine schöne Gelegenheit für alle, die den Sport einmal ausprobieren möchten oder noch recht unerfahren sind. Entlang der breiten Uferböschungen bietet der Golo obendrein schöne Bademöglichkeiten.

Brücke von Barchetta. Am Ortseingang an der N193 (ca. 17 km ab Ponte Leccia in Richtung Bastia)
In Terra Corsa. Kajak-Verleih und Kurse. Route de Calvi, 20 218 Ponte Leccia, Tel. 04 95 47 69 48, E-Mail: info@interracorsa.com, www.interracorsa.com

Verwilderte Hausschweine trifft man im Naturpark häufig.

Oben: An manchen Stellen grenzt der Regionale Naturpark direkt an das Meer.
Mitte: In den Wäldern sieht man prachtvolle Korkeichen.
Unten: Wanderweg zur archäologischen Stätte in der Hochebene Pianu de Levie.

auf dem Mare e Monti Sud in sechs Etappen von Porticcio (bei Ajaccio) nach Burgo (nahe Propriano) geht.

Ganz besonders reizvoll sind auch die drei Langwanderwege, die »von Meer zu Meer« führen, also die Ost- und Westküste Korsikas verbinden. Der Mare a Mare Nord (acht bis zwölf Etappen) führt von Moriani über Corte nach Cargèse, die Strecke gabelt sich zudem in einen Hauptweg und eine Variante. Mitten durch Korsika schlängelt sich die Route des Mare a Mare Centre; sie beginnt in Ghisonaccia an der Ostküste und endet in Porticcio bei Ajaccio (sieben Etappen). Ganz im Süden lohnt der Mare a Mare Sud: In fünf Etappen geht es von Porto-Vecchio nach Propriano.

Adrenalin-Kick

Die Bergwelt zieht auch Anhänger anderer Sportarten an – und so stößt man an vielen Plätzen im Nationalpark auf Kletteranlagen, Canyoning- und Rafting-Stationen oder Verleiher von Mountainbikes. Mitten im Parc Naturel Régional de Corse, zu Füßen des Monte Cinto, bietet die ehemalige Inselhauptstadt Corte viel Kultur und spannende Einblicke in die Inselgeschichte. Corte ist auch Startpunkt für Ausflüge in die Bergwelt, da viele Täler und Pässe von der zentralen Stadt aus schnell erreicht sind.

Parc Naturel Régional de Corse

Infos und Adressen

ESSEN UND TRINKEN
Refuges. Listen der bewirtschafteten Wanderunterkünfte gibt es z.B. auf www.le-gr20.fr (speziell für den GR 20) und www.parc-corse.org (Homepage des Nationalparks, hier auch Reservierungsmöglichkeit)

ÜBERNACHTEN
Auberge A Filetta. Acht süße Zimmer im charmanten Berggasthof (6 Doppelzimmer, 2 Einzelzimmer). 20 148 Cozzano, Tel. 04 95 24 45 61, E-Mail: renucciauberge@wanadoo.fr, www.auberge-afiletta.com

Gîte Chez Marie. Unterkunft auf dem letzten Abschnitt des Mare e Monti (nahe Porto). Übernachtung (ganzjährig) im Doppelzimmer oder Schlafsaal mit Stockbetten. Die Preise sind verhältnismäßig hoch. 20 150 Ota, Tel. 04 95 26 11 37, E-Mail: contact@gite-chez-marie.com, www.gite-chez-marie.com

U Fracintu. Gîte-Hotel im Hinterland von Valinco. Lieu dit U Borgu, 20 143 Fozzano, Tel. 04 95 76 15 05, www.gite-hotel-valinco.fr

AKTIVITÄTEN
Corsica Forest. Canyoning und Adventure-Park nahe Solenzana (Ostküste). Treffpunkt nach vorheriger Reservierung z.B. am Camping Ponte Grossu an der D268 Richtung Bavella/Zonza, Tel. 06 16 18 00 58, www.corsica-forest.com

Rêves de cimes. Canyoning und Adventure-Park an mehreren Standorten im Südwesten des Nationalparks. Chemin de Culetta, 20 167 Mezzavia, Tel. 04 95 21 89 01, E-Mail: contact@revesdecimes.fr, www.revesdecimes.fr

INFORMATION
Office National des Forêts. Direction régionale de Corse (Regionalverwaltung). Résidence La Pietrina, Avenue de la Grande Armée, 20 000 Ajaccio, Tel. 04 95 23 78 20, www.onf.fr/corse

Parc Naturel Régional de Corse (PNRC). Verwaltung des Nationalparks. Rue Major Lambroschini BP 417, 20 184 Ajaccio CEDEX 1, Tel. 04 95 51 79 10, www.parc-corse.org

Den Proviant auffüllen: Auch wenn es oft weit ist, das nächste Dorf kommt bestimmt.

DIE INSELMITTE

15 Im Asco-Tal
Prachtbrücke und tierische Einblicke

Der Name Asco (korsisch: Ascu) steht für einen Fluss und ein Tal, das Richtung Westen immer tiefer in die Bergwelt führt, aber auch für ein verschlafenes Dorf, vor dem sich die schönste Genuesenbrücke Korsikas befindet. Das grün schimmernde Wasser lädt vielerorts zum Baden ein. Zu besichtigen sind auch ein Schildkrötendorf und ein Mufflon-Museum.

In das Valée d'Asco (Asco-Tal) gelangt man über Ponte Leccia. Ein Stück nördlich der Ortschaft führt eine Panoramastraße (D47) direkt ins Tal mit sanften Macchia-Hügeln, das dann aber in eine zunehmend wildere Bergwelt mit Kiefernwäldern übergeht. Nach 33 Kilometern endet die Kurvenstrecke am Monte Cinto (2706 m), dem höchsten Berg Korsikas.

Gorges de l'Asco

Im Granitmassiv klafft die Schlucht Gorges de l'Asco. Ganz unten schillert der Bergfluss, der nach der Schneeschmelze zu einem reißenden Strom anschwellend, was Rafting-Fans schätzen. Auch wer sich für Klettern oder Canyoning begeistert, ist hier genau richtig. Der westliche Teil des Flusses wird Stranciacone genannt, erst ab dort, wo er sich mit dem Tassineta-Bach vereint, heißt er Asco.

In vergangenen Jahrhunderten lebte wohl kaum jemand abgeschiedener auf Korsika als die Einwohner des Asco-Tales. Die Zufahrtsstraße wurde erst im Jahr 1937 gebaut, zuvor erreichte man Nachbartäler allenfalls über Maultierpfade. Die

Oben: Der Weg ins Asco-Tal führt durch fruchtbare Landschaften.
Unten: Im »Village des Tortues« von Tizzarella

Äußerst fotogen und postkartenerprobt ist die Brücke von Asco.

Aufzucht von Schafen und Ziegen sicherte die Lebensgrundlage, auf Terrassenfeldern wurden Getreide, Obst und Gemüse angebaut. Zu Beginn des 20. Jahrhunderts verfügte die Gegend rund um Asco über den größten Viehbestand Korsikas, 12 900 Schafe und 6000 Ziegen zählte die Gemeinde im Jahr 1910. Noch heute findet man Schäfereien (*Bergerien*) oder Überreste davon in der Region. Auch Pech-Öfen sind ein Relikt aus den alten Zeiten. Das Pech wurde aus den Stümpfen von Schwarzkiefern gewonnen, in den Öfen gebrannt und diente zum Abdichten von Booten.

Im Schildkrötendorf

Gleich zu Beginn der Schlucht bietet sich ein schöner Abstecher an: Nach circa sechs Kilometern geht es rechts nach Moltifao und Castifao – über eine Brücke (darunter ist eine schöne Badegumpe!). Kurz hinter der Abzweigung weist ein großes Holzschild am rechten Straßenrand zu einem besonderen Ort: Im »Village des Tortues« (Schildkrötendorf) widmet man sich dem Schutz der griechischen Landschildkröten (*Testudo hermanni*), deren wilder Bestand im Asco-Tal seit einigen Jahren zurückgeht. Die Schildkrötenstation ist gegen Eintritt (derzeit 5 €) zu besichtigen, das Geld kommt dem Projekt zugute. Anders als in der

AUTORENTIPP!

THEATERFESTIVAL L'ARIA IN VALLINCA

Wer bei einem Ausflug nach Motifao und Castifao noch weiter Richtung Norden fährt, gelangt über die D547 und die D963 (Richtung Olmi Capella) in die Gemeinde Vallinca (erreichbar auch über die Balagne oder auf direkterem Wege über eine nördlichere Abzweigung der N197). Das Bergdorf vor den oft noch schneebedeckten Gipfeln ist schon für sich den Besuch wert. Besonders aber lohnt es sich im Sommer: Von Juni bis August steigt dort das Theaterfestival L'Aria mit Aufführungen an rund 60 Schauplätzen in vier Dörfern. Der Schauspieler Robin Renucci rief die zuständige Kulturorganisation Aria im Jahr 1998 ins Leben.

Infos und Termine.
www.ariacorse.org, www.vallica.info

Oben: Urwüchsige Wälder leiten zur Bergwelt über.
Unten: Früher konnten die Einheimischen das Tal allenfalls per Maultier verlassen. Heute ist es einfacher.

DIE INSELMITTE

bekannteren Schildkrötenfarm »A Cupullata« bei Ajaccio, die eher einem Tierpark gleicht, stehen hier noch Engagement und Herzblut im Vordergrund. Sehenswert sind beide.

Die Brücke von Asco

Zurück auf der D147, geht es weiter durch die Gorges de l'Asco. Am Ende der Schlucht träumt auf einer Bergflanke (ca. 600 m) das ehemalige Hirtendorf Asco. Das 130-Einwohner-Nest hat sich mit kleinen Bars und Cafés auf Touristen eingestellt und ist ein netter Platz für eine Pause. Rund um das Dorf stehen Bienenstöcke, der Honig aus Rosmarin- und Lavendelnektar ist vor Ort erhältlich, zum Teil auch in anderen Regionen Korsikas.

Am Ende des Dorfes führt ein Pfad in die Schlucht hinab. Dort nun befindet sich einer der schönsten Plätze Korsikas. Über den Fluss spannt sich, in perfekten Proportionen, die wohl meistfotografierte Genuesenbrücke der Insel. Sie scheint eins mit der Umgebung zu sein, wie mit den Bergflanken verwachsen. Das Felsbecken darunter mit glasklarem Wasser ist eine beliebte Badestelle. Die Brücke von Asco ist auch bequem über die Straße zu erreichen. Die Zufahrt samt Parkplatz finden Sie hinter dem Dorf links, dann rechts, über zwei Kehren hinab zum Fluss.

Haut Asco

Hinter Asco steigt das Tal weiter an und führt durch die Kiefernwälder des Forêt de Carrozzica, in denen wilde Mufflons leben. Über den Wipfeln ziehen Steinadler ihre Kreise. Im Herzen des Waldes hat die Gemeinde Carrozzica ein Ökomuseum eingerichtet, das »Maison du Mouflon et de la Nature« (Casa di a Muvra / Mufflon-Museum).

Im Asco-Tal

Infos und Adressen

SEHENSWERTES

Couvent Saint-François di Caccia. Ruinen eines Klosters aus dem 16. Jh., das nach einer Plünderung im Jahr 1774 aufgegeben wurde. Weil die Kirche und andere Teile einzustürzen drohen, ist das Gebäude zum Teil abgesperrt. Hinter dem Dorf Moltifao auf einer Anhöhe, 20 218 Castifao

Maison du Mouflon et de la Nature. Tägl. (außer Di) 10–17 Uhr, Eintritt frei, Route du Haut Asco, 20 276 Asco, Tel. 04 95 47 82 07, E-Mail: mairie.asco@corsicadsl.com

Village des Tortues. Juni–Sept. 11–15.30 Uhr, Juli/Aug. 10–17 Uhr, Route d'Asco, Lieu dit Tizarella, 20 276 Moltifao, Tel. 04 95 47 85 03, E-Mail: info@parc-naturel-corse.com

ESSEN UND TRINKEN

Franceschetti. Italienisches Restaurant im oberen Dorf von Asco. Costa, 20276 Asco, Tel. 09 62 03 97 28

Den korsischen Ziegenkäse probiert man am besten direkt an der Bergerie.

ÜBERNACHTEN

Auberge E Cime. Liebevoll eingerichtete Zimmer und eine Terrasse direkt über dem Asco-Tal. 20 276 Asco, Tel. 04 95 47 81 84, www.e-cime.com

Auberge L'Acropole. Rustikales Holz-Ambiente, Zimmer in den Kategorien Standard, Comfort und Suite, mit Pool. Asco village, 20 276 Asco, Tel. 04 95 47 83 53, www.acropole-asco.com

Refuge du Parc. Wanderunterkunft. Haut-Asco, 20 276 Asco, Tel. 04 95 47 86 83

AKTIVITÄTEN

In Terra Corsa. Canyoning, Rafting etc. Route de Calvi, 20 218 Ponte Leccia, Tel. 04 95 47 69 48, E-Mail: info@interracorsa.com, www.interracorsa.com

INFORMATION

Parc Naturel Régional de Corse (PNRC). Verwaltung des Nationalparks. Rue Major Lambroschini BP 417, 20 184 Ajaccio CEDEX 1, Tel. 04 95 51 79 10, www.parc-corse.org

Eine Bar lädt zur kurzen Pause ein.

DIE INSELMITTE

16 Monte Cinto
Das Dach Korsikas

Den alpinen Charakter der Insel prägen Gipfel, die fast die 3000-Meter-Marke erreichen. Das »Dach Korsikas« ist der Monte Cinto (2706 m), nur 23 Kilometer vom Meer entfernt. Es lohnt der Aufstieg, aber auch schon der Blick auf den Berg aus dem Tal oder von den Nachbargipfeln aus. Zum Aufstieg ab dem Weiler Lozzi im Niolo-Tal gibt es auch eine reizvolle Variante über den Bergsee Lac de Cinto.

Wer oben war und gute Fernsicht hatte, ist um eine Erfahrung reicher, bei der selbst eingefleischte Alpinisten feuchte Augen bekommen. Vom oft mit Schnee bedeckten Gipfel über sattgrüne Täler bin hin zum blauen Meer reicht der Blick, die Bucht von Calvi samt Zitadelle ist zu sehen, auch der in rote Felsen gefasste Golf von Porto – im Kontrast zu den lieblichen Küsten breitet sich die eisige Nordflanke vor den Füßen aus. Um Korsikas höchsten Berg zu bewältigen, sind jedoch Kondition und Erfahrung im Bergwandern erforderlich, denn besonders der letzte Abschnitt hat es in sich.

Der Weg zum Gipfel

Die Grate des Cinto-Massivs verlaufen Richtung Nordosten und Südwesten. Die Nordflanke des Cinto fällt ins Asco-Tal ab, im Süden liegt das Tal des Flusses Golo. Dies ist auch die einfachere Aufstiegsmöglichkeit, dennoch: neun bis zehn Stunden sind für den Weg zum Gipfel auf jeden Fall einzuplanen. Unterwegs ist eine Übernachtung in dem etwas heruntergekommenen Refuge de l'Erco (korsisch: Ercu) möglich. Einige Stunden spart zudem eine Anfahrt mit Geländewagen oder Moun-

Oben: Fast wie in den Alpen und doch so nah am Meer
Unten: Hier geht es zum Monte Cinto – auf Korsisch wird der Berg mit »u« geschrieben.

Monte Cinto

tainbike. Die ersten sieben Kilometer führen über eine Schotterstraße, die mit einem normalen Pkw seit einigen Jahren nicht mehr befahrbar ist.

Ein Aufstieg auf den Monte Cinto ist auch ab dem Asco-Tal möglich (jedoch mit schwierigerer Kletterpartie) und als Abstecher vom in der Nähe verlaufenden Fernwanderweg GR 20. Der Aufstieg an der Südseite beginnt im Niolo-Tal, das über die Schlucht Scala di Santa Regina zu erreichen ist (siehe Kapitel 17). Dazu nimmt man die Abzweigung der D84 an der Fernstraße Ponte Leccia–Corte und fährt bis zum Stausee von Calacuccia. Am Ortsausgang geht es rechts hinauf nach Lozzi, wo sich auch ein Campingplatz (Camping U Monte Cinto) befindet. Die besagte Schotterstraße, die zum Wanderpfad führt, beginnt direkt dahinter.

Zum Lac de Cinto

Nach etwa zwei Stunden Wanderzeit ist die Refuge de l'Erco (1667 m) erreicht, wo ein Matratzenlager eine einfache Schlafstätte bietet (Wasserhahn hinter der Hütte). Danach wird der Weg steiniger und verläuft dann über die immer steiler werdende Felswand mit einigen leichten Kletterpassagen. Wer sich das anspruchsvolle Stück sparen möchte, belässt es bei der Wanderung zur Berghütte, die ja auch schon sehr lohnenswert ist.

Eine äußerst reizvolle Variante ist der Weg ab dort Richtung Westen, der zum Lac de Cinto führt: Wie eine schillernde Glasscheibe liegt der türkisblaue Bergsee in einem Felskessel. Von hier ist über den Grat auch noch der Gipfel des Monte Cinto zu erreichen – also eine längere (plus eine Stunde), jedoch auch schönere Tour als der direkte Aufstieg ab dem Refuge. Letzteren wählte übrigens der Erstbesteiger des Monte Cinto: Der Franzose Edouard Rochat erreichte den Gipfel am 6. Juni 1882.

Infos und Adressen

ESSEN UND TRINKEN
Refuges. Listen der bewirtschafteten Wanderunterkünfte gibt es z.B. auf www.le-gr20.fr (speziell für den GR 20) und www.parc-corse.org (Homepage des Nationalparks, hier auch Reservierungsmöglichkeit).

ÜBERNACHTEN
Camping U Monte Cinto. Zelten unter alten Kastanienbäumen, der Aufstieg zum höchsten Berg Korsikas ist nah, 15. Mai–15. Sept., 20 224 Lozzi, Tel. 04 95 48 04 45 (während der Saison) oder 04 95 47 65 72 (außerhalb der Saison), www.camping-montecintu.com

Hôtel Le Chalet. Diese (auch komfortablere) Übernachtungsmöglichkeit bietet sich an, wenn man sich dem Monte Cinto aus Richtung Norden nähern möchte. Haut-Asco, 20 276 Asco, Tel. 04 95 47 81 08, www.hotel-lechalet-asco.com/hotel-asco-corse

INFORMATION
Parc Naturel Régional de Corse (PNRC). Verwaltung des Nationalparks. Rue Major Lambroschini BP 417, 20 184 Ajaccio CEDEX 1, Tel. 04 95 51 79 10, www.parc-corse.org

DIE INSELMITTE

17 Fahrt durch das Niolo-Tal
Landschaften der Meisterklasse

Durch die wilde Scala di Santa Regina, die Hochebene mit Blick auf den Monte Cinto, urwüchsige Kiefernwälder und die rote Spelunca-Schlucht bis nach Porto: Die abwechslungsreichste Möglichkeit, Korsika in Ost-West-Richtung zu durchfahren, beginnt nahe Ponte Leccia. Sie führt durch verschiedenste Landschaften, mittendrin liegt das Niolo-Tal mit seinen romantischen Dörfchen.

Korsika, die Insel der Schönheit, sei eine Schöpfung Gottes … nur bei der Scala di Santa Regina sei der Teufel am Werk gewesen, so munkelt man auf Korsika. Wohl eher mit einem Augenzwinkern, ist doch die »Treppe der Himmelskönigin« sogar noch schöner als so manche andere Bergstrecke Korsikas. Die Fahrt auf dem schmalen, in den Fels gehauenen Sträßchen allerdings kann einen schon etwas das Fürchten lehren, besonders, wenn einem in der Kurve ein Reisebus entgegenkommt.

Scala di Santa Regina

Ab der Hauptstrecke Corte–Ponte Leccia führen zwei Abzweigungen (D84 und D18) bald hinein in die Schlucht. Der Fluss Golo fraß sich tief in das Tafoni-Gestein, das zu beiden Seiten in bizarrsten Formationen aufragt, stufenartig, was zu dem Namen »Scala« führte. Ein niedliches Mäuerchen begrenzt, mit eher rein psychologischem Effekt, die Serpentinenstraße.

Es lohnt ein Zwischenstopp, um die Schönheit der Schlucht bei einer Wanderung in Ruhe auf sich

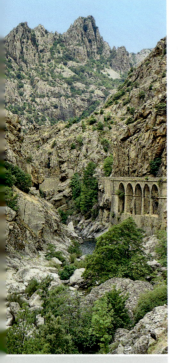

Eine Herausforderung für Autofahrer, doch sie lohnt sich: An der Scala di Santa Regina

Fahrt durch das Niolo-Tal

wirken zu lassen. Möglich ist dies ab der Ortschaft Corscia (800 m) – der Name ist kein Schreibfehler. Rund vier Kilometer vor Calacuccia führt eine kleine Straße in das 170-Einwohner-Dorf. Die markierte, mittelschwere Wanderung (11,5 km, Höhenunterschied 250 m) beginnt beim Rathaus. Sie führt zum Teil über alte Saumpfade, die einst der Wanderviehhaltung dienten, durch die Schlucht, vorbei an Trockensteinmauern und wunderschönen Bogenbrücken. Mit Glück sind unterwegs endemische Reptilien wie die Tyrrhenische Mauereidechse (Podarcis tiliguerta) zu entdecken.

Im Niolo-Tal

Im weiteren Verlauf führt die Bergstraße direkt in das Vallée du Niolo (Niolo-Tal). Die Zufahrt bei Calacuccia präsentiert sich zunächst eher unromantisch mit moderner Technik. Die Hochspannungsanlage auf der linken Seite gehört zum höchstgelegenen Stausee Korsikas, gespeist vom Fluss Golo, mit fast 89 Kilometern einer der längsten Flüsse der Insel. Das 150 Quadratkilometer große Seebecken wurde 1968 im Zentrum des Tales angelegt. So konnte sich im Laufe der Jahrzehnte bereits eine Pflanzenwelt rund ums Gewässer entwickeln, die es in die Bergwelt integriert. Regelmäßig freuen sich die Kajakfahrer, denn wenn das Wasser abgelassen wird, ist der Fluss selbst im Hochsommer bei sonst niedrigem Wasserstand befahrbar. Das Hochtal bietet noch weitere Superlative: Zwölf der höchstgelegenen Dörfer der Insel liegen im Niolo; zusammen bringen sie es auf gerade einmal 2000 Einwohner.

Die Bergwelt des Cinto-Massivs

Das fruchtbare Tal umrahmen die höchsten Berge Korsikas. Neben dem Monte Cinto (2706 m) zeigt

AUTORENTIPP!

LAC DE NINO
Der Ausflug zum wohl schönsten Bergsee der Insel sollte auf keiner Korsika-Reise fehlen: Inmitten einer Moränenlandschaft liegt der Lac de Nino (1743 m), umgeben von tiefgrünen Flachmoorwiesen mit kleinen Wasserlöchern (»Pozzinen«). Das 6,5 Hektar große Gewässer, das Quellbecken des Flusses Tavignano, ist bis zu elf Meter tief und fast das halbe Jahr über zugefroren. In der Nähe liegt die Bergerie Vaccaghia, wo man unbedingt den handgemachten Ziegenkäse kosten sollte. Zum Lac de Nino führen verschiedene Wandertouren (siehe Haupttext). Die Ranch U Niolu A Cavallou bietet obendrein begleitete Ausritte an.

Ranch U Niolu A Cavallou. Route de Vergio (an der D84, 6 km vor Albertacce in Richtung Porto), 20 224 Albertacce, Tel. 06 11 05 79 04 (Manue Castellani) und 06 23 67 92 90 (Ange-Pierre Negroni), www.ranchunioluacavallu.fr

Landschaftlich reizvoll ist auch der Lac de Calacuccia im Niolo.

AUTORENTIPP!

LA PROMENÂNE – WANDERN MIT ESEL
Am Ortsausgang von Albertacce (Richtung Porto) grasen Esel unter riesigen Kastanienbäumen; vor der Weide stehen einladende Picknickbänke. Ein buntes Schild markiert die Esel-Verleihstation »La Promenâne«. Nach einer Einweisung in den Umgang mit dem Tier geht es auf Halb- oder Ganztagestour. Der Esel trägt das Gepäck und kleine, leichte Personen (in der Regel nur für Kinder geeignet) – die Rettung für wanderbegeisterte Eltern, denn so lässt sich selbst der Nachwuchs motivieren. Gegen einen kleinen Aufpreis fährt das Team den Esel auch zu anderen Startpunkten der Wanderung.

La Promenâne. Rue Canali 36 (direkt an der D84), 20 224 Albertacce, Tel. 06 15 29 45 64, E-Mail: lapromenane@orange.fr, www.randonnee-ane-corse.com

Engelstatue in Albertacce

DIE INSELMITTE

sich, in Richtung Osten, der Monte Verdatu (2583 m), auf der anderen Seite des Tales der Monte Rotondo (2622 m). Im Westen grüßt der Paglia Orba (2525 m), wegen seiner Silhouette auch das »Matterhorn« Korsikas genannt. In der Berglandschaft sprudeln Wasserfälle und kristallklare Seen bilden schöne Ausflugsziele (siehe Autorentipp S. 111). Zur Flora zählen endemische Pflanzen wie die fleischfressende *Pinguicula corsica*, zur Fauna neben Greifvögeln vor allem das korsische Mufflon (*Ovis gmelini musimon var. corsicana*). Das aus dem Nahen Osten stammende Wildschaf mit den gebogenen Hörnern wurde im 7. Jahrtausend v. Chr. auf der Insel heimisch und hat sich seither eigenständig entwickelt. Seinem Namen – korsisch »a muvra« (w) beziehungsweise »u muvrone« (m) – begegnet man auf der Insel häufig. Er findet sich in der Bezeichnung des im Haut Asco gelegenen Berges A Muvrella (2148 m), Cafés und Restaurants sind danach benannt und zum Beispiel auch »I Muvrini«, die bekannteste Musikgruppe Korsikas.

Calacuccia und Albertacce

Bei der Durchfahrt gewinnt das Tal an Charme, der Stausee fügt sich in das Bergpanorama, in Sicht ist stets der charakteristische Gipfel des Paglia Orba. Die umgebenden alten Dörfer laden zur Erkundung ein. Calacuccia, eine Station auf dem Fernwanderweg Mare a Mare Nord, bietet einige Gîtes, kleine Hotels und Restaurants. Kurz dahinter liegt, an der Südflanke des Monte Cinto, der Weiler Lozzi mit der Aufstiegsmöglichkeit zum höchsten Gipfel (siehe Kapitel 16). Unterhalb davon leitet die Straße weiter in das nächste Dorf, Albertacce, wo sich ein Stopp lohnt. Ein hübscher Mosaikbrunnen ziert den kleinen Dorfplatz, dahinter lugt die Kirche aus Naturstein zwischen den Bäumen hervor. Kurz zuvor befindet sich das Musée ar-

chéologique Lucien Acquaviva (ehemals: Musée Licnicoi) an der rechten Straßenseite. Es beherbergt Zeugnisse der korsischen Vor- und Frühgeschichte. Ein archäologischer Rundweg führt zu drei Menhiren und einigen »Abris«, wie die steinzeitlichen Felsunterschlüpfe genannt werden.

Durch den korsischen Schwarzwald

Hinter Albertacce führt die D84 in den Forêt de Valdu Niellu. Das ausgedehnte Waldgebiet mit seinen prachtvollen Laricio-Kiefern bietet Plätze der Stille und herrliche Wandermöglichkeiten. Die endemische Art, auch als »Korsische Schwarzkiefer« bekannt, ist eine Unterart der im Mittelmeerraum stark verbreiteten Schwarzkiefer. Charakteristisch für diese Art sind die schwarz gefärbten, verdeckten Teile der Zapfenschuppen. Aufgrund ihres hohen Harzgehaltes spielte sie eine bedeutende Rolle in der Pecherei. Die Schwarzkiefer gedeiht in Höhenlagen zwischen 1000 und 1800 Metern, trotzt trockenen, heißen Sommern genauso wie eisigen Winden und Frost im Winter. Einige der Kiefernbestände im Valdu Niellu sind ein halbes Jahrtausend alt.

Auch verwilderte Hausschweine sind von nun an nahezu zuverlässige Wegbegleiter, sie dösen am Straßenrand oder trotten gemütlich vor das

Oben: Zuverlässig trifft man sie auch hier an, die Genuesenbrücken
Mitte: Ein Original ist auch die korsische Schwarzkiefer.
Unten: Geschwister unter sich

Oben: Auf dem Jahrmarkt »La Santa di u Niolu« in Casamaccioli
Unten: Christusstatue am Col de Verghio

Auto – entsprechende Vorsicht ist deshalb geboten! Bald ist rechts im Wald der Hochseilgarten der Association Sportive du Niolu (AS Niolu) zu sehen, direkt gegenüber befindet sich ein Parkplatz und 30 Meter weiter das Forsthaus von Poppaghja (1076 m), an dem eine empfehlenswerte Wanderung beginnt: In rund zwei Stunden erreicht man den zauberhaften Bergsee Lac de Nino. Eine weitere Wanderroute zum See beginnt bei der Skistation auf dem Col de Verghio. Sie ist mit 19 Kilometern und insgesamt sechs Stunden Gehzeit deutlich länger (Literaturangabe siehe Information).

Col di Verghio

Bald darauf leitet die D84 über den Col de Verghio, den höchsten Pass Korsikas (1477 m). Ungefähr vier Kilometer vor der Passhöhe befindet sich bei einer Kehre der Startpunkt für die Wanderung zur Cascade de Radule (Wasserfall von Radule). Der markierte Weg begleitet ein Stück des Fernwanderweges GR 20. An der Strecke liegen eine Bergerie und eine schöne Badestelle im Golo-Fluss. Kurz vor dem höchsten Punkt des Passes, den eine Christusstatue aus Marmor markiert, ist die Skistation Castello di Verghio zu sehen. Anschließend geht es durch die spektakuläre Gorges de Spelunca (Spelunca-Schlucht) bis an die Westküste zum Golf von Porto.

Fahrt durch das Niolo-Tal

Infos und Adressen

SEHENSWERTES
Musée archéologique du Niolu. 8000 Jahre korsische Gebirgsgeschichte. Mo–Fr 10–12 / 14–17 Uhr, Sa/So 10–12 / 15.30–18.30 Uhr, 20 224 Albertacce, Tel. 04 95 47 13 5

ESSEN UND TRINKEN
Col di Verghio. Kaffee trinken auf dem höchsten Pass Korsikas mit entsprechendem Panoramablick. An der D84 neben der Christusstatue

Du Lac. Deftige, regionale Küche, gute Portionen und preiswert. Manzu-Braten, Stuffatu, Niolo-Käse etc. Sidossi 130, 20 224 Calacuccia (Weiler direkt am See an der Nebenstrecke, zwischen Calacuccia und Albertacce), Tel. 04 95 48 02 73

Le Chalet. Kaffee-Bar in uriger Holzhütte am Ortsausgang von Albertacce. Hier macht der Ranger des Nationalparks mit seinem knallgelben Pick-up gern Pause. Verkauf von Honig aus dem Niolo-Tal. Rechts neben der D84 (Richtung Porto), 20 224 Albertacce

Le Corsica. Korsische Küche zu moderaten Preisen (Menü ab 25 €), Tagesgerichte. Route du couvent (nahe Tankstelle), 20 224 Calacuccia, Tel. 04 95 48 01 31

ÜBERNACHTEN
Couvent Saint-François-di-Niolu. Gîte d'étape im Kloster. Ca. 2 km hinter Calacuccia, rechts an

Gedenkstätte in der Scala di Santa Regina

Darf es noch etwas mehr sein?

der Straße nach Albertacce (D84). 20 224 Albertacce, Tel. 04 95 48 00 11

Gîte d'étape José Albertini. U Casale, 20 224 Albertacce, Tel. 04 95 48 05 60

L'Acqua Viva. Sympathisches Zwei-Sterne-Hotel mit Campingplatz. 12 Zimmer mit kleinem Balkon. Bei der Tankstelle, 20 224 Calacuccia, Tel. 04 95 48 06 90 (Hotel) oder 04 95 47 00 39 (Campingplatz), E-Mail: info@acquaviva-fr.com, www.acquaviva-fr.com

AKTIVITÄTEN
As Niolo. Die Association Sportive du Niolu betreibt einen Kletterpark mit »Baby Parc« für die Kleinsten, auch andere Outdoor-Aktivitäten wie Canyoning und Skifahren. Route de Cuccia, 20 224 Calacuccia, Tel. 04 95 48 05 22 oder 06 22 50 70 29, www.haute-montagne-corse.fr

INFORMATION
Office de Tourisme du Niolu. Route de Cuccia (200 m hinter der Ortsausfahrt von alacuccia Richtung Corte), 20 224 Calacuccia, Tel. 04 95 48 05 22, www.office-tourisme-niolu.com

Mertz, Peter: Bruckmanns Wanderführer Korsika. Tour Nr. 12, Bruckmann Verlag, München 2012, ISBN 3765458910

DIE INSELMITTE

18 Corte
Zeitreise in der einstigen Hauptstadt

Mitten im Parc Naturel Régional de Corse fasziniert Corte, Korsikas ehemalige Hauptstadt, mit ihrer ehrwürdigen Zitadelle und einem großen Kulturangebot. Das Rebellentum des 18. Jahrhunderts steckt noch immer in den Gassen – Einschusslöcher in alten Fassaden und Denkmale erinnern daran, dass es noch gar nicht so lange her ist. Zugleich ist Corte eine junge, lebendige Stadt, in der mehr als 4000 Studenten leben.

Oben: An der Place Paoli steht der Freiheitskämpfer in Bronze verewigt.
Unten: Die Gasse »Ancienne Rue Scoliccia« in Corte

»Drei hohe und ganz mit Felsen gepanzerte Berge beherrschen den Eingang in dieses Gebirgstal; beide Flüsse haben sich durch tiefe Schluchten ihre Wege gebahnt und rauschen über Trümmergestein ineinander. Die Zitadelle steht auf einem schwarzen, ganz schroffen, zackigen Felsen, der über dem Flusse Tavignano aufsteigt. Mauern, Türme, die alte Stadt, die sie umschließt, alles sieht schwarz, verwittert, grauenvoll wüst aus und von unablässigem Kampf zerhauen.« So beschrieb Ferdinand Gregorovius die Stadt im Jahr 1854. Für den deutschen Schriftsteller und Historiker war Corte »ein Binnenstädtchen von einer nicht minder imposanten Lage, als die korsischen Seestädte haben«.

Im geografischen Zentrum der Insel gelegen, zwischen den schönsten Landschaften des Naturparks, bietet Corte ein ganz anderes Bild als Küstenstädte wie Bastia, Calvi oder Porto-Vecchio. Hoch oben auf düsteren Schieferfelsen thront die Citadelle, das kleine Häusermeer zu ihren Füßen. Die 7000-Einwohner-Stadt liegt an der Öffnung

Corte

Universitätsstadt mit Geschichte: Corte

des Tavignano-Tales, in dem der gleichnamige Fluss mit der Restonica zusammenströmt. An der gut ausgebauten Hauptverkehrsachse N193 Ajaccio–Bastia ist sie gut zu erreichen, auch an die Eisenbahn-Linie ist sie angeschlossen.

Bewegte Geschichte

Corte war von 1755 bis 1769 die Hauptstadt der Korsischen Nation, und für viele Korsen ist sie es insgeheim noch heute, als Symbol des Widerstandes gegen die genuesische Besatzungsmacht. Sie bildete das Zentrum im Freiheitskampf unter dem Rebellen Pasquale Paoli, der sich für die Unabhängigkeit Korsikas von Frankreich einsetzte und eine demokratische Verfassung einführte. Am 8. Mai 1769, in der Schlacht von Ponte Novu, war es damit vorbei. Allgegenwärtig ist in Corte auch der Name Jean-Pierre Gaffori (korsisch Ghjuvan Petru Gaffory). Der in Corte geborene Arzt und Widerstandskämpfer (1704–1753) hatte bereits 1746, also fast zehn Jahre vor der Hauptstadtgründung, als General die Eroberung seiner besetzten Heimatstadt eingeleitet. Die Genuesen ließen, berichtet Gregorovius, seinen Sohn aus einer Schießscharte in der Mauer der Citadelle heraushängen, um den korsischen Anführer von seinem Sturm auf die Festung abzuhalten.

AUTORENTIPP!

SCHATZJAGD DURCH CORTE
Es gibt eine besonders spannende und originelle Möglichkeit, Corte und seine Kultur zu entdecken. Bei einer Schatzjagd mit Altipiani Outdoor Sports geht es darum, die versteckten Schlüssel der Schatztruhe unter den Steinen der Altstadt ausfindig zu machen. Allein oder im Team gilt es, alle Rätsel zu lösen. Als Schatz ist dabei ein lokales Produkt zu gewinnen. Der Schlüssel dazu sind ein Plan von Corte und korrekte Antworten, die in Cortes Altstadt und ihrer Geschichte zu finden sind. Wer am Ende noch den Code knackt, kann den Koffer öffnen.

Altipiani Outdoor Sports. Schatzjagd tägl. und ganzjährig, 2–3 Std., Start jederzeit möglich, 10 € / Team. Außerdem: geführte Wanderungen und andere Outdoor-Aktivitäten. Place Paoli 2, 20 250 Corte, Tel. 09 60 37 08 42 und 06 86 16 67 91, E-Mail: altipiani@me.com, www.altipiani-corse.com

Eine Schatzkiste ist auch die Altstadt mit ihren kleinen Läden.

Mittelpunkt des heutigen Corte ist die Place Paoli unterhalb der Altstadt. In den kleinen, aber belebten Platz mündet die Einbahnstraße Cours Paoli mit Geschäften, Restaurants und Cafés. Der Platz selbst dient vor allem parkenden Autos und Lieferverkehr, allein das Denkmal des Namensgebers weist ihn als Besonderheit aus.

Place Gaffory

Die Reise in Cortes Geschichte beginnt bei den engen, steilen Gässchen, die durch die schiefergedeckten Häuser der Oberstadt leiten – einige heißen treffenderweise »Rampe«. Alternativ dazu kann man mit dem Auto bis hoch zur Citadelle fahren, kurz davor parken (gebührenpflichtig) und den historischen Stadtteil von oben nach unten erkunden. Die Altstadt versprüht Charme mit netten Cafés, Eisdielen und bunten Läden, ihr Herzstück ist die kleine Place Gaffory mit einem Denkmal des Widerstandskämpfers. Das Bronzestandbild auf Marmorsockel (1900) stammt von dem Bildhauer Aldebert. Rundherum kuscheln sich die Stühle und Tische der umgebenden Restaurants, und auch eine Kirche findet noch Platz: Ein Blick in die Église de l'Annonciation (1450) offenbart schlichtes Interieur mit einer schönen, geschnitzten Orgel. An die rebellischen Zeiten erinnert noch die Hausfassade oberhalb der Bar de la Haute Ville: Sie ist von Kugeleinschlägen gesprenkelt.

Oben: Altarraum in der Kirche »Église de L'Annonciation«
Unten: Als sei es gestern gewesen: An der Place Gaffori sind noch Schussdellen in der Hausfassade zu sehen, davor die Statue von – General Gaffori.

Corte

Rundgang durch Corte

In den Gassen und Rampen der Altstadt stößt man auf die Zeugnisse von Cortes wilder Geschichte. Es lohnt aber auch ein Blick in die Straßen außerhalb der Festungsmauern.

Ⓐ Place Paoli – Rund um den Platz in der Neustadt spielt sich der Alltag von Corte ab.

Ⓑ Cours Paoli – In Cortes Einkaufsstraße finden sich zahlreiche nette Geschäfte.

Ⓒ Citadelle – Die Festungsanlage birgt auch lohnende Museen und Cafés in schöner Lage.

Ⓓ Place Gaffori – Ein Denkmal erinnert an den Widerstandkämpfer Jean-Pierre Gaffori.

Ⓔ Église de l'Annoniciation – Die schlichte Kirche verfügt über einen schönen Vorplatz.

Ⓕ Hausfassade an der Place Gaffory – Zu sehen sind noch die Kugeleinschläge aus Widerstandszeiten.

Ⓖ Casa Arrighi de Casanova – Nicht der berühmte venetianische Herzensbrecher, aber ein Namensvetter von politischer Bedeutung wurde hier geboren.

Ⓗ Nationalpalast – Das Gebäude gehört heute zur Universität von Corte.

Ⓘ Aussichtsplattform Bélvedère – Von dort bietet sich ein schöner Rundblick über die Altstadt an.

Ⓙ Nid d'Aigle – Das »Adlernest« ist eine hervorstehende Bastion der Citadelle.

Ⓚ Musée de la Corse – Hier werden Ausstellungen zur Stadt- und Inselgeschichte gezeigt.

Ⓛ Touristeninformation – Direkt davor befindet sich die Haltestelle der Ausflugsbahn »Le Petit Train«.

Ⓜ Abteilung der Archäologischen Fakultät der Universität Corte / Fonds Régional d'Art Contemporain (FRAC) – Auch hier gibt es regelmäßig interessante Ausstellungen zu sehen.

Ⓝ Université de Corse Pascal Paoli – In Corte befindet sich die einzige Universität Korsikas.

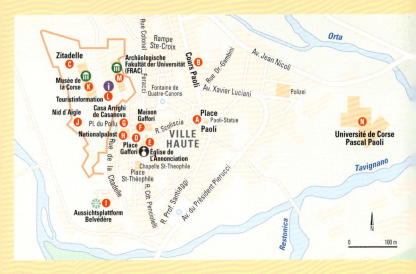

AUTORENTIPP!

MUSÉE PASQUALE PAOLI
Mehr über den Rebellen erfährt man in seinem Geburtshaus, das heute ein Museum ist. Das »Musée Maison Natale de Pasquale Paoli« befindet sich in Morosaglia, im Nordwesten der Castagniccia. In drei Räumen präsentiert die Ausstellung persönliche Gegenstände des berühmten Generals sowie Darstellungen, Waffen und andere Gegenstände aus der Zeit der korsischen Unabhängigkeit. In einer kleinen Kapelle neben dem Museumseingang befindet sich die Urne mit den Aschenresten von Pasquale Paoli. Sie wurde im Jahr 1889 aus Westminster Abbey in London nach Morosaglia überführt.

Musée Pascal Paoli. Anfahrt ab Corte: N193 Richtung Bastia, in Ponte Leccia rechts auf die D71, insg. ca. 3 km. Mai–Sept. 9–18 Uhr / Okt.–April 9–17 Uhr, Départemental Pascal Paoli, Hameau de Stretta, 20 218 Morosaglia, Tel. 04 95 61 04 97

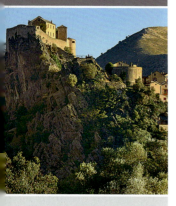

Leicht war es nicht, sie zu erobern: Die Festung von Corte

DIE INSELMITTE

Bei einem Nachbarhaus indes fällt ein großes Info-Schild auf. Die Familie Arrighi de Casanova, berichtet es, lebte einst in dem Gebäude. Jean-Toussaint Arrighi de Casanova, später Herzog von Padua, war ein Cousin von Napoléon Bonaparte. Er wurde 1778 in diesem Haus geboren, 1849 in die Gesetzgebende Versammlung gewählt und zählte damit zu den Köpfen der Bonapartisten. Er verstarb 1853 in Paris. Nicht zu verwechseln also mit Giacomo Girolamo Casanova, dem venezianischen Schriftsteller und Abenteurer, der zahlreiche Frauen zu schmachtenden Blicken und anderen Dingen verleitete. Gegenüber dem Casanova-Haus befindet sich der ehemalige Nationalpalast (17. Jh.). Hier erklärte Pascale Paoli die Unabhängigkeit Korsikas. Heute gehört er zur Universität von Corte.

Belvédère und Nid d'Aigle

Über alledem ruht unbeeindruckt La Citadelle de Corte. Treppen und Gänge leiten ab der Place Gaffory zur Aussichtsplattform Bélvedère. Von dort bietet sich ein herrlicher Rundblick, auf der einen Seite von der Bergwelt bis hin zu den Gipfeln des Niolo-Hochtals, auf der anderen die Stadt Corte. Näher gerückt ist nun auch der Felsvorsprung, auf dem die Festungsanlage sitzt. Besonders gut zu erkennen ist die Südspitze mit dem Nid d'Aigle (Adlernest), einer hervorstehenden Bastion am Rande der Felsen. Bereits die Mauren befestigten im 9. Jahrhundert den Felsvorsprung. Im Jahr 1419 nutzte der Abenteurer Vincentello d'Istria diese Basis, um eine Burg zu errichten. Umbau und Erweiterungen erfolgten im 18. und 19. Jahrhundert durch die Franzosen, nachdem sie die Truppen Pascale Paolis geschlagen hatten. König Ludwig XV. befahl den Bau einer Kaserne. Sie wurde während des Zweiten Weltkrieges als Kerker genutzt, in dem korsische Patrioten schmach-

Corte

teten. Im Zeitraum 1962 bis 1983 war die »Caserne Serrurier« Sitz der französischen Fremdenlegion. Heute dient sie einem ganz anderen Zweck: Nach einer modernen architektonischen Umgestaltung, die viel Licht in die Räume leitet, wurde das Musée de la Corse darin untergebracht.

Musée de la Corse

Das Museum für die regionale Anthropologie Korsikas wurde am 21. Juni 1997 eingeweiht. Es beinhaltet zwei Dauerausstellungen: Die »Galerie Doazan« stellt das ländliche, traditionelle Korsika dar. Das »Museum im Wandel« behandelt die zeitgenössische wirtschaftliche, soziale und kulturelle Geschichte der Insel. Darüber hinaus gibt es jährlich wechselnde Sonderausstellungen. Schräg gegenüber dem Museumseingang befindet sich die Touristeninformation von Corte. Hier gibt es umfangreiches Informationsmaterial, etwa eine Begleitbroschüre zum »Parcours Patrimonial Corte«, einem Rundweg, der durch die Altstadt führt. Davor hält regelmäßig eine Bimmelbahn (Le Petit Train), mit der man eine Rundfahrt zu Cortes Attraktionen machen kann.

In der Citadelle befinden sich auch eine Abteilung der Archäologischen Fakultät der Universität Corte sowie der Fonds Régional d'Art Contemporain (FRAC). Die regionale Sammlung des FRAC umfasst rund 140 Werke zeitgenössischer Kunst. Beide Einrichtungen bieten regelmäßige Ausstellungen in dem Gebäude selbst (Zugang auf der Rückseite), der FRAC zudem auch an anderen Orten auf Korsika. Die Hauptgebäude der »Université de Corse Pascal Paoli« befinden sich in der Avenue Jean Nicoli. Im Jahr 1981 gegründet, sieht sich die bislang einzige Universität Korsikas in der Tradition der ersten Universität (1765–1769), die zu Hauptstadtzeiten bestand.

AUTORENTIPP!

AUSFLUG INS TAVIGNANO-TAL

Unmittelbar westlich von Corte beginnt eine der schönsten Schluchten Korsikas. Das autofreie Vallée du Tavignano ist ausschließlich über einen alten Hirtenweg zugänglich. Der Weg führt weit in die Schlucht und folgt dabei beständig dem Fluss Tavignano, der an vielen Stellen herrliche Badegumpen und wilde Stromschnellen gebildet hat. Nach acht Kilometern erreicht man eine Hängebrücke, über die der Aufstieg zur Berghütte Refuge de la Sega möglich ist. Auf dem Gestein entdeckt man endemische Reptilien wie den Korsischen Scheibenzüngler und Gebirgsmolche. Die Strecke verläuft über leicht begehbare Hirtenpfade – teils erfordert der Weg im späteren Verlauf aber Schwindelfreiheit.

Anfahrt: Rue St.-Joseph (Parkplatz), im Westen der Altstadt. Der Weg ins Tal beginnt am Ende der Sackgasse, Beschilderung Richtung Refuge de Sega folgen. Gesamtlänge 16 km, Gehzeit 4,75 Std.

Das Musee de la Corse versetzt eindrucksvoll in die Vergangenheit.

Infos und Adressen

SEHENSWERTES

Chapelle Ste-Croix. Sehenswerte Kapelle mit schmucker Orgel. Rampe Sainte-Croix, 20 250 Corte

Église de l'Annonciation. Place Gaffory, 20 250 Corte

Fonds Régional d'Art Contemporain (FRAC). La Citadelle, 20 250 Corte, www.frac-platform.com

Musée de la Corse. April–21. Juni / 21. Sept. bis 31. Okt. Di–So 10–18 Uhr, 22. Juni–20. Sept. 10–20 Uhr, La Citadelle, 20 250 Corte, Tel. 04 95 45 25 45, www.musee-corse.com

ESSEN UND TRINKEN

Le Bar de la Haute Ville. Sympathisches kleines Lokal vor der Kirche, bei Einheimischen beliebt. Sehr guter Café au lait! Place Gaffory, 20 250 Corte, Tel. 04 95 61 06 20

Patissier Marie et Jean-Luc. Das beste Eis Cortes und andere Leckereien. Seit 2000 Jahr für Jahr vom Guide du Routard empfohlen. Place Gaffory, 20 250 Corte

Restaurant U Museu. Speisen in den Gemäuern der Citadelle. Rampe Ribanelle, 20 250 Corte, Tel. 04 95 61 08 36, www.restaurant-umuseu.com

Restaurant-Brocherie le Nicoli. Spezialitäten mit Korsikas Ziegenkäse Brocchiu – auch Desserts – und andere raffinierte Kreationen. Serviert im gemütlichen Gewölbe. Avenue Jean Nicoli, 20 250 Corte, Tel. 04 95 33 27 17, www.lenicoli-corte.fr

U Campanile. Restaurant neben der Kirche mit schönen Außenplätzen. Spezialitäten wie Wildschweinpastete, Lammragout und Ziegenkäse mit Feigenmarmelade. Rue Eglise 2, 20 250 Corte, Tel. 06 25 78 12 49

U San Teofalu. Restaurant mit Bar in der Neustadt, bei Einheimischen beliebt. Place Paoli 3, 20 250 Corte, Tel. 04 95 38 15 71

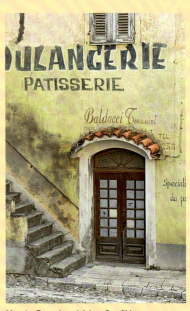

Manche Fassaden gleichen Gemälden.

ÜBERNACHTEN

Sampiero Corso. Das Zwei-Sterne-Hotel hat 31 Zimmer. 5 Min. vom Bahnhof Cortes entfernt. Avenue du Président Pierucci, 20 250 Corte, Tel. 04 95 46 09 76, E-Mail: contact@sampierocorso.com, www.sampierocorso.com

Hotel de la Paix. Zentral und doch ruhige Lage, 100 m vom Cours Paoli. Zwei Sterne. Avenue Gén de Gaulle, 20 250 Corte, Tel. 04 95 46 06 72, E-Mail: info@hoteldelapaix-corte, www.hoteldelapaix-corte.fr

Hotel Duc de Padoue. Recht neues Drei-Sterne-Hotel nahe dem Cours Paoli. Eher spartanisch eingerichtete Zimmer, man könnte es auch zweckmäßig nennen. Place Padoue 2, 20 250 Corte, Tel. 04 95 46 01 37, E-Mail: info@ducdepadoue.com, www.ducdepadoue.com

Corte

Hotel du Nord. Zentrale Lage mitten in Corte, auch die Altstadt ist schnell erreicht. Cours Paoli 22, 20 250 Corte, Tel. 04 95 46 00 68, E-Mail: info@hoteldunord-corte.com, www.hoteldunord-corte.com

Hotel HR. Schlicht, aber preisgünstig (Einzelzimmer ab 35 €), mit Pool. Allée du 9 Septembre 6, Cité Porette, 20 250 Corte, Tel. 04 95 45 11 11, E-Mail: hrhotelcorte@gmail.com, www.hotel-hr.com

Les jardins de la glaciere. Drei-Sterne-Hotel mit wunderschönem Garten am Fluss. Gorges de la Restonica, 20 250 Corte, Tel. 04 95 45 27 00, E-Mail: contact@lesjardinsdelaglaciere.com, www.lesjardinsdelaglaciere.com

EINKAUFEN

Vielle Cave du Vin. Schöne Auswahl an korsischen Weinen und Verkostung von hervorragender Charcuterie. Ruelle de la Fontaine 2 (Seitenstraße vom Place Paoli), 20 250 Corte, Tel. 04 95 46 33 79

Wochenmarkt. Fleisch- und Wurstwaren, Obst und Gemüse, regionale Produkte. Ziegen- und Schafskäse von Venachese und Frischkäse (Brocciu), Kastanienkuchen sowie andere Spezialitäten aus Corte und Umgebung. Fr vormittags (ganzjährig), Parking de la gare, 20 250 Corte

INFORMATION

Office de Tourisme Corte. Lieu-dit Citadelle, 20 250 Corte, Tel. 04 95 46 26 70, E-Mail: corte.tourisme@wanadoo.fr, www.corte-tourisme.com

Office de Tourisme de Ponte Leccia / Morosaglia. Place de la Mairie, 20 218 Ponte Leccia, Tel. 04 95 47 70 97, E-Mail: officedetourisme.ponteleccia@orange.fr, www.ponteleccia-morosaglia.com

Im Restaurant »U Museu«

DIE INSELMITTE

19 Georges de la Restonica
Im Bann der Bergseen

Südlich von Corte, direkt vor den Toren der Stadt, beginnt die Restonica-Schlucht – ein abwechslungsreiches Wandergebiet mit grauen und weißen Felsformationen, mächtigen Schwarzkiefern und klaren Bergseen. Der Aufstieg zum Lac de Melo ist recht leicht zu bewältigen. Anspruchsvoller ist die Tour, wenn man sie mit dem Lac de Capitello verbindet.

Die schmale Bergstraße D623, die sich durch die Georges de la Restonica führt, überwindet auf einer Strecke von 16 Kilometern einen Höhenunterschied von fast 1000 Metern. Unterwegs bieten sich einige Möglichkeiten, zum Fluss hinabzusteigen. Einzelne Hotels bieten zudem bezaubernde Terrassen direkt über dem klaren, rauschenden Wasser.

Bergerie de Grotelle

Die Straße endet bei der Bergerie de Grotelle (1370 m). Wenn der Andrang im Sommer groß ist, werden die Autos schon vorher aufgehalten und auf dem großen (gebührenpflichtigen) Parkplatz unterhalb der Hütte eingewiesen. Zudem ist die Straße jeweils halbtags nur in einer Richtung befahrbar, morgens Richtung Bergsee, nachmittags Richtung Corte – also den Ausflug entsprechend planen!

Berglandschaft mit viel Wasser:
Gorges de la Restonica

Wie für Postkarten gemacht liegt die Hirtenhütte vor dem Gipfel, mit wuchtigen Holzbänken auf der Terrasse, die schon bei der Anfahrt Vorfreude auf die Einkehr nach der Wanderung wecken.

Georges de la Restonica

Wanderung zu den Bergseen

Für geübte Bergwanderer ist die komplette Rundwanderung um beide Seen ein Highlight. Alle anderen belassen es lieber bei dem bereits lohnenden Aufstieg zum Lac de Melo.

INFORMATION

An- und Abfahrt / Rückfahrt: D623 bis Bergerie de Grotelle.

Ausgangspunkt: Die Wanderung startet direkt an der Bergerie de Grotelle.

Wegbeschaffenheit: Teils steile Bergpfade, Schuttrinnen, Felsstufen (Trittsicherheit erforderlich), teils Wege am Abgrund.

Länge: 12 km, 5,5 Std. Gehzeit.

Ausrüstung: Berggerechte Kleidung und Wanderschuhe, Sonnenschutz.

Verpflegung: Ausreichend Trinkwasser, bei der ganzen Tour auch etwas zu essen mitnehmen. Einkehrmöglichkeit in der Bergerie.

Variante: Kurzer Aufstieg nur bis zum Lac de Melo (Hin- und Rückweg 2 Std.).

WICHTIGE STATIONEN

A Bergerie de Grotelle – Bei der Berghütte beginnt der Aufstieg.

B Weggabelung – Hier entscheidet man sich für eine einfache oder eine schwierige Variante.

C Lac de Melo – Am See treffen beide Wege wieder aufeinander. Der untere Bergsee ist erreicht.

D Bergpfad – Für die komplette Tour folgt man dem Bergpfad an der Westseite des Lac de Melo.

E Lac de Capitello – Der See liegt unterhalb des Capu a i Sorbi (2267 m).

F Punta alla Porta – Auf der Felsscharte Punta alla Porta (2100 m) trifft der Pfad auf den GR 20.

G Höhenpfad – Er führt auf den Granitsattel Bocca a Soglia (2052 m).

H Abstieg – Über einen direkten Abstieg zum Lac de Melo setzt sich der Rundweg fort.

I Lac de Melo – Ab dem See folgt man wieder dem gleichen Weg wie beim Aufstieg – oder nun der zweiten Variante (leicht/schwierig).

Oben: Abendstimmung in der Restonica-Schlucht
Mitte: Ein Schäfer bei der Arbeit
Unten: Eine Trockensteinhütte an der Bergerie de Grotelle

Rechts neben dem Eingang weist ein großes Schild den Weg zum unteren Bergsee Lac de Melo (1710 m). Der direkte Aufstieg dauert nur eine Stunde, er gabelt sich in die einfache Variante »accès facile« und die schwierige Variante »accès dificile«. Doch auch Erstere sollte man nicht unterschätzen, es ist und bleibt eine Bergwanderung, die geeignetes Schuhwerk und witterungsgemäße Kleidung erfordert. Der gut markierte Wanderweg führt über Granitplatten und entlang von Felswänden direkt zum Bergsee, der fast kreisrund in einem Felskessel glitzert. Bei einem Blick zurück liegt das Restonica-Tal zu Füßen. Der Lac de Melo ist 6,5 Hektar groß und bis zu 20 Meter tief … abgebrühte Naturen können ein erfrischendes Bad nehmen. Für eine Ruhepause bietet sich der hintere Teil des Sees an, wo der Andrang der Wanderer eher ausbleibt.

Lac de Capitello

Oberhalb des Lac de Melo liegt der Lac de Capitello (1930 m), der in einem weiteren einstündigen Aufstieg zu erreichen ist. Allerdings ist diese Tour noch deutlich anspruchsvoller und beinhaltet einige Kletterpassagen. Der See ist etwas

Georges de la Restonica

kleiner (5,5 Hektar), aber bis zu 42 Meter tief und damit der tiefste Bergsee Korsikas. Rund acht Monate im Jahr ist seine Oberfläche von Eis bedeckt.

Geübte Bergwanderer können nun noch über die Punta alla Porta (2100 m) bis zur Bocca a Soglia (2052 m) aufsteigen und einen unschlagbaren Blick über das stufenartig liegende See-Duo genießen. Die Wanderzeit beträgt ab dem Capitello-See insgesamt etwa 1,25 Stunden. Von der Bocca a Soglia ist anschließend auch ein direkter Abstieg zum Lac de Melo (ca. eine Stunde) möglich. Die gesamte Rundwanderung um beide Seen ist als schwarze Route eingestuft, setzt also gute Kondition, Trittsicherheit und Schwindelfreiheit voraus. Im Zweifelsfall sollte man es zunächst bei dem einfachen Aufstieg belassen, vielleicht beim nächsten Mal dort die schwierigere Variante wählen und sich auf diese Weise an die komplette Route herantasten. So bieten die beiden Bergseen Möglichkeiten für Wanderer aller Trainingsgrade – man könnte eine Gruppe auch entsprechend aufteilen und sich dann wieder an der Bergerie de Grotelle treffen.

MAL EHRLICH

ANDERE BERGSEEN

Im Hochsommer wird es voll am Lac de Melo und Lac de Capitello. Zum Teil kommen mehrere Hundert Wanderer täglich, sodass es besonders an den Kletterpassagen dann eng werden kann. Zweifellos ist das Seen-Duo eines der schönsten Ziele auf Korsika, doch es gibt auf der Insel noch mehr schöne Bergseen, zum Beispiel den Lac de Nino (siehe Kapitel 17) oder – noch weniger bekannt – den Lac de Bastani beim recht einfachen Aufstieg auf den Monto Renoso (siehe Kapitel 21). Dort geht es in der Regel ruhiger zu.

Infos und Adressen

ESSEN UND TRINKEN
Bergerie de Grotelle. Bewirtschaftete Berghütte zur Einkehr nach der Wanderung. Am Schlusspunkt der Straße D623, 20 250 Corte

ÜBERNACHTEN
Arena Le Refuge. Drei-Sterne-Hotel direkt am Fluss. Die Einrichtung der Zimmer ist schlicht. Vallée de la Restonica, 20 250 Corte, Tel. 04 95 46 09 13, E-Mail: contact@hotel-arena-lerefuge.com, www.hotel-arena-lerefuge.com

Dominique Colonna. Das Drei-Sterne-Hotel liegt im vorderen Bereich der Restonica-Schlucht, 2 km vor Corte. Schöner Ausgangspunkt für Bergtouren. Vallée de la Restonica / BP 83, 20 250 Corte, Tel. 04 95 45 25 65, E-Mail: info@dominique-colonna.com, www.dominique-colonna.com

INFORMATION
Office de Tourisme de Ponte Leccia / Morosaglia. Place de la Mairie, 20 218 Ponte Leccia, Tel. 04 95 47 70 97, E-Mail: officedetourisme.ponteleccia@orange.fr, www.ponteleccia-morosaglia.com

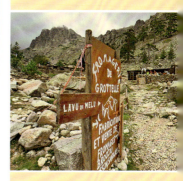

DIE INSELMITTE

20 Bocognano
Adrettes Bergdorf im Geheimnistal

Es gibt viele Bergdörfer auf Korsika. So fährt manch Durchreisender auf der Strecke Bastia–Ajaccio auf der praktischen Umgehungsstraße an Bocognano vorbei – und verpasst damit eines der schönsten. Es locken bezaubernde Brunnen, eine Bäckerei und eine Charcuterie, die zu den besten der Insel zählen, besondere Wanderwege, der Canyon Richiusa und andere schöne Plätze.

Bocognano liegt ungefähr auf halber Strecke zwischen Corte und Ajaccio vor einer Kette aus Zweitausendern; der höchste Gipfel ist der Monte d'Oro (2389 m). Vor diesem Anblick breitet sich das Dorf wie auf einem Balkon aus, herrlich ist der Blick in das grüne, mit dicken Laubbäumen bestandene Tal vor dem Felsmassiv. Ein von einem Steinmäuerchen umgebener Parkplatz lädt dazu ein, anzuhalten und das Panorama auf sich wirken zu lassen. Von dort ist auch das gepflegte Dorfzentrum schnell erreicht, das sich in die Schönheit der Umgebung einfügt und auch ein Platz für Genießer ist. Ein Stück in Richtung Corte befindet sich ein kleiner Platz mit einem wunderschönen alten Dorfbrunnen (1883), in ihm wurden bunte Steine verbaut, die Bergflüsse rund schliffen. Davor sitzt man unter schattigen Bäumen und lässt sich zum Beispiel einen Kastanienkuchen vom Verkaufsstand der Boulangerie Guidotti schmecken, der im Sommer hier aufgebaut ist. Ohnehin ist die Dorfstraße eine kleine »Feinschmecker-Meile«, ganz in der Nähe befindet sich z.B. eine der besten Charcuterien der Insel (siehe Autorentipp S. 129).

Oben: Hier schmeckt der Kastanienkuchen besonders gut.
Unten: Brunnen am Dorfplatz von Bocognano

Bocognano

Vallée Secrète

Viele Gäste steuern Bocognano gezielt an, weil von hier aus der wohl bekannteste Wasserfall Korsikas, die Cascade du Voile de la Mariée, erreichbar ist. Eine Wanderroute (ca. acht Kilometer) führt ab dem Dorfzentrum dorthin (siehe Kapitel 21). Doch rund um das Dorf gibt es noch viel mehr zu entdecken. Als »Vallée Secrète« bezeichnen die Einwohner ihr Tal, vielleicht, weil es so viele ungeahnte Plätze verbirgt. Seine Geschichte begann im Neolithikum, einer Epoche der Jungsteinzeit (5. Jahrtausend v. Chr.), als erste Siedler sich hier niederließen. Große Tafeln und Schilder im Ort informieren über Umgebung und Wandermöglichkeiten – leider nur auf Französisch, doch vieles geht bereits aus den Abbildungen hervor. In der Tourist-Information ist eine Karte mit Wanderungen erhältlich, die zu verborgenen Kapellen, Badestellen und historischen Plätzen führen, darunter auch eine Tour zur Menhir-Statue von Tavera. Ohnehin lohnt es sich, in dem Gebäude vorbeizuschauen, denn es gleicht einer kleinen Ausstellung. Liebevoll gestaltete Collagen an den Wänden informieren u.a. über die korsische Eisenbahn zwischen Tradition und Moderne – in Bocognano gibt es einen Bahnhof –, über korsische Banditen und die Besonderheiten des Dorfes. Die Tourist-Information ist vor dem kleinen Platz mit dem Denkmal der Kriegsgefallenen zu finden.

Am Gravona-Fluss

Die Umgebung von Bocognano wird auch als Haute Gravona bezeichnet, nach dem Fluss, der das Tal prägt. Schöne Badegumpen gibt es beim Weiler Busso, zu erreichen über eine kleine Straße am Ortsausgang (Richtung Corte), die an einem Parkplatz endet. Der Fluss ist schon von dort aus zu sehen. Dies ist auch ein beliebter Startpunkt für Canyoning-Touren, denn direkt gegenüber

AUTORENTIPP!

CHARCUTERIE MANNEI
Der kleine Laden an der Dorfstraße ist schon eine Augenweide für Gourmets. Dicke Würste und Schinken hängen an den Wänden, liebevoll aufgereiht allerlei Gläser mit Pasteten, Konfitüren, Kastanienmargarine und anderen Spezialitäten. Holzläden und eine alte Messingwaage sorgen für Atmosphäre. Die Charcuterie Mannei gilt auf der Insel als eine der besten Adressen für regionale Wurstwaren, Ziegenkäse und andere Köstlichkeiten. Auch korsische Weine und Liköre, Postkarten und einige handgearbeitete Souvenirs stehen in den Regalen.

Charcuterie Mannei. Corsacci, 20 136 Bocognano, Tel. 04 95 27 41 48

klafft die Richiusa-Schlucht mit Felsrutschen und anderen Formationen, die perfekt sind für diesen Outdoor-Sport. Große Schilder vor dem Parkplatz warnen vor den Risiken insbesondere bei Touren Unerfahrener auf eigene Faust. Doch auch in dieser Gegend gibt es professionelle Anbieter von Begleitung und Ausrüstung (siehe Infos und Adressen).

Fôret de Vizzavona

Lohnend ist auch ein Ausflug in den Forêt de Vizzavona (Buchenwald von Vizzavona), zu erreichen über den Pass, auf den die N193 bald hinter Bocognano (Richtung Corte) führt. Der Vizzavona-Pass (1163 m) markiert die Grenze zwischen den Départements Corse-du-Sud und Haute-Corse. Es ist die höchste Passstraße Korsikas, und so kommt es in den Wintermonaten häufig vor, dass sie aufgrund von meterhohem Schnee gesperrt ist. Das Dorf Vizzavona verfügt über einen eigenen Bahnhof, in der Umgebung befinden sich schöne Ziele wie der Wasserfall Cascade Anglais. Auch die Besteigung des Monte d'Oro ist von hier aus möglich – die rund neunstündige Tour hat es allerdings in sich und setzt Erfahrung voraus.

Oben: Am Gravona-Fluss gibt es schöne Badestellen.
Unten: Der Glockenturm der Kirche Sainte Lucie in Bocognano

Bocognano

Infos und Adressen

ESSEN UND TRINKEN
Bar des Amis. Bei Lucien sitzt man gemütlich unter Linden oder am Tresen. Familiäre Bar, auch Live-Musik und Karaoke. Cardetto, 20 133 Carbuccia (Weiler nahe Bocognano), Tel. 04 95 27 41 24

ÜBERNACHTEN
Hôtel-Restaurant Beau Séjour. 17 Zimmer, Hotel im schönen Blumenpark. Mai–Okt., Beauséjour, 20 136 Bocognano, Tel. 04 95 27 40 26,

Monte d'Oro. 23 Zimmer im Hotel und Vierbettzimmer in der zugehörigen Gîte. Vizzavona, 20 219 Vivario, Tel. 04 95 47 21 06, www.monte-oro.com

EINKAUFEN
Boulangerie Au Four A Bois. Für Insider die beste Bäckerei der Region. Im Ortsteil Coletta, 20 136 Bocognano

VERANSTALTUNGEN
Festimonti. Volksfest in Bocognano, mit Aktionen zu Wandern, Klettern, Canyoning, Gleitschirm fliegen und Reiten. Jährlich Ende September

La Foire de la châtaigne. Kastanienfest. Organisiert vom »Foyer Rural U Castagnu«, ist diese fest-

Ihnen zu Ehren feiert man ein Fest: Esskastanien in den Wäldern des Gravona-Tals

liche Veranstaltung ein winterliches Highlight. Mehr als 20 000 Besucher und rund 150 Aussteller. Jeweils am ersten Wochenende im Dezember

AKTIVITÄTEN
Orsica Natura. Kletterpark in Vizzavona. Quartier Moraschi, 20 136 Bocognano, Tel. 04 95 10 83 16, E-Mail: info@corsicanatura.fr, www.corsicanatura.fr

INFORMATION
Office du Tourisme de la Haute Vallée de la Gravona. Mo–Sa 8.30–18.30 Uhr, So 10–15 Uhr, 20 136 Bocognano, Tel. 04 95 27 41 86, E-Mail: hautegravona@orange.fr, www.gravona.com

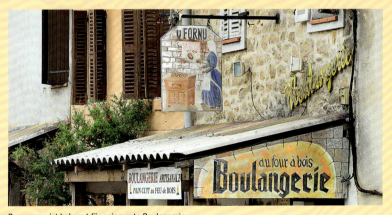

Bocognano ist bekannt für seine gute Boulangerie.

DIE INSELMITTE

21 Durch das Prunelli-Tal
Von Bastelica nach Bastelicaccia

Der Fluss Prunelli entspringt an der Nordflanke der Punta Capannella (2250 m) oberhalb des Dorfes Bastelica. Er mündet nach 44 Kilometern bei Bastelicaccia in den Golf von Ajaccio. Ihn umgibt ein Tal mit äußerst vielseitigen Möglichkeiten abseits der breiten touristischen Pfade. Nördlich des Tales lohnt ein Abstecher nach Ghisoni, einem Bergdorf mit geheimnisvollen Ruinen.

Nahe der Mündung ist das Tal, fruchtbar und ausladend, von Obstplantagen und Terrassenfeldern geprägt, dann führt es – durch die Schlucht Gorges du Prunelli – zunehmend in das verwinkelte Bergland. Am schönsten ist die Erkundung in Ost-West-Richtung, also ab Bastelica. So kann man auch als Erstes seine Hauptattraktion besichtigen, den Cascade du Voile de la Mariée oder »Brautschleier-Wasserfall«. Der Name sagt schon alles.

Cascade du Voile de la Mariée

Wie ein weißer Schleier stürzen die Wasser des Bergflusses in die Tiefe, oben schmal, sich nach unten hin ausbreitend wie feinstes Stoffgewebe. Der höchste Wasserfall Korsikas bringt es auf rund 130 Meter. Besonders eindrucksvoll ist das Schauspiel im Frühjahr bei Schneeschmelze. Zu erreichen ist das Naturwunder bereits nach kurzer Wanderung, sofern man mit dem Auto so dicht wie möglich heranfährt. Das geht ab Bocognano: am Kreisverkehr (Ortsausgang Richtung Ajaccio) auf die D27 abbiegen und der Straße 3,3 Kilometer folgen. Der Wasserfall ist ausgeschildert, ab

Oben: Genuesenbrücke im Prunelli-Tal
Unten: In der Schlucht beeindrucken Felsformationen.

Durch das Prunelli-Tal

der Parkmöglichkeit sind es circa zehn Minuten Aufstieg. Alle, die lieber ausgiebig laufen oder mit der Eisenbahn in Bocognano ankommen, nehmen den Wanderweg ab Dorfzentrum.

Bergdorf Ghisoni

Nicht mehr direkt im Prunelli-Tal, aber von dessen Nordausgang aus gut zu erreichen, liegt das 230-Einwohner-Dorf Ghisoni inmitten dichter Kastanienwälder. Dazu fährt man ab Bocognano in die entgegengesetzte Richtung, über den Vizzavona-Pass bis nach Vivario und biegt dort in die Nebenstrecke D69 ein. Über das Dorf kursieren gruselige Geschichten, die auch mit den ungewöhnlichen Namen zweier Berge zusammenhängen: Südlich von Ghisoni erheben sich der Kyrie Eleison (1260 m) und der Christe Eleison (1535 m). Der Legende zufolge rühren die Namen von tatsächlichen Rufen Irrgläubiger her, die im Mittelalter in dem Dorf lebten und bei einem grausamen Gemetzel starben oder verbrannten, als das Dorf in Brand gesteckt wurde. In ihrer Verzweiflung schrien die Gepeinigten »Kýrie eléison« (»Herr, erbarme dich«) und »Christé eléison« (»Christus, erbarme dich«), und da die Worte als Echo von den Felsen zurückkamen, erhielten die Berge ihre Namen. So wohl geschehen im Jahre 1354, als Papst Innozenz VI., ein Franzose, eine Hetzjagd auf die vermeintlichen Ketzer angeordnet hatte. Sie sollen der religiösen Bewegung der *Ghjuvannali* (Giovannali) angehört haben.

Einige Reste der mittelalterlichen Gebäude sind noch zu sehen. Dazu überquert man ungefähr drei Kilometer hinter Ghisoni (D344 Richtung Ghisonaccia) die Brücke über den Fluss Fiumorbu. Nach circa einer halben Stunde Wanderzeit zweigt ein Pfad ab, der bald von Ruinen gesäumt ist. Auch ein alter Steinofen ist noch zu erkennen. Ange-

AUTORENTIPP!

WANDERN MIT »ABENTEUER KORSIKA«

Selbst auf Korsika muss man sie suchen: Bergführer, die aus jeder Wanderung ein ganz besonderes Erlebnis machen und zugleich in puncto Sicherheit und Erfahrung ganz vorn liegen. Urlauber, die kein Französisch sprechen, freuen sich zudem über deutsch- oder englischsprachige Guides. All dies erfüllen die geführten Touren mit Eric Finger und seinem Team von Abenteuer Korsika. Zu Routen, wie man sie in keinem Wanderführer findet, gibt es ein tolles Programm wie ein Spezialitäten-Picknick am Bergfluss, einen korsischen Grillabend mit Übernachtung auf einem Geheimtipp-Campingplatz oder eine Fünf-Tages-Tour auf teils selbst freigeschlagenen Hirtenwegen.

Abenteuer Korsika. Eric Finger, Tel. 00 49 69 13 39 47 11 und 00 49 176-61 19 54 44, E-Mail: info@abenteuer-corsica.de, www.abenteuer-corsica.de

Almhütte mit Vogelbeerbaum an der Route Panoramique Du Plateau D'Eze

Oben: Schroffe Gipfel und viel Grün: Das Prunelli-Tal
Unten: Ein Highlight ist der »Brautschleier-Wasserfall« Cascade du Voile de la Mariée

sichts der Geschichte kann einem beim Anblick der Gemäuer schon ein kalter Schauer über den Rücken laufen.

Wer anschließend noch Lust auf Abkühlung verspürt, findet sie in zahlreichen Badegumpen im Flusslauf. Hier befindet sich auch ein Platz, der als »Y-Baum« ziemlich bekannt ist. Der namensgebende Baum mit seiner unverkennbaren Gabelung steht am Straßenrand; an der Badestelle wird es im Sommer sehr voll. Zurück auf dem Hauptwanderweg geht es weiter zur alten Eisenmine von Finosa (1912), die kurz nach dem Zweiten Weltkrieg stillgelegt wurde. Es sind noch Gerätschaften und Stollen zu sehen.

Auf dem Monte Renoso

Zwischen Ghisoni und dem Prunelli-Tal liegt der Monte Renoso (2352 m), der relativ leicht zu besteigen ist. Die insgesamt zehn Kilometer Hin- und Rückweg sind in fünf Stunden zu schaffen, sodass das Erlebnis im Rahmen einer Halbtagestour möglich ist. Die bei Bergwanderungen gängi-

Durch das Prunelli-Tal

Prunelli-Tal und Umgebung

Das Prunelli-Tal verbindet die Ortschaften Bastelica und Bastelicaccia. Es lohnen sich darüber hinaus einige Ziele nördlich davon rund um das Bergdorf Ghisoni.

Ⓐ Cascade du Voile de la Mariée – Viele kommen nur um den »Brautschleier-Wasserfall« zu sehen in das Prunelli-Tal.

Ⓑ Ghisoni – Das Bergdorf liegt nördlich des Prunelli-Tals.

Ⓒ Kyrie Eleison und Christe Eleison – Die beiden Gipfel bei Ghisoni wurden – nach einer recht düsteren Geschichte – mit den christlichen Bittrufen benannt.

Ⓓ Ruinen des mittelalterlichen Dorfes – Hier soll sich seinerzeit die Hetzjagd auf die Giovannali abgespielt haben.

Ⓔ Fiumorbu (Fium'orbu) – Der Fluss bietet schöne Badegumpen.

Ⓕ Die Eisenmine von Finosa – Schon lange stillgelegt, können aber noch die Stollen und einige Geräte besichtigt werden.

Ⓖ Monte Renoso – Eine schöne und – im Vergleich zu anderen Varianten – auch einfache Möglichkeit, in etwa fünf Stunden einen Zweitausender zu besteigen.

Ⓗ Bastelica – Das hübsche Bergdorf ist sehenswert und als Ausgangspunkt für schöne Wanderungen beliebt.

Ⓘ Gorges du Prunelli – Schlucht im Prunelli-Tal.

Ⓙ Tolla – Das Dorf am großen Stausee ist über die an Panoramen reiche D3 zu erreichen.

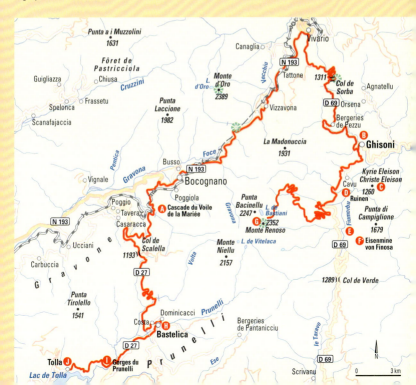

DIE INSELMITTE

> **AUTORENTIPP!**
>
> **SKIGEBIET VAL D'ESE**
> Ski- und Snowboard fahren auf einer Mittelmeerinsel? Auch das geht auf Korsika. Die Skistation bei Ghisoni hat sogar Abfahrten mit Meerblick. Das größte und für viele schönste Skigebiet aber ist Val d'Ese bei Bastelica. Auf einer Fläche von mehr als 20 Hektar bietet es vier Pisten. Die Skistation befindet sich auf 1620 Meter Höhe, die höchste Abfahrt beginnt bei 1825 Metern.
>
> **Val d'Ese.** Anfahrt: D27a ab Bastelica, nach 15 km hinauf aufs Plateau d'Ese (Val d'Ese ist ausgeschildert). www.ski-bastelica.com (französisch)

ge Kleidung und Vorsichtsmaßnahmen (auf das Wetter achten) sind natürlich trotzdem zu beachten. Der Aufstieg beginnt an der Bergerie de Capannelle mit der Gîte d'étape/Snack-Bar U Renosu (1586 m), zu erreichen über die D69 ab Ghisoni. Nach gut sechs Kilometern zweigt die schmalere D169 Richtung Skistation Campu di Neve ab, die nach zwölf weiteren Kilometern schließlich zu der besagten Berghütte führt. Wahlweise kann man hier parken und den Aufstieg beginnen. Es lässt sich aber auch das landschaftlich eher weniger attraktive erste Stück des Aufstiegs sparen: Rund einen halben Kilometer vor der Bergerie de Capannelle geht es rechts zu einem weiteren, höher gelegenen Parkplatz. Von dort führt der Aufstieg am Skilift vorbei; anschließend dienen Steinmännchen, die andere Wanderer hinterließen, der Orientierung. Nach etwa einer Stunde (ab dem Skilift) ist der Bergsee Lac de Bastani (2089 m) erreicht, ein schöner Platz für eine Pause. Hinter dem See ist schon der Monte Renoso zu sehen. Anschließend führt der Weg über einen Bergsattel. Bis zum Gipfelkreuz sind es nun noch circa 45 Minuten.

Über Tolla nach Ajaccio

Der Ausläufer des Renoso-Massivs bietet auch ab Bastelica wunderschöne, wenig bekannte Wandermöglichkeiten. Am besten schließt man sich Wanderführern der Region an, um diese versteckte Seite Korsikas kennen zu lernen. Auch das Dorf selbst ist sehr sehenswert (siehe Kapitel 22). Südwestlich von Bastelica gabelt sich die Straße, sodass es zwei Möglichkeiten gibt, das weitere Prunelli-Tal bis nach Ajaccio zu erkunden. Die schönere Variante ist die D3, denn sie führt als Passstraße direkt am Bergdorf Tolla mit seinem großen Stausee entlang und bietet tolle Panoramen. Wer es eilig hat, nimmt lieber die D27.

Sonnenuhr in Tolla

Durch das Prunelli-Tal

Infos und Adressen

SEHENSWERTES
Cascade d'Aziana. Wasserfall bei von Bastelica. Ponticello, 20 119 Bastelica

Gorges du Prunelli. Schlucht oberhalb des Stausees Lac de Tolla. An der D3, 20 117 Tolla

Tour Génoise de Capitello. Genuesenturm aus dem 16. Jh. an der Prunelli-Mündung bei Bastelicaccia, beim Étang de Casavone im Golf von Ajaccio, südlich des Flughafens (Abzweigung der D55), 20 128 Grosseto-Prugna

ESSEN UND TRINKEN / ÜBERNACHTEN
U Renosu. Gîte d'étape mit Snack-Bar am Aufstieg zum Monte Renoso. 3 Schlafräume mit insgesamt 16 Betten. Campingmöglichkeit vor der Hütte. Auch Verkauf der wichtigsten Lebensmittel. Station de Ski, 20 227 Ghisoni, Tel. 06 30 21 49 05

Weitere Adressen. Siehe Kapitel 22.

AKTIVITÄTEN
Rêves de cimes. Canyoning und Adventure-Park an mehreren Standorten, u.a. Kletterparcours in Vero (größter Korsikas). Chemin de Culetta, 20 167 Mezzavia, Tel. 04 95 21 89 01, E-Mail: contact@revesdecimes.fr, www.revesdecimes.fr

Parc Aventure Indian Forest Corse. Je ein eigener Kletterparcours für Kinder und Erwachsene. Mitte Mai–Mitte Sept 9.30–19 Uhr, bei Ghisoni, Tel. 06 08 24 67 87 und 04 95 57 63 42, E-Mail: contact@indian-forest-corse.fr, www.indian-forest-corse.fr

INFORMATION
Office du Tourisme de la Haute Vallée de la Gravona. Mo–Sa 8.30–18.30 Uhr, So 10–15 Uhr, 20 136 Bocognano, Tel. 04 95 27 41 86, E-Mail: hautegravona@orange.fr, www.gravona.com

Office du Tourisme de la Vallée du Prunelli. Pela Curacchia, 20 129 Bastelicaccia, Tel. 04 95 22 55 13, E-Mail: ot@vallee-prunelli.fr, www.tourisme-prunelli.com

Eine lohnende Route ist die Passstraße um den Stausee von Tolla.

DIE INSELMITTE

22 Bastelica
Geburtsort von Sampiero Corso

Das Dorf liegt so versteckt und abseits der großen Fernstraßen Korsikas, dass Ahnungslose ihm kaum Bedeutung beimessen würden. Vor Ort aber ist der berühmte Freiheitskämpfer Sampiero Corso so präsent wie nirgendwo sonst auf Korsika. Schnell wird klar: Dies ist in gewisser Hinsicht eine heimliche »Hauptstadt«. Auch ansonsten lohnt sich Bastelica. Es bettet sich in dicht bewaldete Hügel und ist einfach wunderschön.

Im 19. Jahrhundert kam Bastelica tatsächlich nah an das Privileg Hauptstadt heran: Mit rund 3000 Einwohnern war es die viertgrößte Ortschaft Korsikas und ein bedeutendes ökonomisches Zentrum. Es blühten die Zucht von Ziegen, Schafen und Schweinen und der Anbau von Kastanien. Heute liegt die Einwohnerzahl nur noch bei einem Sechstel davon (ca. 550 Einwohner), doch noch immer ist Bastelica bekannt für seine ausgezeichnete Charcuterie, sozusagen eine Hochburg der Wurstproduktion. Rund um das Dorf herum werden nach wie vor viele Schweine gezüchtet, auch gibt es noch Hirten, die hervorragenden Ziegen- und Schafskäse herstellen.

Malerisches Dorfzentrum

Aus den anderen Inselteilen nach Bastelica zu kommen, benötigt einiges an Zeit, denn man erreicht das Dorf ausschließlich über die größtenteils recht kurvenreiche Nebenstrecke D27, entweder direkt ab Ajaccio (N196 über Cauro) beziehungsweise die parallel verlaufende D3 oder ab der Fernstrecke Bastia–Ajaccio (N193). Dann

Oben: Zentrum ist der Weiler Santo mit Kirche und Sampiero-Denkmal.
Unten: Schmucke Details sind überall im Dorf zu entdecken.

Bastelica kuschelt sich zwischen die Bergflanken.

nimmt man die Abzweigung bei Bocognano, die über den Pass Col de Scalella (1193 m) führt. Aus diesem Grund bietet es sich an, entweder in Ajaccio oder direkt vor Ort eine Unterkunft zu buchen und den Ausflug mit weiteren Zielen in der Umgebung zu verbinden. So kann man die schöne Umgebung in Ruhe genießen und die Fahrt lohnt sich umso mehr.

Im Dorf hat man sich auf den Tourismus eingestellt, es ist überaus geschmackvoll hergerichtet mit seinen akkuraten Häusern aus hellen, gemauerten Schiefersteinen, zwischen den Fassaden lugen die Bergkuppen hervor. Hübsch begrünte, lauschige Plätze laden zum Verweilen ein, etwa eine kleine Oase im Zentrum mit Schatten spendenden Bäumen und einem Brunnen, aus dem ein goldener Löwenkopf Wasser speit. Große Wandertafeln wecken die Lust auf Erkundung der Umgebung und überall im Dorf laden kleine Läden mit Spezialitäten, Restaurants und Cafés zum Verweilen ein. Ein besonderer Platz befindet sich im oberen Dorf, nahe dem Restaurant Chez Paul: ein historisches Waschhaus, so wie es in den alten Dörfern üblich war.

AUTORENTIPP!

CASCADE ORTELLA

Weitaus weniger bekannt als der »Brautschleier« bei Bocognano, doch genauso sehenswert ist die Cascade Ortella bei Bastellica. Eine Wanderung führt zu dem Wasserfall und der letzte Wegabschnitt ist ein schönes Übungsareal für Kletterer: Der Weg führt dann über Felsen, in die Sicherungsvorrichtungen wie Steighilfen, eine Seilsicherung und eine Hängebrücke installiert wurden. Er ist leicht zu bewältigen und damit auch für Familien ein lohnendes Ausflugsziel. Allerdings geht es ein gutes Stück den Berg hinauf, für Hin- und Rückweg benötigt man insgesamt etwa drei Stunden. Also: Früh aufbrechen, denn später kann es voll werden!

Cascade Ortella. Ausgangspunkt der Wandertour: das Waschhaus im oberen Dorf (Restaurant Chez Paul), dem Schild »Canale« folgen

AUTORENTIPP!

ZIEGENKÄSE VON MARC BEAUMONT

Zu den wenigen Hirten der Region, die noch eigenen Ziegenkäse in Handarbeit herstellen, gehört Marc Beaumont. Sein Käse ist unvergleichbar köstlich und nur an wenigen Orten auf der Insel erhältlich. Zum einen in Bastelica selbst – allerdings ist der Hirte, der seine Bergerie hoch oben in den Bergen betreibt, selten antreffen –, zum anderen in zwei Filialen der Supermarkt-Kette Géan Casino, und zwar in Corte und an der Route de Mezzavia bei Ajaccio.

Géant Casino Corte. Avenue du 9 septembre, 20 250 Corte

Géant Casino / Centre Commercial La Rocade. Route de Mezzavia, 20 167 Ajaccio

Marc Beaumont. Tricolacci, 20 119 Bastelica, Tel. 04 95 28 73 64

Oben: Uriger Winkel im Dorf
Rechts: Das Denkmal für Sampiero

DIE INSELMITTE

Basilika Saint Michel

Ein architektonisches Prachtstück ist auch die Dorfkirche Saint Michel (19. Jh.), eine dreischiffige Basilika, die auf den Ruinen ihrer Vorgängerin neu errichtet wurde. Die genuesischen Truppen hatten sie im Jahr 1564 in Brand gesetzt. Die Kirche befindet sich im zentralen Ortsteil Santo.

In diesem idyllischen Bergdorf erblickte im Jahr 1497 Sampiero Corso das Licht der Welt, jener Mann also, der durch seinen Einsatz gegen die genuesische Besatzungsmacht auf Korsika als Volksheld verehrt wird. Darauf deutet auch sein Geburtsname hin, er lautet »Sampièro di Bastelica«. Der junge Sampiero stand im Dienst des letzten großen florentinischen Condottiere Giovanni de' Medici. Im Jahr 1553 war er der Anführer im korsischen Aufstand gegen Genua. Als er elf Jahre darauf einen erneuten Aufstand initiierte, erwies sich seine Gattin Vanina d'Ornano als Verräterin: Als Sampiero erfuhr, dass sie Verhandlungen mit den Genuesen führte, tötete er sie. Das hatte Folgen. Sampiero starb am 17. Januar 1567 durch die Blutrache seines Schwagers Michel Angelo d'Ornano. Er wurde geköpft.

Geburtshaus und Denkmal

Das Geburtshaus von Sampiero Corso befindet sich im Ortsteil Dominicacci. Nach seiner Ermordung hatten die Genuesen es niedergebrannt, im 18. Jahrhundert wurde es wieder aufgebaut. Eine Tafel erinnert an den »korsischsten aller Korsen«. Vor dem Haus befindet sich ein kleiner Platz mit einer Bronzebüste des Freiheitskämpfers. Im Dorfzentrum, gegenüber der Kirche, ist der berühmte Sohn Bastelicas nicht zu übersehen. Eine heroische Bronzestatue zeigt den Rebellen in kämpferischer Pose mit hoch erhobenem Schwert. Die

Oben: Sie liefern die Milch für den vielleicht inselbesten Ziegenkäse.
Unten: Auch in Bastelica gibt es ein Denkmal, das an die Kriegsgefallenen erinnert.

Nachkommen Sampiero Corsos gelangten als Marschälle im französischen Militärdienst zu hohen Würden: sein Sohn Alphonse d'Ornano (1548–1610) sowie Jean-Baptiste d'Ornano (1581–1626) und Philippe-Antoine d'Ornano (1784–1863).

Herbstfest und Skivergnügen

Nur noch Denkmale erinnern daran, dass Krieg und Blutrache die Geschichte des Dorfes geprägt hatten. Heute ist Bastelica ein Ort der Lebensfreude. Wanderer ziehen durch die Straßen, eine kleine Bimmelbahn bringt Urlauber zum Tolla-See und regelmäßig hält ein mobiler Obst- und Gemüsehändler mit seinem Wagen vor der Kirche. Am ersten Novemberwochenende feiert man den Apfel beim Herbstfest »Foire a Nostra Mela«. Zu dieser Jahreszeit, wenn die Laubwälder in Gelb- und Rottönen leuchten, ist auch ein Besuch der Prunelli-Schlucht besonders faszinierend. Sobald der erste Schnee fällt, reisen die Ski-Touristen an, um die Pisten im Val d'Ese hinabzurauschen.

Col de Cricheto

Ein schöner Ausflug führt über den Pass Col de Cricheto zu einer Genuesenbrücke am Ese-Bach. Sie befindet sich anderthalb Kilometer hinter dem Pass. Ein Spazierweg führt hinab zur Brücke.

Bastelica

Infos und Adressen

ESSEN UND TRINKEN
Bar U Renosu. Sympathische Café-Bar im Ortsteil Dominicacci. 20 119 Bastelica, Tel. 04 95 28 73 30

Chez Paul. Das Restaurant wird im Guide Michelin empfohlen. Regionale Produkte und eine Terrasse zum Träumen. Stazzona, 20 119 Bastelica, Tel. 04 95 28 71 59

ÜBERNACHTEN
Artemisia. 3-Sterne-Hotel, Zimmer mit herrlichem Bergpanorama. Boccialacce, 20 119 Bastelica, Tel. 04 95 28 19 13, www.hotel-artemisia.com

Gîte de Cricheto. Zwei Zimmer für insgesamt 6 Personen. Anfragen auf Englisch und Deutsch möglich. Christian Lorenzino, Lieu dit Cricheto, 20 119 Bastelica, Tel. 04 95 28 41 36, E-Mail: christian.lorenzoni.2a@gmail.com

Gîte rural. Zwei Zimmer in urigem Steinhaus. Anfragen auf Englisch und Deutsch möglich. Marie-Josephe Porri, Village, 20 119 Bastelica, Tel. 04 95 10 54 31 oder 32

Gites ruraux. Ein Zimmer für zwei Personen, der Vermieter spricht auch Englisch. Philippe Martini, 20 119 Bastelica, Tel. 04 95 10 54 31 oder 32

In den Hotels und Restaurants warten liebevoll eingedeckte Tische auf Gäste.

Auch für seine gute Charcuterie ist Bastelica bekannt.

EINKAUFEN
L'Aziana. Lonzo, jambon und andere Charcuterie-Spezialitäten aus der Region. Dominicacci, 20 119 Bastelica, Tel. 04 95 28 71 45

Charcuterie Nunzi. Auch hier hängen die Schinken von der Decke. Dominicacci, 20 119 Bastelica, Tel. 04 95 28 70 31

VERANSTALTUNGEN
Foire a Nostra Mela. Beim traditionellen Herbstfest steht der Apfel im Mittelpunkt. Doch es gibt nicht nur Äpfel in allen möglichen Varianten zu probieren, sondern auch Charcuterie, Honig und viele andere Spezialitäten. Am ersten Wochenende im November, 20 119 Bastelica

AKTIVITÄTEN
Le Petit Train. Rundfahrt mit der Bimmelbahn entlang des Tolla-Stausees. Abfahrt mehrmals täglich, Col de Cricheto, 20 119 Bastelica, Tel. 04 95 28 41 36, www.cricheto.com

INFORMATION
Office du Tourisme de la Haute Vallée de la Gravona. Mo–Sa 8.30–18.30 Uhr, So 10–15 Uhr, 20 136 Bocognano, Tel. 04 95 27 41 86, E-Mail: hautegravona@orange.fr, www.gravona.com

Office du Tourisme de la Vallée du Prunelli. Pela Curacchia, 20 129 Bastelicaccia, Tel. 04 95 22 55 13, www.tourisme-prunelli.com

DIE INSELMITTE

23 Hochebene Plateau di Coscione
Das Tibet Korsikas

Einen landschaftlichen Kontrast zu den Schluchten und Tälern Korsikas bildet das Plateau di Coscione, eine Hochebene in den Bergen des Alta Rocca: Weite, Freiheit, scheinbar endloses Land, Wildpferde, Mufflons und eine endemische Flora. Am besten einen Geländewagen mieten – oder das Auto stehen lassen und die meditative Stimmung genießen. In jedem Fall sicherheitshalber einen Kompass einstecken.

Das Plateau di Coscione (korsisch: *Cuscionu*) liegt im südlichen Teil des Regionalen Naturparks Korsika, zwischen den Pässen Col de Verde und Col de Bavella. Es ist eine völlig andere Welt, die einen im Hochland des Alta Rocca erwartet, fernab von jeglicher Zivilisation. Sanfte Anhöhen, bewachsen mit Buchen, Tannen und Erlen, dazwischen weite Landstriche, von Quellen, Bächen und Pozzinen durchzogen. Wildpferde, frei lebende Kühe und Schweine grasen. Das Klima ist wolkig, feucht und kühl, beinahe wähnt man sich in Sibirien, in der Steppenlandschaft der arktischen Tundra – eine Landschaft, wie geschaffen zum Meditieren, daher nennt man sie auch das Tibet Korsikas.

Hirsche und Forellen

Mit einer Gesamtfläche von 11 228 Hektar erstreckt sich das Plateau di Coscione über ein Höhenprofil von 430 bis 2134 Meter. Eine reiche Flora mit teils seltenen Pflanzen ist vorzufinden, darunter auch endemische Arten wie der Wiesenhafer *Trisetum conradiae* und der korsische Eisenhut *Aconitum corsicum* sowie genügsame Pflan-

Oben: Für korsische Verhältnisse viel Weite
Unten: Ein Wanderweg führt zum Hochplateau.

Hochebene Plateau di Coscione

zen wie die *Herniaria latifolia*, die mit dem Wasser auskommen, das die Luftfeuchtigkeit spendet. Auch selten gewordene Tierarten sind zu beobachten – die einzigen Hirsche Korsikas, die im Jahr 1998 wieder angesiedelt wurden, und das Mufflon; außerdem sind zahlreiche Insekten wie Schmetterlinge und Käfer auf dem Hochplateau zu Hause. In den klaren Bächen tummeln sich Forellen.

Zum Monte Incudine

Das Plateau di Coscione liegt auf dem Gebirgszug in der Höhe des Golfs von Ajaccio an der Westküste und Solenzara an der Ostküste. Zu erreichen ist es am besten aus westlicher Richtung über das Dorf Zicavo; dabei gibt es mehrere Zufahrtsmöglichkeiten (z.B. über die D83 ab der Fernstraße N196 Ajaccio–Propiano). Im Dorf hält man sich rechts (D69) und biegt schließlich auf die D428 ab. So gelangt man zur Bergerie de Bassetta und der nahen Kapelle San Petru. Wer aus dem Inselsüden anreist, kommt aus entgegengesetzter Richtung, ab Sartene/Propriano, auch auf die D69.

Ab der Bergerie de Bassetta bietet sich eine Wanderung durch das Hochplateau an. Vorbei an weiteren Hirtenhütten (Bergeries von Cavallara, 1520 m), geht es auf gut markierten Wegen hinauf zum Monte Incudine (korsisch: *Monti Alcudina*, 2136 m). Nach einer Stunde kreuzt der Fernwanderweg GR 20. Insgesamt benötigt man für die einfache Strecke rund drei Stunden. Vom Gipfel überblickt man nahezu die gesamte Bergwelt Korsikas. Im Süden breiten sich die markanten Nadeln des Bavella-Massivs aus, Richtung Norden erheben sich die Gipfel des Monte Cinto, Paglia Orba und Monte Rotondo. Im Osten sind das Meer zu sehen und bei guter Fernsicht sogar die Insel Elba und das italienische Festland.

Infos und Adressen

ESSEN UND TRINKEN / ÜBERNACHTEN

Bergerie de Bassetta. Gut geführte Gîte d'étape bei Agnès und Toussaint. Am GR 20, 15 km vor Zicavo, Tel. 06 27 25 95 33, E-Mail: reservation@bergeriedebasseta.fr, www.bergeriedebasseta.com

Chez Pierrot. Bed & Breakfast mit Kamin beim korsischen Urgestein Pierrot. Hameau de Jallicu, 20 122 Quenza, Tel. 04 95 78 63 21, E-Mail: chezpierrot@rocketmail.com, www.chezpierrot.over-blog.com

Ferme-Auberge U Taravu. In Zévaco, Andreucci und Nadia. Dez.–Sept., Tel. 04 95 24 46 06

EINKAUFEN

Gie du Taravu. Die Erzeugergemeinschaft aus Zévaco verkauft Kastanienprodukte, Myrte-Likör, Honig, Charcuterie aus der Region vor Ort und im Online-Shop. www.gietaravu.com

INFORMATION

Communauté de communes de l'Alta Rocca. Die Gemeinschaft der Gemeinden von Alta Rocca betreibt auch eine eigene Homepage. Rue Sorba / BP 07, 20 170 Levie, Tel. 04 95 78 47 93, E-Mail: alta-rocca@orange.fr, www.alta-rocca.com

DIE INSELMITTE

24 Castellu di Cucuruzzu
Ausflug in die Bronzezeit

Menhiren und Kultstätten begegnet man auf Korsika häufiger. Wenn auch jede für sich sehenswert ist: Etwas ganz Besonderes ist das Castellu di Cucuruzzu bei Levie in der Alta Rocca. Es handelt sich um eine gut erhaltene Festungsanlage mit einem Rundbau der »Torreaner«. Die frühgeschichtliche Ausgrabungsstätte ist zu besichtigen.

In der Bronzezeit um etwa 1600 v. Chr. lebte im Süden Korsikas ein Volksstamm, der nach seiner Praxis, turmartige Bauten (*Torre*) zu errichten, heute als Torreaner bezeichnet wird. Der Archäologe Roger Grosjean entdeckte diese Kultur, bezüglich ihrer Herkunft tappen die Wissenschaftler aber noch im Dunkeln. Wahrscheinlich entstammte sie dem Seevolk Schardana, das während der Bronzezeit das Mittelmeer unsicher gemacht hatte und dabei auch auf Korsika und Sardinien gelandet war. Die Spuren der Torreaner auf Korsika verlieren sich im Zeitraum 1000 bis 800 v. Chr. Ungeklärt wie ihre Herkunft ist auch ihr Untergang.

Besichtigung der Ausgrabungsstätte

Oben und unten: Die Ausgrabungsstätte zeigt deutlich die gebogene Mauerumrandung und die Nischen.

Die Torreaner hinterließen neben zahlreichen Menhiren und Kultstätten die besagten Rundbauten, die sie wahrscheinlich als Zufluchtsstätte und gemeinschaftliche Getreidespeicher nutzten. Man fand solche Ruinen u.a. auch in Torre bei Porto-Vecchio, wo der Ort sogar danach benannt wurde. Dort allerdings sind nur noch wenige Mauerreste zu sehen. Ganz anders das Castellu (*Casteddu*) di Cucuruzzu auf der Hochebene Pianu di Levie

Castellu di Cucuruzzu

(700 m), von dem nicht nur der Turmstumpf, sondern auch der Grundbau der kompletten Festungsanlage blieb. Sie wurde 1959 bei Luftaufnahmen entdeckt. Zwischen 1963 und 1964 führte Roger Grosjean die erste Ausgrabung durch.

Die Anfahrt nach Cucuruzzu erfolgt entweder ab Ajaccio (N196 und D268) oder ab Porto-Vecchio (D859/N196 und D59). Die Ausgrabungsstätte ist ausgeschildert. Ein kurzer Wanderweg führt durch einen Wald aus Steineichen, Kastanienbäumen und Schwarzkiefern zum Kastell. Der Eingang befindet sich in der Mitte eines geborstenen Granitblocks, durch den eine Steintreppe führt. Dahinter bilden zu beiden Seiten fünf Meter hohe und drei Meter dicke Megalith-Mauern eine gebogene Umrandung. Auffällig sind große Nischen in den Mauern, sie dienten vermutlich als kleine Räume für verschiedene Tätigkeiten wie Töpfern oder Kochen. Links des Eingangs befinden sich Hohlräume, in denen Reste von Keramik und Körner gefunden wurden – vermutlich ehemalige Lagerorte.

Kapelle und Museum

Der Torre befindet sich im Osten der Anlage. Sein Durchmesser beträgt acht Meter, das Mauerwerk ist noch bis zu einer Höhe von rund fünf Metern erhalten. Auch ein Teil der Bedachung aus Platten in Kragenbauweise ist noch vorhanden. Ähnliche Bauwerke, die sogenannten »Nuraghen«, fand man auf Sardinien. Während der Besichtigung der Anlage bietet sich auch ein herrlicher Blick über das Tal bis hin zu den Bavella-Nadeln. Der Rundgang führt schließlich zu den Grundmauern der mittelalterlichen Kapelle San Larenzu. Sie wurde aus den gefundenen Steinen zehn Meter weiter neu errichtet. Auf der Rückfahrt sollte man sich das Musée de l'Alta Rocca, das archäologische Museum in Levie, ansehen (siehe Autorentipp S. 149).

Infos und Adressen

SEHENSWERTES
Castellu di Capulla. Nahe Cucuruzzu befindet sich dieses Relikt aus einer ganz anderen Epoche – dem Mittelalter. Von der ehemaligen Anlage ist allerdings nur noch eine Steinmauer vorhanden. Ca. 20 Min. Fußweg ab Cucuruzzu. Ca. 1 km nordöstlich der Fundstätte, 20 170 Levie

Castellu di Cucuruzzu. April/Mai/Okt. 9.30–18 Uhr, Juni–Sept 9.30–19 Uhr, in Wintermonaten nur für Gruppen nach Anmeldung, Pianu di Levia. 20 170 Levie, Tel. 04 95 78 48 21

ESSEN UND TRINKEN
La Pergola. Restaurant mit Bar am westlichen Ortseingang. Sorba, 20 170 Levie, Tel. 04 95 78 41 62

ÜBERNACHTEN
Auberge A Pignata. Gemütliche Zimmer, schöne Aussicht und ein kleiner Wellness-Bereich. Route du Pianu, 20 170 Levie, Tel. 04 95 78 41 90, E-Mail: apignata2a@yahoo.fr, www.apignata.com

INFORMATION
Maison d'acceuil des sites archéologiques de lien vers Pianu di Livia. Haus der archäologischen Stätten von Pianu di Levie. 20 170 Levie, Tel. 04 95 78 48 21

DIE INSELMITTE

25 Zonza und Umgebung
Wanderdorf im Alta Rocca

Mitten in der herrlichen Gebirgslandschaft des Alta Rocca liegt die Gemeinde Zonza. Ihr Herzstück ist ein Dorf, das Wanderer lieben, liegt es doch kurz vor dem Bavella-Pass mit seinen spektakulären Touren. Entsprechend gut ist die Infrastruktur mit Unterkünften, Restaurants und sogar einer Pferde-Rennbahn. Für Durchreisende ist Zonza ein schönes Etappenziel, um bei einem Kaffee das Panorama zu genießen.

Zonza gehört zur Gemeinschaft der Gemeinden des Alta Rocca, die es auf insgesamt 2500 Einwohner bringt. Es liegt am östlichen Rand der Region Alta Rocca auf einer Höhe von 800 Metern und ist daher gut von der Ostküste aus zu erreichen. Ab Solenzara führt die D268 hinauf zum Col de Bavella (Bavella-Pass), übrigens eine wunderschöne Strecke mit vielen Bademöglichkeiten im Fluss. Direkt hinter dem Bavella-Pass liegt Zonza. Man erreicht das Dorf außerdem ab Porto-Vecchio über die D368 sowie über die D268 aus Richtung Westen. Letzteres ist eine besonders reizvolle Möglichkeit, das Alta Rocca kennen zu lernen (siehe Autorentipp S. 152). Zonza bildet also auch einen Verkehrsknotenpunkt, auf dem zentralen Platz mit dem Kriegerdenkmal treffen vier Straßen aufeinander. In der Hauptsaison sind die Parkplätze knapp. Eine Alternative ist die Fahrt mit dem Linienbus ab Porto-Vecchio.

Oben: Am Horizont sind die Felsnadeln des Bavella-Massivs zu erkennen.
Unten: Blick auf Zonza

Treffpunkt der Outdoor-Fans

Ein internationales Völkchen sorgt besonders im Sommer für reges und buntes Treiben in Zonza. Mit seiner Postkarten-Schönheit und zahlreichen

Nicht elegant, aber berühmt: Die Dame von Bonifatio

Möglichkeiten für Outdoor-Aktivitäten ist das Dorf ein Tummelplatz für Wanderer, Kletterer, Reiter und andere Sportler, auch Motorrad-Fahrer legen bei der Fahrt über den Bavella-Pass gern einen Stopp ein. Eine Handvoll Geschäfte versorgt mit Lebensmitteln und lokalen Produkten, in den Unterkünften kocht man gut und an der Hauptstraße gibt es einen Massagesalon. Den Mittelpunkt des Dorfes bildet die neugotische Kirche Santa Maria Assunta (19. Jh.). Einige der Häuser aus hellem Granit stammen aus dem 17. Jahrhundert.

Außer Wandern reizt die Umgebung zum Klettern und Canyoning. Kurz vor der Passhöhe gibt es einen Hochseilgarten. Zwischen Zonza und dem Bavella-Pass befindet sich die höchstgelegene Pferderennbahn Europas: Im Hippodrom Viseo bringen mehrmals jährlich Trab- und Galopprennen das Publikum zum Glühen.

Die Region Alta Rocca

Vor Zonza breitet sich in Richtung Westen und Norden die Alta Rocca aus. Der Name der Region bedeutet übersetzt »hoher Fels« und lässt sich wohl darauf zurückführen, dass das Hochplateau auf drei Seiten von Gebirgszügen umrahmt wird:

AUTORENTIPP!

MUSEÉ DE L'ALTA ROCCA
Die Urgeschichte der Region Alta Rocca wird im archäologischen Museum von Levie lebendig. Zur Dauerausstellung gehören auch Fundstücke aus der Grabungsstätte von Cucuruzzu, z.B. Gebrauchsgegenstände wie Schleif- und Schlachtwerkzeug oder Instrumente zur Textil- und Keramikverarbeitung. Das Museum beherbergt außerdem das historische Highlight Korsikas: das Skelett der Dame von Bonifacio, die ältesten menschlichen Überreste, die jemals auf der Insel gefunden wurden. Die Dame verstarb im 8. Jahrtausend v. Chr. Sie soll 30 bis 35 Jahre alt geworden sein.

Musée de l'Alta Rocca. Anfahrt: Im Zentrum von Levie Richtung Carbini, an der rechten Straßenseite. Juni–Sept. 10–18 Uhr, Okt.–Mai Di–Sa 10–17 Uhr, feiertags geschlossen, Quartier Prato, 20 170 Levie, Tel. 04 95 78 00 78, E-Mail: musee.levie@cg-corsedusud.fr

Oben und unten: Die Region um Zonza bietet Wandertouren für jeden Geschmack.
Mitte: Das Dorf Levie vor dem Bavella-Massiv

im Norden das Bavella-Massiv, im Osten die Felskette um die Bocca d'Illarata, im Süden das Gebirge von Cagna. Einer anderen Auslegung zufolge entstammt der Name dem Adelsgeschlecht der »della Rocca«, das im Mittelalter in der Region ansässig war. Die hügelige Landschaft mit ihren vielen Dörfern, Wäldern und prähistorischen Fundstätten lädt zu Ausflügen ein.

Bei Wanderungen durch das Pianu di Levia (Hochplateau von Levie) geht es durch dichte Mischwälder aus Eichenhölzern, uralten Kastanienbäumen und Pinien, riesige Granitbrocken ragen aus dem Grün hervor. Diese Felsen dienten bereits den Ureinwohnern Alta Roccas als Schattenspender. Tipp für eine Mehrtagestour: Auch der Fernwanderweg Mare a Mare Sud (Propriano–Porto-Vecchio) verläuft durch die Alta Rocca. Er ist in sechs Etappen unterteilt, also in einer Woche gut zu schaffen.

Levie und Quenza

In der Hochebene von Levie bildet das namensgebende Dorf einen weiteren touristischen Schwerpunkt. Südwestlich von Zonza gelegen, ist es über die schöne Nebenstrecke D268 zu erreichen. Gemessen an der Größe ist Levie mit seinen 700 Einwohnern der Hauptort der Alta Rocca. An der

Zonza und Umgebung

Rund um Zonza

Das Wanderdorf liegt in der Alta Rocca mit vielen schönen Ausflugszielen. Ob als Rundfahrt mit Stopps in den Dörfern oder zu Fuß, die Erkundung der Umgebung lohnt sich sehr.

Einkehrmöglichkeiten am Weg

Ⓐ Zonza – Es ist nicht das größte Dorf der Alta Rocca, doch für Wanderer so etwas wie die Metropole.

Ⓑ Hippodrom Viseo – Wer möchte, kann zur Abwechslung hier auch mal zum Trab- oder Galopprennen gehen.

Ⓒ Pianu di Levia – Das Hochplateau von Levie ist das Zentrum der Alta Rocca.

Ⓓ Levie – Ein Besuch im prähistorischen Museum Musée de l'Alta Rocca (siehe Autorentipp S. 149) gehört unbedingt dazu.

Ⓔ Quenza – Eine Rundwanderung verbindet das Dorf mit Zonza.

Ⓕ Hochplateau von Coscione – Die Steppenlandschaft gehört zum Nordteil der Alta Rocca.

Ⓖ Ste-Lucie-de-Tallano – In der Umgebung fand man seltenes Gestein.

Ⓗ Cucuruzzu – Ein Aufenthalt in Zonza lässt sich wunderbar mit einem Besuch der Fundstätte verbinden.

AUTORENTIPP!

NEBENSTRECKE D268
Da viele über den Col de Bavella ins Alta Rocca fahren, geht diese wunderschöne Nebenstrecke etwas unter: Die D268 offenbart auf einigen Abschnitten ein Stück wenig besuchtes, ländliches Korsika. Obendrein führt sie durch mehrere schöne Dörfer. So kommt man auch durch Saint-Lucie-de-Tallano, in dessen Umgebung man das seltene Gestein Kugeldiorit fand. Es wird als Souvenir auch vor Ort verkauft. Ein Besuch in dem Dorf lohnt sich besonders Ende März zum Olivenfest. In den Genuss beider Strecken kommt, wer West- und Ostküste bei einer größeren Fahrt verbindet: über die D 268 nach Zonza und dann über den Col de Bavella – oder anders herum.

Anfahrt: Ab dem Golf von Valinco (Propriano) über die D69 auf die D268 (Beschilderung Richtung Sainte-Lucie-de-Tallano und Levie folgen)

In der Charcuterie kann man sich mit leckerem Proviant versorgen.

DIE INSELMITTE

Ste-Lucie-de-Tallano

Hauptstraße reihen sich Läden, Bars und Wanderunterkünfte aneinander. Ein echtes Highlight ist hier das prähistorische Museum Musée de l'Alta Rocca, das man am besten mit einem Besuch der nahe gelegenen Fundstätte von Cucuruzzu (siehe Kapitel 24) kombiniert.

Wer Zonza hingegen in Richtung Nordwesten verlässt, also über die Nebenstrecke D420, gelangt durch die Alta Rocca nach Quenza. Das Dorf ist auch per pedes bei einer schönen Rundwanderung ab Zonza zu erreichen. Es befinden sich dort ein Campingplatz am Fluss St-Antoine (Camping la Rivière) und eine Brücke mit einer beliebten Badestelle. Im Winter ist Quenza ein Langlauf-Skigebiet, nur ein Stück weiter nördlich grenzt das Hochplateau von Coscione an (siehe Kapitel 23). Hinter Quenza führt die Straße schließlich, vorbei an einer hübsch restaurierten Mühle, nach Aullène. Hier beginnt ein Gebiet, das 2009 bei einem großen Waldbrand in Mitleidenschaft gezogen wurde. Mehr als 3500 Hektar Kastanien- und Kiefernwald verbrannten. Von Aullène aus führt die D69 über den Col de la Vacca direkt in die reizvolle Steppenlandschaft von Coscione. In Richtung Süden kann man die Tour nun als Rundfahrt um das Alta Rocca fortsetzen und über Levie schließlich zurück nach Zonza gelangen.

Zonza und Umgebung

Infos und Adressen

ESSEN UND TRINKEN / ÜBERNACHTEN
Auberge de Sanglier. Herberge mit beliebtem Restaurant, Spezialitäten wie Wildschweinterrine. Holzterrasse mit Panoramablick. Porca Zonza, 20 112 Sainte-Lucie-de-Tallano, Tel. 04 95 78 67 18, E-Mail: aubergesanglier@wanadoo.fr

Hôtel-Restaurant de l'Incudine. Auch hier überzeugt neben der Übernachtungsmöglichkeit die gute korsische Hausmannskost. Village, 20 124 Zonza, Tel. 04 95 78 67 71, E-Mail: info@hotel-incudine.com, www.hotel-incudine.com

AKTIVITÄTEN
Balesi Evasion. Die Linienbusse fahren von Porto-Vecchio über den Col de Bavella bis nach Ajaccio und umgekehrt. Stopp u.a. in Zonza. www.balesievasion.com

Corsica Madness. Kletterpark, Canyoning und andere Adrenalin-Kicks. Route de Levie, 20 124 Zonza, Tel. 04 95 78 61 76, www.corsicamadness.com

Hippodrome. Pferderennbahn. Mairie de Zonza, 20 124 Zonza, www.hippodrome-zonza.fr

INFORMATION
Communauté de communes de l'Alta Rocca. Die Gemeinschaft der Gemeinden von Alta Rocca betreibt auch eine eigene Homepage. Rue Sorba / BP 07, 20 170 Levie, Tel. 04 95 78 47 93, E-Mail: alta-rocca@orange.fr, www.alta-rocca.com

Office de Tourisme de Zonza-Sainte Lucie de Porto-Vecchio. Mairie annexe, 20 144 Sainte Lucie de Porto Vecchio, Tel. 04 95 71 48 99, E-Mail: tourisme.saintelucie@wanadoo.fr, www.zonza-saintelucie.com

Badespaß im Fluss Quenza

DIE INSELMITTE

26 Col de Bavella
Korsikas schönste Felsen

Wie das schiefe Gebiss eines Riesen ragen die sieben Felsnadeln in den Himmel. Die Spitze des Bavella-Massivs krönt jede Bergwanderung, liegt selbstverständlich am Fernwanderweg GR 20 und ist ein Wallfahrtsort. Ein Erlebnis ist bereits die Fahrt über den Pass Col de Bavella.

Ob Wolken um die Felsen wabern oder alle sieben Nadeln im Licht der Abendsonne erglühen, das Bavella-Massiv bietet immer ein einmaliges Naturschauspiel. Am besten, man kommt öfter, denn es ist jedes Mal anders. Besonders schön ist die Anfahrt ab Solenzana (D268). Die Passstraße führt in zahlreichen Kehren durch dichte Wälder am gleichnamigen Fluss entlang.

Notre Dame de la Neige

Auf der Passhöhe (1218 m) stockt der Atem, so schön ist der Anblick. Die Straße führt direkt südlich an den sieben Felsnadeln, den Aiguilles de Bavella, vorbei. Hier gibt es auch eine Parkmöglichkeit, und schon bei einem kleinen Rundgang gewinnt man unvergessliche Eindrücke von Korsikas wohl schönstem Bergpass. Rechts daneben bietet sich ein Anblick, der die Dramatik des Ortes noch unterstreicht: Von einem kleinen Berg aufgehäufter Felsen schaut eine Marienstatue herab auf Unmengen von roten Opferlichtern und Kärtchen mit Segenswünschen, die überall zwischen den Felsen stecken. Die »Schneejungfrau« Notre Dame de la Neige soll vor Gefahren im Gebirge schützen. Da wenige Meter daneben der Fernwanderweg GR 20 kreuzt, gibt es reichlich Anlass zu Bitten und Opfergaben. Jedes Jahr Anfang August

Oben: Ein Top-Spot für Wanderer
Unten: Statue »Notre-Dame-des-Neiges« am Bavella-Pass

Wie die Zähne eines Riesen sehen die sieben Felsnadeln aus.

ist dieser Ort Ziel einer Wallfahrt (*Pélerinage*); dazu dient das von einem kleinen Zaun umgebene Areal vor der Marienstatue.

Zwischen den Bavella-Nadeln

Die Passhöhe ist Ausgangspunkt für verschiedene Wanderungen und Klettertouren in das Bavella-Massiv. Zu seiner Beliebtheit trägt neben der landschaftlichen Schönheit mit den bizarren Gipfelformen auch der fast durchwegs raue Fels bei, der wie geschaffen ist für den Outdoor-Sport. Das Spektrum der möglichen Routen reicht von einem gemütlichen Spaziergang bis hin zum abenteuerlichen Trekking durch dichte Macchia und oft nahe am Abgrund.

Neben dem weiß-rot markierten GR 20 gibt es auf dem Bavella-Massiv auch eine alpine Variante des Fernwanderweges. Sie ist mit einem gelben Doppelstrich markiert. Wer über die entsprechende Wanderkleidung, Schwindelfreiheit und Trittsicherheit verfügt, kann – gutes Wetter vorausgesetzt – zum dritten Bavella-Turm aufsteigen, der Punta di a Vacca (1611 m). Der Aufstieg führt durch windschiefe Kiefern, kleinere Felstürmchen und Geröllfelder zunächst auf den Col de l'Oiseau. Hier bietet sich ein schöner Blick auf die folgen-

AUTORENTIPP!

DEN GR 20 TESTEN
Unübersehbar prangt das rot-weiße Symbol, das Korsikas berühmten Fernwanderweg markiert, auf einem Stein auf der Passhöhe. Nur mit Erfahrung sollte man eine längere Wanderung auf dieser Strecke unternehmen, zumal die mittleren Etappen zu den schwersten zählen. Doch einen kleinen Eindruck zumindest kann man bei dieser Gelegenheit gewinnen und der Route ein Stückchen folgen – natürlich nur so weit, wie es die eigene Kondition zulässt und auch dies nur mit passender Kleidung. Die alpine Variante des GR 20 (gelbe Markierung) beinhaltet eine anspruchsvollere Klettertour durch die Felslandschaft und hinauf zu den Spitzen.

Der GR 20. Startpunkt am Col de Bavella (hier auch Parkmöglichkeiten). Der Wanderweg kreuzt die Straße und ist leicht am rot-weißen Symbol zu erkennen. Mehr Infos zum Fernwanderweg siehe Kapitel 11.

DIE INSELMITTE

den Türme. Dann geht es auf dem gelb markierten Pfad abwärts und schließlich hinauf zur Scharte zwischen dem zweiten und dritten Turm. Von hier aus ist in circa 15 Minuten der höchste Punkt der dritten Nadel erreicht.

Wanderung zum »Bombentrichter«

Sicher wird es die meisten Wanderer in Richtung Nordwesten ziehen, wo die Granitfelsen der Aiguilles de Bavella eine magische Anziehungskraft ausüben. Doch es lohnen sich auch Wege in die andere Richtung. Ein einladendes Kiefernwäldchen empfängt auf der anderen Straßenseite. Dort führt eine Wandertour beispielsweise zum Trou de la Bombe (»Bombentrichter«), so benannt nach einem gewaltigen Loch in der Felswand.

Die volle Pracht aller sieben Bavella-Nadeln, nebeneinander aufgereiht, indes ist aus der Ferne am besten zu sehen. Dazu begibt man sich Richtung Tal mit dem Dorf Village de Bavella. Vor Ort hat man sich natürlich auf Wanderer eingestellt mit Unterkünften und Einkehrmöglichkeiten. Hier beginnt auch eine schöne Tour zur Paliri-Hütte (1055 m). Dazu folgt man ein Stück dem weiß-rot markierten Hauptweg des GR 20. Er führt durch einen bewaldeten Hang hinab, quert einen Bachlauf, begleitet einen Forstweg und endet schließlich bei der Berghütte.

Canyoning

Oben: Bäume der Berge: Die Laricio-Kiefer
Unten: Viele Lokale sind auf Wanderer eingestellt und bieten auch Unterkünfte.

Unterhalb des Col de Bavella (in Richtung Solenzara) lohnt ein Abstecher in die Schluchten Canyon de la Purcaraccia und Canyon de la Pulischella, besonders, wenn man ein Anhänger des Canyoning-Sports ist. Vor Ort werden geführte Touren angeboten.

Col de Bavella

Infos und Adressen

ESSEN UND TRINKEN / ÜBERNACHTEN
Auberge du Col de Bavella. Gîte (Zimmer mit 4 oder 8 Schlafplätzen in Etagenbetten), Restaurant mit großer Panoramaterrasse. Famille Grimaldi, 20 124 Zonza, Tel. 04 95 72 09 87, E-Mail: auberge-bavella@wanadoo.fr, www.auberge-bavella.com

Camping Bavella Vista. Zelten nahe den Nadeln. Einer der schönsten Campingplätze auf Korsika. Route de Quenza, 20 124 Zonza

AKTIVITÄTEN
Corsica Canyon. Canyoning beim Col de Bavella. Tel. 06 22 91 61 44, E-Mail: infos@corsica canyon.com, www.canyoncorse.com

INFORMATION
Office de Tourisme de Zonza-Sainte Lucie de Porto-Vecchio. Mairie annexe, 20 144 Sainte Lucie de Porto Vecchio, Tel. 04 95 71 48 99, E-Mail: tourisme.saintelucie@wanadoo.fr, www.zonza-saintelucie.com

Die »Notre Dame de la Neige« soll vor Gefahren im Gebirge schutzen.

Wanderer im Bavella-Masiv

DIE INSELMITTE

27 Die korsische Eisenbahn
Auf Schienen über die Insel

Durch Täler und Schluchten, über Brücken, Viadukte und durch Tunnel. Am Meer und an Flussufern entlang. Durch das Hochgebirge und vorbei an kleinen Dorfbahnhöfen ... Eine Fahrt mit der Eisenbahn ist die entspannteste Möglichkeit, die Schönheit und Vielfalt Korsikas zu genießen. Obendrein ist es praktisch und spart so manche Routensuche.

Die korsische Eisenbahn verbindet alle großen Orte von der Inselmitte bis hin zum Norden und Nordwesten. Ihre beiden Hauptstrecken verknüpfen die Küstenstädte Bastia, Ajaccio, Calvi und L'Île-Rousse, außerdem Corte und Ponte Leccia im Zentrum Korsikas. Als Strandbahn bietet sie Zugang zu vielen schönen Buchten an der Nordwestküste, in den Berggebieten halten die Züge an Bahnhöfen vieler Dörfer wie Bogognano oder solchen, die sonst nur über lange und kurvenreiche Autofahrten zu erreichen sind. So schön Passfahrten auch sein können – wer viel von der Insel sehen möchte, hat manchmal auch genug davon, besonders wenn man selbst das Steuer in den Händen hält. Einen Tag mit der Eisenbahn unterwegs zu sein ist dann oft eine willkommene Abwechslung, besonders auch für Kinder. Allerdings: Alle, die sehr anfällig für die Seekrankheit sind, sollten es erst einmal mit einer kürzeren Strecke probieren.

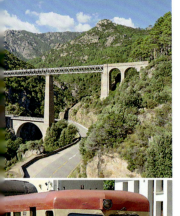

Oben: Viadukt über den Vecchio
Unten: Strandbahn zwischen Calvi und L'Île Rousse

Die »Zitternde«

Es kann schon wackelig werden und schaukeln bei der Fahrt mit der Schmalspurbahn, was für alle,

Die korsische Eisenbahn

die es vertragen, den Erlebniswert unterstreicht: U Trigihellu (*U Trinichellu*), »Die Zitternde«, heißt die Eisenbahn auf Korsika, und dies aus gutem Grund. Wer vor Ort auf andere Bezeichnungen stößt, sollte sich übrigens nicht wundern, denn die Bahn wird auch mal »Trenucciu« (kleiner Zug) oder »Le Michelin« genannt.

Auf die Idee, eine Eisenbahn auf Korsika zu bauen, kam man im 19. Jahrhundert. Bis dahin waren die Küsten- und Gebirgsorte der Insel nur per Maultier oder Fuhrmann zu erreichen. 1888 war Baubeginn, doch Grundbesitzer und Fuhrmänner sorgten sich um ihre Erde und Existenzgrundlage. Sechs Jahre später war die Hauptstrecke Bastia–Ajaccio fertig. Fast 160 Kilometer lang, passiert sie rund 40 Tunnel und überquert bei Vecchio ein 140 Meter langes, 80 Meter hohes Viadukt, das größte Korsikas. Der Entwurf stammt von Gustave Eiffel, dem Erbauer des Eiffelturms in Paris.

230 Kilometer Schienen

Als im folgenden Jahrhundert immer mehr Korsen auf das Auto umstiegen, ging das Ansehen der Bahn zunächst zurück. Als sie in den 1970er-Jahren stillgelegt werden sollte, kam diese Idee jedoch auch nicht gut an, und Proteste der Bevölkerung verhinderten diesen Beschluss. Im Jahr 1983 wurde die Chemins de fer de la Corse (CFC) als Tochtergesellschaft der staatlichen Société nationale des chemins de fer français (SNCF) gegründet. Noch heute betreibt sie die Schmalspurbahn, mittlerweile mit rund 200 Angestellten. Die Züge fahren täglich mit zwei bis vier Verbindungen. Mehrfach ausgebaut und erweitert, kann sich das Schienennetz von rund 230 Kilometern sehen lassen. Der längste Tunnel befindet sich bei Vizzavona und misst fast vier Kilometer. Die maximale Steigung beträgt 30 Promille.

Infos und Adressen

INFORMATION

Bahnhöfe auf Korsika. In Ajaccio, Bastia, Biguglia, Bocognano, Calvi, Casamozza, Corte, Francardo, Furiani, Île Rousse, Mezzana, Ponte Leccia, Ponte Novu, Venaco, Vivario, Vizzavona

Chemins de fer de la Corse (CFC). www.ter-sncf.com/Regions/corse/Fr, Infos und Tarife auch unter www.train-corse.com

Chemin de fer de la Corse. Service Commercial. Mo–Do 8.30–12 / 13.30–17 Uhr, Fr 8–12 Uhr, BP 237, 20 294 Bastia Cedex, Tel. 04 95 32 80 57, www.cf-corse.fr

DER WESTEN

28 Réserve Naturelle de Scandola
Farbenspiel der Feuerklippen **162**

29 Porto
Hafen im schönsten Golf Korsikas **164**

30 Golf von Porto
UNESCO-Weltnaturerbe **168**

31 Golf von Sagone
Eine Kette schöner Buchten **174**

32 Ajaccio
Bonjour, Napoléon! **180**

33 Golf von Ajaccio
Idyllen nahe der Hauptstadt **188**

34 Golf von Valinco
Prähistorisches und Badeurlaub **192**

35 Station Préhistorique de Filitosa
Menhiren ins Auge schauen **196**

36 Propriano
Badeort im Golf von Valinco **198**

DER WESTEN

28 Réserve Naturelle de Scandola
Farbenspiel der Feuerklippen

Steil ragen die Felsen aus dem Meer hervor, färben sich im Licht der Sonne golden, orange und feuerrot, unter der Wasseroberfläche türkis, blau, violett, um sich schließlich in der Tiefe zu verlieren. Diesen unvergleichbaren Anblick bietet das Naturreservat Scandola bei Girolata, nördlich von Porto. Nur eine Bootsfahrt oder eine Wanderung führt in das geschützte Gebiet.

Das Naturjuwel ist Teil der felsigen Halbinsel, die zwischen dem Golf von Galéri und dem kleinen Golf von Girolata aus dem Mittelmeer ragt. Diese Region gehört, zusammen mit der südlichen Umgebung von Porto, als einziger Küstenabschnitt zum Parc Naturel Régional de Corse. Seit 1975 ist sie Naturschutzgebiet, seit 1983 zählt sie obendrein zum Weltnaturerbe der UNESCO.

Aus Lava geboren

Die Felsen entstanden vor rund 250 Millionen Jahren infolge von Vulkanausbrüchen. Aus der erkaltenden Lava bildeten sich Porphyr, Rhyolith und Schmelztuff. So erklären sich die außergewöhnliche Färbung des Gesteins, das sich so sehr von anderen Küstenformationen der Insel unterscheidet, und die bizarren Formen, die es annimmt. Diese geologische Entwicklung prägt die komplette Küstenregion rund um den Golf von Porto mit der gleichermaßen spektakulären Calanche de Piana (siehe Seite 169).

Am allerschönsten wirkt das Farbenspiel der Felsen vom Meer aus betrachtet – das rötliche Ge-

Vorangehende Doppelseite: Blick vom Col de Palmarella auf den Golf von Girolata
Oben: Der Golf von Girolata, auf der Landzunge das Dorf
Unten: Die Plage de Tuara im Golf von Girolata

Réserve Naturelle de Scandola

stein im Kontrast zu den Blautönen des klaren Wassers. Die wohl meisten Ausflugsboote starten ab dem Hafen von Porto, doch auch die (längere) Anfahrt ab Calvi ist möglich und – viele übersehen es – nicht zuletzt gibt es im kleinen Küstenort Galéria einen Touranbieter sozusagen gleich »um die Ecke« (siehe Kapitel 13).

Bootstour nach Scandola

Ab Galéria sind bereits zweistündige Bootstouren möglich. In Porto gibt es die unterschiedlichsten Angebote der in großer Zahl vertretenen Skipper, auch abhängig vom Typ und der Größe des Bootes. Angefangen von der Zweieinviertel-Stunden-Fahrt mit dem Speed-Schlauchboot bis hin zur gemütlichen Tagestour staffeln sich die Angebote. Die meisten Touren dauern drei bis vier Stunden. Ab Calvi gibt es auch Halb- und Ganztagestouren mit dem Katamaran.

Die Fahrt durch das Labyrinth aus Felsentoren, Klippen, Riffen und kleinen Inselchen ist ein Erlebnis, das sich je nach Boot sehr unterschiedlich gestalten kann. Einige machen auf Fischadler aufmerksam oder auf Kaninchenfische, die aus dem Pazifik eingewandert sind, andere steuern durch die schmalsten Canyons und Grotten. Viele Boote legen eine Pause zum Schnorcheln und Baden ein, die man unbedingt nutzen sollte. Einen Anker-Stopp pro Fahrt erlauben die strengen Vorgaben des Naturschutzgebiets, Tauchen mit Pressluftflasche ist hingegen nicht gestattet. Auch das Anlegen am Strand von Girolata gehört bei vielen Bootstouren dazu. Das Dörfchen ruht auf einem Felsvorsprung. Keine Straße führt dorthin, wohl aber ein schöner Wanderweg. Er beginnt beim Parkplatz auf dem Col de la Croix (269 m), an der D81 ab Porto, ist ausgeschildert und mit orangefarbenen Markierungen versehen.

Infos und Adressen

ESSEN UND TRINKEN / ÜBERNACHTEN

Gîte Le Cormoran. Wanderunterkunft (Etappenziel Mare e Monti Nord), 20 Plätze, Halbpension möglich. April–Okt., 20 147 Girolata, Tel. 04 95 20 15 55, E-Mail: cormoranvoyageur@hotmail.fr

La cabane du berger. Campingplatz und Gîte (auch Bungalows). Direkt am Wasser in der Bucht von Girolata. 20 147 Girolata, Tel. 04 95 20 16 98

AKTIVITÄTEN

Colombo Line. Bootsausflüge ab Calvi, auch per Katamaran. Quai Landry, 20 260 Calvi, Tel. 04 95 65 32 10 und 04 95 65 03 40, E-Mail: infos@colombo-line.com, www.colombo-line.com

Galéria Marina. Zwei- und vierstündige Bootsausflüge. 20 245 Galéria, Tel. 06 12 52 63 53, E-Mail: info@visite-scandola.com, www.visite-scandola.com

Anbieter in Porto: Siehe Kapitel 29.

INFORMATION

Office de Tourisme de Galéria. Mai–Sept. 9.30–12.30 Uhr / 16.30–19 Uhr, Carrefour des cinq Arcades, 20 245 Galéria, Tel. 04 95 62 02 27, E-Mail: galeria@orange.fr, www.si-galeria.com, www.balagne-corsica.com

Port de Girolata. Homepage des Hafens von Girolata. www.port-girolata.com

Mertz, Peter: Bruckmanns Wanderführer Korsika. Tour Nr. 12, Bruckmann Verlag, München 2012, ISBN 3765458910

DER WESTEN

29 Porto
Hafen im schönsten Golf Korsikas

Der Hafenort Porto liegt in der Meeresöffnung der Spelunca-Schlucht. Rund um die Flussmündung des Porto gruppieren sich die Häuser in hellem Orange, passend zu den Felsen der Calanche an der Südseite der Bucht. Ein Aquarium und ein Museum zur Geschichte der Baumheide sind kleine touristische Highlights. In der Marina starten die Ausflugsboote.

In Porto gibt es außer Restaurants und Hotels eigentlich nicht viel zu besichtigen, doch schon der Anblick des Dorfes in der unvergleichlich schönen Landschaft ist die Reise wert. Die Ortschaft schlängelt sich um die Flussmündung, gut geschützt reicht der Hafen bis in die Schlucht hinein. Hohe Bäume und sanfte grüne Hügel säumen das Ufer, während unmittelbar dahinter die Felsen emporragen. Auch eine kleine Fußgängerbrücke spannt sich über das Wasser, sodass man vom Ortskern direkt hinüber zum Strand spazieren kann, der sich auf der anderen Seite des Flusses befindet.

Oben: Der Golf von Porto mit seinem Wahrzeichen, dem Genuesenturm
Unten: Tauchschule im Hafen von Porto

MAL EHRLICH

TEURE AUSFLUGSBOOTE

Die Beliebtheit hat ihren Preis: Eine drei- bis vierstündige Fahrt nach La Scandola schlägt mit rund 50 € zu Buche. Wer nicht so viel Geld ausgeben möchte, bucht deshalb am besten eine kürzere Tour (ab 25 €). Es macht außerdem Sinn, die Leistungen zu vergleichen; manche Skipper fahren für denselben Preis eine Stunde länger oder haben ein schöneres Boot!

Porto

Meer und Fluss

Der breite Strand von Porto besteht aus grobem Kies und wirkt recht nüchtern. Doch dort angekommen, überrascht seine Schönheit. Der Blick aufs Meer mit den mächtigen Klippen ist eindrucksvoller, als – vom oberen Dorf aus betrachtet – vermutet. Direkt hinter dem Strand befindet sich ein großer Parkplatz und dahinter wiederum eine Minigolf-Anlage unter schattigen Bäumen.

Um vom Strand mit dem Auto ins Dorfzentrum zu gelangen, muss man einmal um Porto herumfahren. So weit ist es zwar nicht, doch es bietet sich an, den Wagen am Strand stehen zu lassen und den direkten Fußweg über die kleine Brücke zu nehmen (oder anders herum), zumal die Parkplätze im Sommer rar sind. Auf der anderen Seite des Flusses wartet ein hübsches Zentrum mit modernen Häusern, an den Mauern blühen Oleander und Bougainvillea, an der Promenade bieten Restaurants und Cafés lauschige Terrassen mit Blick über den Binnenhafen. Ungefähr 600 Einwohner leben in Porto. Während der Saison steigt die Zahl der Menschen, die den Ort bevölkern, um ein Vielfaches, doch es geht immer noch beschaulicher zu als in den großen Badeorten Korsikas.

Musée de la Bruyère

Vom Fluss verläuft die nun ansteigende Promenade in einer Biegung zwischen dem Zentrum und der felsigen Halbinsel vor Porto; einige Cafés wurden förmlich in das Gestein hineingebaut. Dazwischen führt ein Pfad zum Wahrzeichen des Ortes, dem viereckigen Tour Génoise de Porto (1540), einem Genueserturm hoch oben auf dem Hügel. Sein Name stammt vom ehemaligen mittelalterlichen Pfarrbezirk Sia. Hier beginnt das kleine Sightseeing von Porto: Turmbesichtigung mit Museum und Meerwasseraquarium ... es lohnt sich

AUTORENTIPP!

AUSFLUG MIT DEM HYBRID-BOOT

Unter den zahlreichen Booten, die in der Marina von Porto liegen und auf Ausflugsgäste warten, fällt eines besonders auf: Schneeweiß und mit buntem Regenbogen präsentiert sich das Hybridboot von Via Mare. Eine Fahrt durch das Weltnaturerbe ohne CO_2-Emmission und Motorgeräusche, noch dazu liegen die Preise eher etwas unter denen der Wettbewerber. Die Stimmung an Bord ist familiär und der Kapitän kennt schöne Anekdoten zu den Felsformationen. Wahlweise geht es nach La Scandola, entlang der Calanche mit dem Capo Rosso oder durch den kompletten Golf von Porto.

Via Mare. Promenades en mer, Marine de Porto, Hôtel du Golfe, 20 150 Porto, Tel. 06 07 28 72 72 und 06 09 51 15 25, E-Mail: info@viamare-promenades.com, www.viamare-promenades.com

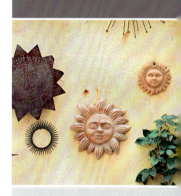

Schmuck an der Hausfassade

Oben: Zahlreiche Ausflugsboote bieten Touren an.
Mitte: Das Aquarium de la Poudriére ist ein Spaß für die ganze Familie.
Unten: Rund um den Hafen gibt es urige Restaurants.

DER WESTEN

das preisgünstigere Kombiticket. Die Kasse befindet sich am Pfad kurz vor dem Turm.

Zunächst geht es links zum Musée de la Bruyère, einem Häuschen in den Felsen unterhalb des Turmes, in dem eine Ausstellung zur Baumheide (Bruyère) untergebracht ist. Aus der Wurzelknolle der Pflanze werden Pfeifen hergestellt. Auf wenigen Quadratmetern ist das Museum liebevoll eingerichtet mit Bildern, Zeichnungen, Fotos, Schaukästen und sogar einigen interaktiven Stationen, die Tafeln informieren auf Französisch und Englisch. Draußen führt der Rundgang weiter zum Turm hinauf, dabei geht es zunächst durch den Innenraum, in dem eine weitere Ausstellung untergebracht ist. Sie veranschaulicht in 19 Stationen die Geschichte der Befestigung der korsischen Küsten. Zu den Infotafeln gibt es eine spannende Broschüre auch in deutscher Sprache. So erfährt man viel über den Bau und die Finanzierung der Verteidigungslinie im 16. Jahrhundert, Details der militärischen Architektur, von den Aufgaben der »*Torregianos*«, die mehr waren als Turmwächter, von der Rolle Andrea Dorias und Barbarossas in diesem Gefüge und anderen Dingen. Die Treppe endet auf der Aussichtsplattform mit einem grandiosen Blick über den Golf von Porto. Der Turm wurde in den 1990er-Jahren restauriert.

Aquarium und Bootstouren

Auf der anderen Seite des Genuesenturms, im ehemaligen Pulvermagazin, ist das Aquarium de la Poudrière untergebracht. In mehreren Becken sind Muränen, Seepferdchen und andere Bewohner des Mittelmeeres zu sehen. Gegenüber dem Festungshügel schließlich reihen sich die Stände der Anbieter der Bootsausflüge. Hier können Urlauber sich informieren und anmelden, die Touren selbst starten natürlich unten im Hafen.

Porto

Infos und Adressen

SEHENSWÜRDIGKEITEN
Aquarium de la Poudrière. April–Sept., Place de la Marine, 20 150 Porto Ota, Tel. 04 95 26 19 24

Musée de la Bruyère. April–Sept., Place de la Marine, 20 150 Porto Ota, Tel. 04 95 26 10 05

Tour Génoise de Porto. April–Sept., Place de la Marine, 20 150 Porto Ota, Tel. 04 95 26 10 05

ESSEN UND TRINKEN
Les Palmiers. Snack-Bar mit Crêperie, Eiscreme und Cocktails. Abends Musik und Unterhaltungsprogramm. Am Genuesenturm auf den Felsen mit schönem Blick, Adresse siehe oben.

ÜBERNACHTEN
Campingplatz Sole e vista. Drei-Sterne-Campingplatz. Die Aussicht ist nicht ganz so, wie der Name nahelegt. Nur 900 m zum Strand, 150 m zum Fluss. 15. März–15. Nov., Quartier le pont, 20 150 Porto Ota, Tel. 04 95 26 15 71, E-Mail: portocampings@gmail.com, www.camping-sole-e-vista.com

Le Belvedere. Drei-Sterne-Hotel und Restaurant mit Panoramaterrasse über dem Hafen. Quartier le pont / la plage, 20 150 Porto Ota, Tel. 04 95 26 12 01, E-Mail:

Einblicke in die Fischwelt des Mittelmeeres

info@hotelrestaurant-lebelvedere-porto.com, www.hotelrestaurant-lebelvedere-porto.com

Les Oliviers. Der Drei-Sterne-Campingplatz beschreibt sich charmant als »Freilufthotel« und verdient diese Auszeichnung auch. Schöne Pool-Anlage, auch Bungalows, teils im Eisenbahnwaggon. Quartier le pont, 20 150 Porto Ota, Tel. 04 95 26 14 49, E-Mail: lesoliviersporto@wanadoo.fr, www.camping-oliviers-porto.com

INFORMATION
Office Municipal de Tourisme d'Ota Porto. Mo–Sa 9–19 Uhr, So, feiertags 9–13 Uhr, Quartier la Marine, 20 150 Porto Ota, Tel. 04 95 26 10 55, E-Mail: office@porto-tourisme.com, www.porto-tourisme.com

Vor den roten Felsen sitzt man und genießt den Drink zum Sonnenuntergang.

DER WESTEN

30 Golf von Porto
UNESCO-Weltnaturerbe

Verschiedenste Landschaften treffen aufeinander und bilden eine Symphonie der Farben und Formen: Die Spelunca-Schlucht mit dem Fluss Porto, das Naturschutzgebiet La Scandola im Norden, die Felsgärten der Calanche de Piana im Süden, das tiefblaue Meer im Westen. Terrassendörfer schmücken die Hänge, verbunden von Bergstraßen, an die man sich noch lange erinnern wird.

Selbstredend wurde dieses Naturkunstwerk in die UNESCO-Liste des Weltnaturerbes aufgenommen. Die Schönheit der Umgebung erschließt sich umso mehr bei Ausflügen ins Hinterland oder entlang der Küste.

Spelunca-Schlucht

Oben: Blick über den Golf von Porto
Unten: Die Straße durch die Spelunca-Schlucht bietet grandiose Ausblicke.

Der Fluss Porto mündet in dem gleichnamigen Hafenort in das Meer. Ihn begleitet eine Bergstraße, die immer tiefer in die Gorges de Spelunca (Spelunca-Schlucht) hineinführt: rötliche Gipfel, gesprenkelt mit dem Grün der Kastanien, Buchen und Laricio-Kiefern. Bald ist gegenüber das Dorf Ota zu sehen, das in den Felsen hängt, als sei es unerreichbar. Die relativ breite Straße bietet immer wieder Möglichkeiten anzuhalten, neue Ausblicke zu entdecken und zu fotografieren; Ziegen am Straßenrand beäugen neugierig das Geschehen. An einem Aussichtspunkt lässt sich der gesamte nördliche Gebirgszug überblicken, eine halbkreisförmige Tafel zeigt und erklärt alle Gipfel. Sie erreichen eine Höhe von rund 1500 Metern. Die D84 führt dann durch die Wälder von Aïtone und Niolo in das Niolo-Hochtal, ein Wan-

Golf von Porto

der- und Hirtengebiet vor dem Monte Cinto (2706 m, siehe Kapitel 17). Das östliche Ende des Tales bildet die zerklüftete Scala di Santa Regina (siehe Kapitel 17), und wer mag, fährt noch weiter bis nach Corte oder zur Ostküste.

Baden im Fluss Aïtone

Auf der anderen Seite der Schlucht befindet sich unweit von Porto, nur wenige Kilometer vom Meer entfernt, eine herrliche Flussbadestelle bei der alten Genuesenbrücke Pont de Zaglia. Dazu verlässt man die D84 noch vor Évisa und nimmt links die D124 Richtung Ota. Bald führt das ausbaufähige Sträßlein über den Nebenfluss Aïtone, am Ufer weist rechts ein kleines Holzschild auf den kreuzenden Fernwanderweg Mare e Monti hin. Auf der anderen Seite der Brücke liegt zur Linken ein Sportplatz. Nur ein kleines Stückchen weiter ist durch die Böschung die Pont de Zaglia zu erkennen. Oben parken die Autos im Sommer zu beiden Straßenseiten, Pfade führen hinab zum Wasser. Eine Alternative ist die Anfahrt über Ota (bereits kurz nach Porto auf der D81 Richtung Galéria den Fluss überqueren und sofort wieder rechts halten). So geht es auf der D124 zunächst durch das Bergdörfchen. Die Häuser sitzen auf den Felsterrassen, rund um eine rosafarbene Kirche, die aussieht wie aus Zuckerwerk. Eine reizvolle Variante also, zumal es auch ein Café und ein Restaurant gibt.

Dorf Évisa

Ein attraktives Ziel mitten in der Spelunca-Schlucht ist das benachbarte Bergdorf Évisa (850 m). Es liegt kurz vor dem Col de Vergio (Vergio-Pass) und bildet damit einen Durchfahrtsort an der D84. Am Rande des Waldes von Aïtone ist es Startpunkt vieler Wanderungen, u.a. zum Berg-

AUTORENTIPP!

ANCIEN CHEMIN DE PIANA À OTA

Durch die Calanche führt auch ein Stück des ehemaligen Maultierpfades »Ancien Chemin de Piana à Ota«, auf dem die Dorfbewohner einst von Piana nach Ota gelangten. Der Pfad ist in die Berghänge gemauert und ein besonderer Anblick – das Panorama, das er bietet, auch. Schwindelfreiheit ist unbedingt erforderlich, es geht teils unmittelbar am Abgrund entlang. Und noch ein Tipp: In der Gegenrichtung beginnt der Weg auf den Hausberg Portos, den Capo d'Orto (1294 m).

Anfahrt: Parken beim Fußballplatz (»Stade«) von Piana (Abzweigung der D81 Piana–Porto). Hinter dem Spielfeld beginnt nach einer Brücke links der ausgeschilderte Maultierpfad, rechts der Aufstieg zum Capo d'Orto.

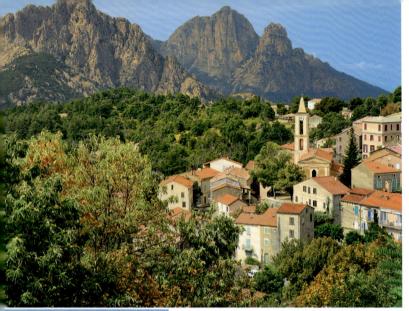

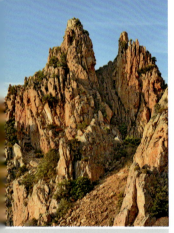

Oben: Vor dem Bergdorf Evisa entfaltet sich das Panorama der Spelunca-Schlucht.
Unten: Granitformationen im Abendlicht

see Lac de Nino, und auch der Abstieg zur Genuesenbrücke bei Ota ist ab dem Dorf möglich. Évisa ist ein Etappenziel der Fernwanderwege Mare e Monti und Mare a Mare.

Kaum bekannt ist, dass sich ganz in der Nähe ein Ruinendorf befindet, ähnlich dem verlassenen Dorf Occi bei Calvi (siehe Kapitel 8). Es heißt Tassu, war bis 1935 bewohnt und verbirgt sich zwischen den Ortschaften Évisa, Marignana und Christinacce. Zu erreichen ist es über die D24 und die Abzweigung D224 in Marignana. Kurz hinter dem Friedhof kreuzen die – auf diesem Abschnitt identischen – Wanderwege Mare e Monti / Mare a Mare Nord (orangefarben markiert). Die Gîte d'étape Ustaria di a Rota bietet hier eine schöne Einkehr- und Übernachtungsmöglichkeit. Der Wanderweg führt rechts in rund 30 Minuten nach Tassu. Die Häuser sind größtenteils noch gut erhalten, auch die kleine Kirche mitsamt Glockenturm. Einige Stellen sind abgesperrt wegen der Einsturzgefahr.

Golf von Porto

Ausflüge im Golf von Porto

Die Wahl fällt nicht leicht, so wunderschön und vielseitig sind die Landschaften im Golf von Porto. Doch wer früh aufsteht, kann das eine oder andere Highlight im Rahmen einer Tagestour verbinden.

A Fluss Porto – Er gab dem Hafenort seinen Namen und mündet dort in das Meer.

B Gorges de Spelunca – Die spektakuläre Landschaft der Spelunca-Schlucht beginnt direkt hinter Porto.

C Forêt d'Aïtone – Der Wald von Aïtone ist benannt nach dem Fluss Aïtone, der unterhalb verläuft.

D Pont de Zaglia – An der Genuesenbrücke gibt es eine schöne Badestelle im Fluss. An heißen Tagen eine herrliche Alternative zum Strand.

E Ota – Das kleine Dörfchen besticht mit großer Aussicht, einer rosafarbenen Kirche und versteckten Einkehrmöglichkeiten.

F Évisa – Das Bergdorf ist Ausgangspunkt für mehrere Wanderungen. Es ist auch Etappenziel der Fernwanderwege Mare e Monti und Mare a Mare.

G Ruinendorf Tassu bei Marignana – Das kaum bekanntes Geisterdorf sollte man unbedingt besuchen.

H Les Calanches di Piana – Für seinen Felsengarten ist der Golf von Porto berühmt.

I »Hundekopf« (Tête de chien) – Er gehört zu den besonders markanten Formationen in den Calanches.

J Dorf Piana – Mitten in der Felsenlandschaft gelegen, bieten seine Restaurants schöne Panoramaterrassen.

K Capu d'Orto – Auch auf den höchsten Berg am Golf von Porto führt eine Wanderroute.

AUTORENTIPP!

FÊTE DU MARRON

Jährlich Ende November feiert Évisa die stachelige Baumfrucht, die in den Wäldern der Spelunca-Schlucht gedeiht. Das Kastanienfest »Fête du Marron« ist ein Highlight im sonst eher unspektakulären Spätherbst. An Ständen und bei Aktionen gibt es reichlich Gelegenheit, Produkte zu kosten und mitzufeiern. Und zwar nicht zu Ehren irgendeiner Esskastanie, nein, es geht natürlich um die Spezialität der Region: Die Sorte »Insitina« ist die einzige Kastaniensorte ohne getrennte Fruchtkammern. Évisa lohnt den Besuch ohnehin. Am besten eine Übernachtung einplanen, so lässt sich die wunderschöne Umgebung noch bei einer Wanderung erkunden. In den Wäldern bekommt man noch einmal ganz andere Eindrücke von der Kastanie.

Anfahrt: D84 bis Évisa

DER WESTEN

Les Calanches di Piana

Den Süden von Porto prägt ein Felsengarten, dessen Faszination wohl niemand schöner in Worte fassen könnte als der Dichter Guy de Maupassant (1850–1893): *»Bis zu dreihundert Meter hoch, dünn, rund, verdreht, krumm, unförmig, unerwartet, bizarr erschienen diese überraschenden Felsen wie Bäume, Pflanzen, Tiere, Denkmäler, Menschen, Mönche in Kutten, gehörnte Teufel, übergroße Vögel – ein Volk von Ungeheuern, eine Menagerie von Alpträumen, die der Wille eines närrisch gewordenen Gottes zu Stein hatte werden lassen ...«*

Ganze Märchen und Geschichten sind in den verwitterten Felsen der Calanches de Piana zu entdecken. Wanderpfade führen vorbei an Formationen wie La Tête d'Indien (dem »Indianerkopf«), Le Cœur (dem »Herz«) oder La Confession (der »Beichte«). Der Name der Landschaft leitet sich vom Wort *Calanca* ab und bedeutet so viel wie »fjordähnliche Bucht«. Die Felsen liegen in rund 400 Metern Höhe, bei Sonnenuntergang scheinen sie rot zu glühen. Die D81 von Porto nach Piana führt direkt durch die Calanche. Mehrere ausgeschilderte Spazierwege führen durch die Felslandschaft, Parkmöglichkeiten gibt es zum Beispiel am Tête de chien (»Hundekopf«, 380 m).

> **MAL EHRLICH**
>
> **ZEIT EINPLANEN**
>
> Im Sommer ist der Andrang an den Calanches de Piana groß. Reisebusse quetschen sich durch die schmale Straße, Autofahrer halten an den unmöglichsten Stellen, um Fotos zu schießen. Regelmäßig kommt es zu Staus. Wen das nicht stört, der sollte genügend Zeit einplanen und die Aussicht genießen. Besser ist es aber, so früh wie möglich am Morgen aufzubrechen.

Golf von Porto

Infos und Adressen

ESSEN UND TRINKEN
A Casa Corsa. Bar-Restaurant mit Panoramaterrasse über der Calanche. Langusten, korsische Fisch- und Fleischgerichte. Route de Porto, 20 115 Piana, Tel. 04 95 24 57 93

La Terrasse. Bar an der Hauptstraße in Évisa, zum Tal hin sitzt man sehr schön. Capo Soprano, 20 126 Évisa, Tel. 04 95 24 37 68

ÜBERNACHTEN
Gîte d'étape Ustaria di a Rota. 26 Plätze. Campingmöglichkeit. A Rota, 20 141 Marignana, Tel. 04 95 26 21 21,
E-Mail: ustaria.di.a.rota@hotmail.fr,
www.ustariadiarota.fr

Hotel Capo d'Orto. Drei-Sterne-Hotel am Hausberg von Porto. Zimmer mit Panoramaterrassen, Swimmingpool, 1,2 km zum Strand. 20 150 Porto, Tel. 04 95 26 11 14,
E-Mail: info@hotel-capo-dorto.com,
www.hotel-capo-dorto.com

Hôtel Les Calanques. Schlichtes, aber schönes Hotel inmitten der schönen Calanche, am Ortseingang von Piana. Einige Zimmer mit Balkon. Entrée Village, 20 115 Piana, Tel. 04 95 27 82 08,
E-Mail: hotelcalanches.piana@wanadoo.fr,
www.hotel-des-calanches.fr

Hôtel Restaurant l'Aïtone. Zwei-Sterne-Hotel mit kleinem Pool im Bergdorf Évisa. 20 120 Évisa, Tel. 04 95 26 20 04, E-Mail: info@hotel-aitone.com, www.hotel-aitone.com

INFORMATION
Office de Tourisme de Piana. Jan.–März/Okt.–Dez. 9–12 / 14–17 Uhr, April–Sept. 9–18 Uhr, 20115 Piana, Tel. 09 66 92 84 42, E-Mail: infos@otpiana.com, www.otpiana.com

Office Municipal de Tourisme d'Ota Porto. Mo–Sa 9–19 Uhr, So, feiertags 9–13 Uhr, Quartier la Marine, 20 150 Porto Ota, Tel. 04 95 26 10 55, E-Mail: office@porto-tourisme.com, www.porto-tourisme.com

In Évisa lädt das Cafe Moderne zur Pause ein.

DER WESTEN

31 Golf von Sagone
Eine Kette schöner Buchten

Vom Capu Rossu bei Porto bis Capo di Feno kurz vor Ajaccio weckt die zerklüftete Westküste Entdeckerdrang bei Strandurlaubern. Wie Perlen reihen sich kleinere und größere Buchten, mal ausladend und familienfreundlich, mal wie geschaffen für Ruheliebende. Eine Besonderheit in Cargèse ist die griechisch-orthodoxe Kirche. Das Hinterland lockt mit schönen Ausflugszielen.

Einige Plätze am Golf von Sagone sind etwas umständlich zu erreichen. Umso besser gefällt es Naturliebhabern und allen, die das Bad im Meer gern mit einer Wanderung verbinden. Dazwischen liegen aber auch einige Strände mit besserer Zufahrtsmöglichkeit, die wiederum stärker frequentiert sind.

Plage d'Arone

Das Capu Rosso (»Rote Kap«) begrenzt den Golf von Porto im Süden. Für viele beginnt hier bereits der Golf von Sagone. Genau genommen liegt zwischen den beiden großen Golfen jedoch noch eine Reihe kleinerer Golfe und Buchten. Hinter Porto folgt zunächst die Plage d'Arone, eine weite Sandbucht mit recht seicht abfallendem Wasser, gut geeignet also für Familien, allerdings sind gut zwölf Kilometer »Abenteuerstraße« zu bewältigen: Von der D81 zweigt bei Piana eine kurvenreiche Nebenstrecke ab. Immerhin ist sie in gutem Zustand und lohnt wegen der Landschaft. Auf ungefähr halber Strecke bietet sich zudem ein Stopp an, um das Capu Rosso besuchen. Neben einem großen Parkplatz führt ein Pfad (circa drei Kilo-

Oben: Rotes Kap: Das »Capo Rosso« begrenzt den Golf von Porto.
Unten: Die Plage d'Arone ist ein Strand für Individualisten.

Die Landzunge von Omignana bei Cargese

meter) direkt auf die Felsspitze. Achtung, es geht teils nah am Abhang entlang! Beim Strand von Arone gibt es auch einen Campingplatz und ein kleines Café.

Buchten am Capu d'Omigma

Zu berücksichtigen ist auch, dass die Brandung am Golf von Sagone meist stärker ist als an der ruhigen Ostküste Korsikas. Doch einige Buchten liegen etwas geschützter – z.B. der Strand von Chiuni. Diese feinsandige Bucht mit seichtem Wasser liegt zwischen zwei weit ins Meer ragenden, natürlichen Wellenbrechern, den Kaps Capu d'Orchinu und Capu d'Omigma, beide besetzt mit Genuesentürmen. Für Badeurlaub perfekt, aus gutem Grund hat sich der Club Med an dieser Stelle niedergelassen. Die Anfahrt zum Strand mit guten Parkmöglichkeiten erfolgt Richtung Clubanlage. Ähnlich sieht es in der benachbarten Bucht aus: Südlich des Capu d'Omigma (und damit kurz vor Cargèse) lädt die Plage de Peru zum Baden ein. Einige Restaurants und Strandbars tragen zum unkomplizierten Strandtag bei. Der Genuesenturm

AUTORENTIPP!

LAC DE CRENO
Ein Gewässer inmitten karger Felsen ... so sehen die meisten Bergseen aus. Ganz anders der Lac de Creno, im Hinterland von Sagone bei dem Dorf Soccia. Der Gletschersee (1310 m) ist von dichtem Kiefernwald umgeben, auf der Wasseroberfläche blühen im Sommer Seerosen.

Anfahrt: D70 bis Vico, dann weiter auf der D23 über Murzo und Guagno-les-Bains bis nach Soccia. Der Lac de Creno ist ausgeschildert, für den Fußweg zum See mit leichtem Aufstieg (30 Hm) benötigt man ca. 1,25 Std.

auf dem Kap ist begehbar und damit ein kleines Highlight. Die Plage de Peru ist ab Cargèse in Richtung Porto ausgeschildert.

Cargèse

Auf einer Anhöhe über dem Meer liegt Cargèse, der größte Ort am Golf von Sagone. Im Hafen unterhalb des Dorfes werden Bootsausflüge zum Capu Rosso angeboten, teilweise auch bis nach La Scandola. Auch eine Tauchschule gibt es. Im Dorfzentrum fällt ein ungleiches Kirchenpaar auf: Die schneeweiße Église Grecque (ab 1852), eine griechisch-orthodoxe Kirche, und die römisch-katholische Église Latine (»Lateinische Kirche«, 1817) stehen sich fast unmittelbar gegenüber. Erstere wurde für eingewanderte Griechen errichtet, die ab dem 17. Jahrhundert vor der türkischen Besatzung geflohen waren und im Umland von Cargèse eine neue Heimat fanden.

Oben: Unikat auf Korsika: Die griechisch-orthodoxe Kirche in Cargese
Unten: Blick über die Bucht bei Cargese

Golf von Sagone

Den Golf von Sagone erkunden

Ein regelrechtes »Buchten-Hopping« ist in diesem Golf wunderbar möglich. Nördlich wie südlich von Sagone reihen sich die kleinen Paradiese aneinander, mal verschwiegen, mal durchaus belebt.

Ⓐ **Capu Rosso** – Das »Rote Kap« begrenzt den Golf von Porto im Süden.

Ⓑ **Plage d'Arone** – Eine schöne, weite Sandbucht mit seicht abfallendem Wasser, aber etwas abgelegen.

Ⓒ **Strand von Chiuni** – Die feinsandige Bucht liegt gut geschützt zwischen den Kaps Capu d'Orchinu und Capu d'Omigma.

Ⓓ **Plage de Peru** – Ein Strand, hervorragend ausgestattet mit Restaurants, Strandbars und Genuesenturm.

Die Plage de Peru ist durchaus ein Grund zu kommen.

Ⓔ **Cargèse** – Die größte Ortschaft am Golf von Sagone hat auch eine griechisch-orthodoxe Kirche zu bieten.

Ⓕ **Plage de Menasina** – Eine sympathische Bucht mit Restaurant.

Ⓖ **Plage de Capizollu** – Noch eine ruhige Sandbucht für Individualisten.

Ⓗ **Plage de Stagnoli** – Nahe an der Straße, aber für ein Bad im Meer lohnt es sich.

Ⓘ **Sagone** – Es ist der Hauptort des Golfes, bietet jedoch nicht viel außer seinem Strand mit guter Infrastruktur.

Ⓙ **Plage de Santana** – Hierher kommen gern Familien.

Ⓚ **Plage de San Giuseppe** – Strand an der Mündung des Flusses Liamone.

Ⓛ **Plage de Stagnone** – Gut besuchter Strand, genauso wie der folgende.

Ⓜ **Plage de Lava** – Nahe an der Inselhauptstadt Ajaccio gelegen … das macht sich allerdings bemerkbar.

177

DER WESTEN

Abendstimmung am Strand

Strände rund um Sagone

Zwischen Cargèse und Sagone reihen sich weitere Sandbuchten unterhalb der Küstenstraße aneinander. Ungefähr drei Kilometer sind es bis zur Plage de Menasina, einer kleinen, hübschen Bucht mit Restaurant. Das Vergnügen ist allerdings mit einem Spaziergang verbunden (ab der Straße ca. zehn Minuten). Auch in der folgenden Bucht, der Plage de Capizollu, geht es eher ruhiger zu. Ungefähr auf halber Strecke nach Sagone schließlich liegt die Plage de Stagnoli fast direkt an der Straße. Eine Treppe führt hinab zum Strand.

Oben: Auch von Weitem fällt die griechische Kirche auf.
Mitte: Palmenschönheit in Tiuccia
Unten: Malerische Bucht im Golf von Sagone

Der namensgebende Ort des Golfes bietet einen weiteren großen Strand, ungefähr einen Kilometer breit, ansonsten jedoch wenig besonders. Es dominiert der Badetourismus mit Snack-Bars und allem, was noch dazu gehört. Südöstlich von Sagone setzt sich die Reihe der Buchten fort: Die für Kinder gut geeignete Plage de Santana, die Plage de San Giuseppe an der Mündung des Flusses Liamone und schließlich die gut besuchten Strände Plage de Stagnone und Plage de Lava. Die Dichte an Hotels, Ferienanlagen und Campingplätzen nimmt zu, es macht sich die Nähe zur Inselhauptstadt Ajaccio bemerkbar.

Golf von Sagone

Infos und Adressen

SEHENSWÜRDIGKEITEN

Couvent Saint François. Das Franziskaner-Kloster bei Vico wurde im 15. Jh. erbaut. Association Les Amis du Couvent, Route d'Arbori, 20 160 Vico, Tel. 04 95 26 83 83

ESSEN UND TRINKEN

A Volta. Restaurant bei der lateinischen Kirche. Chef-Glacier Pierre Geronimi ist für seine fantasievollen Eiskreationen bekannt. Panoramaterrasse mit herrlichem Blick über den Golf von Sagone. Place de l'église latine (auch: Place du Chanoine Mattei), 20 130 Cargèse, Tel. 04 95 26 41 96, www.a-volta.com

ÜBERNACHTEN

Camping d'Arone. Zeltplatz beim Strand von Arone. Ausstattung bescheiden, Umgebung dafür umso schöner. Plage d'Arone, 20 115 Piana, Tel. 04 95 20 64 54

Club Med Cargèse. Eine der wenigen Clubanlagen auf Korsika. Rundum-Sorglos-Badeurlaub mit Animation, Pool und pauschaler Verpflegung. Plage du Chiuni, 20 130 Cargèse, Tel. 04 95 26 90 00, www.clubmed.fr

AKTIVITÄTEN

Tauchbasis CargeSub. Ausbildung nach CMAS, Schnuppertauchen, begleitete Tauchgänge. Rue du Colonel Fieschi, 20 130 Cargese, Tel. 06 86 13 38 96, E-Mail: cargesub@wanadoo.fr, www.cargesub.com

Wandern. Cargèse ist Start bzw. Ziel der beiden Fernwanderwege Mara a Mare Nord (nach Moriani an die Ostküste) und Mare e Monti nach Calenzana in die Balagne.

INFORMATION

Office de tourisme Cargèse. Rue du Dr Dragacci, 20 130 Cargèse, Tel. 04 95 26 41 31, E-Mail: info@cargese.net, www.cargese.net

Office de tourisme du Golfe de Sagone et Canton des Deux Sorru. BP 05, 20 118 Sagone, Tel. 04 95 28 05 36, www.golfedesagone.net

Landschaft mit Feigenkaktus am Capo Rosso

DER WESTEN

32 Ajaccio
Bonjour, Napoléon!

Rund 65 000 Einwohner, Hochhäuser, ein Casino und viele Kreuzfahrtschiffe – in Ajaccio weht Großstadtluft, es regiert der korsische Alltag. An vielen Plätzen entführt Korsikas Hauptstadt in die Kaiserzeit. Hier steht das Haus, in dem Napoléon I. zur Welt kam, und auch ansonsten ist der berühmte Feldherr so präsent, dass man meinen könnte, er sei noch am Leben.

Nur für kurze Zeit spielte die Stadt Corte im Zentrum Korsikas die Rolle einer Hauptstadt. Denn attraktiver war schon in der Antike die Hafenlage an der Westküste im geschützten Golf von Ajaccio. Bereits die Römer wussten sie zu schätzen und gründeten die Siedlung Adiacium. Um die Wende zum 7. Jahrhundert wurde der Ort zum Bischofssitz ernannt, im 10. Jahrhundert allerdings durch Angriffe der Sarazenen zerstört. Einen neuen Anlauf nahmen die genuesischen Besatzer mit der Gründung der Stadt und einer Festungsanlage im Jahr 1492. Während des 16. Jahrhunderts gab es heiße Gefechte um Ajaccio. Nach der Eroberung unter dem Freiheitskämpfer Sampiero Corse (1553) gehörte Ajaccio für sechs Jahre den Franzosen, dann gelangte Genua wieder an die Herrschaft.

Ajaccio wird Hauptstadt

1793, also 25 Jahre nachdem sich Korsika nach der Niederlage Genuas wieder fest in französischer Hand befand (1768), wurde Ajaccio zunächst nur zur Hauptstadt des Départements Liamone ernannt, das neben dem Département Golo

Mitte: Das Rathaus von Ajaccio
Unten: In der Fußgängerzone »Rue Cardinal Fesch«

Ajaccio

fortan die Insel gliederte. Dies änderte sich unter Kaiser Napoléon I. (1769–1821), der die Zweiteilung 1811 wieder aufhob und Ajaccio zur alleinigen Hauptstadt erklärte. Seit 1975, als man die Insel in die beiden Départements Nord und Süd neu gliederte, ist sie außerdem die Hauptstadt des Départements Corse-du-Sud, während Bastia dem Département Corse-du-Nord vorsteht. Seit 1982 ist Ajaccio Sitz des Assemblée de Corse, des korsischen Regionalparlaments.

Es grüßt Napoleon

Der berühmteste Sohn der Stadt ist nicht zu übersehen. Plätze und Straßen, Museen und Denkmale zu Ehren Napoleons verteilen sich in ganz Ajaccio. Der französische Kaiser grüßt auf der Place du Géneral-de-Gaulle inmitten des Zentrums, hoch zu Ross, flankiert von seinen vier Brüdern. Nur ein kleines Stück weiter in Richtung Hafen, auf der Place Foche, ziert eine Napoleon-Statue einen großen Brunnen. Der Feldherr ist dort in römischer Toga zu sehen und von vier wasserspeienden Löwen umgeben. Der römische Bildhauer Francesco Massimiliano Laboureur (1767–1831) schuf das Werk, das 1850 eingeweiht wurde. Doch damit nicht genug, hier beginnt der Cours Grandval, eine von Palmen und Platanen gesäumte Prachtmeile von gut einem Kilometer Länge. Sie führt zur Place d'Austerlitz, auf der sich ein weiteres Denkmal Napoleons befindet. In seiner berühmten Pose, die linke Hand in das Hemd gesteckt, posiert er über einer baumhohen Tafel mit dem Verzeichnis all seiner Siege.

Am nächsten kommt man Napoleon in seinem Geburtshaus in der Rue Saint-Charles. Es beherbergt heute das Nationalmuseum und wird daher als Musée National de la Maison Bonaparte bezeichnet. Dazu gehört auch ein Park mit einem

AUTORENTIPP!

NAPOLEONS GEBURTSTAGSPARTY

Der 15. August ist so etwas wie ein Nationalfeiertag in Ajaccio. Zum Geburtstag Napoléons I. steigt alljährlich ein großes Stadtfest mit Paraden, Shows und Zeremonien in historischen Kostümen. Drei Tage lang wird gefeiert, ein Ereignis, das etwas für das Auge bietet.

An der Place du Marechal-Foch sieht man Napoleon mit vier Löwen.

weiteren Denkmal – eine Büste zeigt den späteren Kaiser im Alter von zehn Jahren.

Chapelle Impériale

Das Grab der Familie Bonaparte befindet sich in der Chapelle Impériale (Kaiserliche Kapelle, 1857). Kaiser Napoléon III. (1808–1873), ein Neffe Kaiser Napoléons I., ließ sie errichten. Dies war der Wunsch von Kardinal Fesch (1763–1839) gewesen. Letzterer war nicht nur der Onkel mütterlicherseits von Kaiser Napoléon I., sondern auch leidenschaftlicher Kunstsammler. Nach seinem Tod sollte der Erlös aus dem Verkauf seiner Kunstschätze dazu verwendet werden, eine kaiserliche Grabstätte für die Familie Bonaparte zu errichten. So geschah es; allerdings brachte es die geschichtliche Entwicklung mit sich, dass weder Napoléon I. noch Napoléon III. an diesem Platz bestattet werden konnten.

Oben: Pizzeria in der Altstadt
Mitte: Die Place General-de-Gaulle mit Napoleon hoch zu Ross
Unten: Bibliothek im Palais Fesch

Elemente der Grabstätte wurden in der Kunst des Trompe-l'œil (»Täusche das Auge«) gestaltet, einer Malerei, die den Eindruck dreidimensionaler Räumlichkeit erweckt. Die Kapelle gehört zum Pa-

Ajaccio

Rundgang durch Ajaccio

Genau genommen ist es ein »Rundgang Napoleon«. Doch es gibt auch noch einige andere Dinge in Ajaccio zu sehen.

Ⓐ Place du Géneral-de-Gaulle – Hier grüßt Napoleon hoch zu Ross …

Ⓑ Place Foche – … und hier ziert sein Standbild einen Brunnen. Vier Löwen bewachen den Kaiser.

Ⓒ Cours Grandval – Der Prachtboulevard führt unmittelbar zum nächsten Napoleon-Denkmal.

Ⓓ Place d'Austerlitz – Napoleon in seiner berühmten Pose: mit der Hand in der Weste.

Ⓔ Musée National de la Maison Bonaparte – Ehemals Geburtshaus Napoleons, heute Museum.

Ⓕ Chapelle Impériale – In der Kaiserlichen Kapelle konnte Napoleon nicht bestattet werden.

Ⓖ Palais Fesch – Das Musée Fesch zeigt zeitgenössische Kunst.

Ⓗ Cathédrale Notre-Dame-de-l'Assomption – Das Taufbecken Napoleons.

Ⓘ Musée napoléonien – Zwei Säle mit Ausstellungen im Rathaus (Hôtel de Ville) offenbaren weitere Seiten des Imperators und seiner Familie.

Ⓙ Markt beim Hôtel de Ville – Mal etwas ganz anderes: ein Markt im Hier und Jetzt.

Ⓚ Musée A Bandera – Auch in diesem Museum kommt man auf andere Gedanken.

Ⓛ Rue Cardinal Fesch – Shopping in der Fußgängerzone von Ajaccio rundet den Tag ab.

Ⓜ Boulevard du Roi Jérôme – Eine der Hauptgeschäftsstraßen der Stadt.

Ⓝ Quai Napoléon – Ganz ohne den großen Namen geht es auch am Hafen nicht.

Ⓞ Citadelle

Ⓟ Plage de St-François – Schöner kleiner Strand.

Ⓠ Mole Jetée de la citadelle – Auch die Aussicht von der Mole ist sehr schön.

Ⓡ Fähr- und Fischereihafen

Ⓢ Flughafen Napoléon Bonaparte – Letzte Erinnerung an den berühmtesten Sohn der Stadt.

DER WESTEN

AUTORENTIPP!

MUSÉE FESCH
Von der Kunstsammlung des Kardinals Fesch ist noch einiges übrig geblieben. Im Palais Fesch ist das größte Kunstmuseum Korsikas untergebracht. Es umfasst u.a. eine große Sammlung mit italienischer Malerei, außerdem gibt es wechselnde Sonderausstellungen.

Palais Fesch / Musée des beaux-arts. Mo–Sa 10.30–18 Uhr, So 12–18 Uhr, Juli/Aug. jeweils bis 20 Uhr, Rue Cardinal Fesch 50–52, 20 000 Ajaccio, Tel. 04 95 21 48 17, www.musee-fesch.com

lais Fesch. In ihm befindet sich das künstlerische Erbe des Kardinals. Bevor die Kaiserliche Kapelle gebaut wurde, diente eine Kapelle der Cathédrale Notre-Dame-de-l'Assomption (1577) als Familiengrab der Bonapartes. Die Kathedrale von Ajaccio befindet sich in der Rue Forcioli Conti kurz vor dem Hafen. In ihr befindet sich das Becken, über dem Napoléon I. 1771 getauft wurde. Der Altar aus weißem Marmor soll ein Geschenk seiner ältesten Schwester Elisa sein.

Musée napoléonien

Der Prunk der siegreichen Jahre ist im ersten Stock des Hôtel de Ville (Rathaus, 1824–1830) von Ajaccio ausgestellt. Es befindet sich an der Place Foch. Das Musée napoléonien de l'Hôtel de Ville hat zwei Räume: Im Salon napoléonien, stilgemäß mit überbordendem Kronleuchter ausgestattet, sind Porträts und Büsten der kaiserlichen Familie zu sehen, in der Salle des médailles liegen Orden und Auszeichnungen in den Vitrinen. Auch die Geburtsurkunde Napoleons ist zu bewundern. Einige Straßen weiter in Richtung Innenstadt informiert ein privat geführtes Museum zur Abwechslung über die weitergreifende Geschichte Korsikas und des Mittelmeeres. Das Musée A Bandera in der Rue Général Levie führt durch alle Epochen, von der Vor- und Frühgeschichte bis zum Zweiten Weltkrieg.

Markt beim Hôtel de Ville

Nach den vielen historischen Eindrücken tut vielleicht etwas Trubel im Hier und Jetzt gut. Verbinden lässt sich beides, wenn man an einem Vormittag das Rathaus besucht, denn dann ist Markt auf dem Platz direkt dahinter. Die Stände biegen sich unter lokalen Spezialitäten wie gefülltem Blätterteiggebäck, Beignets mit Brocciu, Charcuterie, Zie-

Ajaccio

gen- und Schafskäse aus den Tälern von Gravona und Taravo, Honigwaren, frischem Obst und Gemüse, Fisch, Langusten, Seeigeln und anderen Meeresfrüchten, Kleidung, Schmuck und Souvenirs. Nördlich der Place Foch lässt sich das Shopping-Vergnügen in Geschäften fortsetzen. Hier beginnt die Rue Cardinal Fesch, die Fußgängerzone von Ajaccio, mit vielen kleinen Läden, Boutiquen und Cafés. Parallel dazu verlaufen der Boulevard du Roi Jérôme und direkt am Wasser der Quai Napoléon, gesäumt von Brasserien und Straßencafés.

Zitadelle und Hafen

Selbstverständlich hat auch Ajaccio eine Zitadelle, mit den Befestigungsanlagen der anderen korsischen Städte kann das eher nüchterne Bauwerk allerdings nicht mithalten. Sicherlich liegt es daran, dass es einem pragmatischem Zweck dient: Noch immer vom französischen Militär genutzt, ist die Anlage ohnehin nicht zu besichtigen. Vor der Zitadelle aber gibt es einen schönen Platz am Meer, den viele übersehen: ein kleines Stück Stadtstrand, geschützt zwischen den Eckmauern des Bollwerks. Man trifft vor allem auf Einheimische, die Angeln oder picknicken. Daneben setzt sich der Strand von St-François entlang der Häuser fort, in der Gegenrichtung bietet die Mole Jetée de la citadelle eine schöne Aussicht auf die Uferpromenade und den Port d'Ajaccio (Hafen).

Hier legen auch die Fähren nach Marseille, Toulon und Nizza ab, in der Hochsaison gibt es darüber hinaus Verbindungen nach Calvi und Propriano. Neben dem Hafen befindet sich der Bahnhof von Ajaccio, an dem Züge nach Bastia und Calvi abfahren. Und östlich der Stadt liegt der größte Flughafen Korsikas – natürlich benannt nach Napoléon Bonaparte.

AUTORENTIPP!

STRAND VON RUPPIONE
Ob man Ruppione mit »ruppig« übersetzen kann, ist fraglich, doch der Begriff passt zu der kleinen Bucht südlich von Ajaccio. Für alle, die gern surfen oder wellenreiten, ist dies eine der ersten Adressen. Bei Westwind gibt es schnell hohe Wellen. Überhaupt lohnt sich die komplette Küstenlinie rund um den Badeort Porticcio, denn hier verstecken sich einige nette Strände mit feinem Sand.

Anfahrt: Über die D55, ca. 20 Min. hinter Porticcio. Die beste Parkmöglichkeit ist am Anfang des Strandes linkerhand. Restaurant vorhanden.

Ajaccio-Surfing. Wellenreiten mit Guillaume Torre. Der Surflehrer fährt in kleinen Gruppen Spots in Ruppione und rund um das Capo di Feno an. Tel. 06 33 49 76 67, E-Mail: guillaumetorre@hotmail.fr, www.ajaccio-surfing-corsica.com

Im Hafen gibt es malerische Winkel, aber auch Fährbetrieb.

Infos und Adressen

SEHENSWÜRDIGKEITEN

Cathédrale Notre-Dame-de-l'Assomption. Rue Forcioli Conti, 20 000 Ajaccio, Tel. 04 95 21 07 67

Chapelle Impériale. Kaiserliche Kapelle. Rue Cardinal Fesch 50–52, 20 000 Ajaccio

Musée A Bandera. Rue Général Levie 1, 20 000 Ajaccio, Tel. 09 66 93 19 03, www.musee-abandera.fr

Musée National de la Maison Bonaparte. Di–So 9–12 / 14–18 Uhr, Rue Saint-Charles 18, 20 000 Ajaccio, Tel. 04 95 21 43 89, www.musee-maisonbonaparte.fr

Musée du Capitellu. Kleines Museum zur Stadtgeschichte. Sammlung aus dem Besitz einer korsischen Familie, darunter auch Tafelsilber, das Napoleon während seiner Feldzüge verwendete. Barrierefreier Zugang, April–Sept. 10–12 / 14–18 Uhr, So 10–12 Uhr, Boulevard Danielle-Casanova 18, 20 000 Ajaccio, Tel. 04 95 21 50 57

Musée napoléonien de l'Hôtel de Ville. Barrierefreier Zugang, Mo–Fr, Mitte Juni–Mitte Sept. 9–11.45 / 14–17.45 Uhr, Mitte Sept.–Mitte Juni 9–11.45 / 14–16.45 Uhr, feiertags geschlossen, Avenue Antoine Serafini / Place Foch, 20 000 Ajaccio, Tel. 04 95 51 52 53

ESSEN UND TRINKEN

Restaurant Le 20123. Bodenständig korsische Küche in rustikalem Ambiente. Rue du Roi de Rome 2, 20 000 Ajaccio, Tel. 04 95 21 50 05, E-Mail: contact@20123.fr, www.20123.fr

ÜBERNACHTEN

Hotel Napoléon. Drei-Sterne-Hotel in zentraler Lage. Rue Lorenzo Vero 4, 20 181 Ajaccio, Tel. 04 95 51 54 00, E-Mail: info@hotel-Napoléon-ajaccio.com, www.hotel-Napoléon-ajaccio.fr

Hotel Palazzu u Domu. Zentrale und doch ruhige Lage in der Inselhauptstadt. Moderner Luxus trifft auf prunkvoll-klassisches Design, Idylle im be-

Blütenpracht und Grün inmitten der Stadt

Ajaccio

Korsische Spezialitäten findet man reichlich in der Altstadt.

grünten Innenhof. 17 Rue Bonaparte, 20 000 Ajaccio, Tel. 04 95 50 00 20, www.palazzu-domu.com

EINKAUFEN

Alti Monti. Klettermaterial und alles für den Bergsport. Avenue Docteur Noël Franchini 46, 20 090 Ajaccio, Tel. 04 95 10 04 37

Markt. Di–So vormittags, Platz beim Rathaus (Hôtel de Ville)

INFORMATION

Agence du Tourisme de la Corse. Fremdenverkehrsamt Korsikas. 17 Boulevard du Roi Jérome / BP 19, 20 181 Ajaccio, Cedex 01, Tel. 04 95 51 00 00, www.visit-corsica.com

Office de Tourisme d'Ajaccio. Juli/Aug. Mo–Sa 8–20 Uhr, So 9–13 / 16–19 Uhr, feiertags 9–12.30 / 14.30–18 Uhr, April–Juni/Sept./Okt. Mo–Sa 8–19 Uhr, So 9–13 Uhr, Nov.–März Mo–Fr 8–12.30 / 14–18 Uhr, Sa 8.30–12.30 / 14–17 Uhr, Boulevard du Roi Jérôme 3 / BP 21, 20 181 Ajaccio, Cedex 01, Tel. 04 95 51 53 03, www.ajaccio-tourisme.com

Kunst an der Fassade

DER WESTEN

33 Golf von Ajaccio
Idyllen nahe der Hauptstadt

Ob man sich ab Ajaccio in Richtung Westen hält oder nach Südosten fährt, eines ist sicher: Der nächste Strand kommt bestimmt. Mit feinem Sand, teils mehrere Kilometer lang, kommen Badeurlauber auf ihre Kosten. Die windreichere Region zieht auch viele Surfer an.

Plätze zum Durchatmen sind der Hauptstadt näher, als man meinen möchte. Für einen schönen Spaziergang bietet sich bereits der Küstenweg entlang der Route des Sanguinaires (D111) an. Er verläuft ab dem Zentrum von Ajaccio durch die Villengegend bis zur westlichen Landspitze Pointe de la Parata. Der letzte Abschnitt ist als Naturlehrpfad gestaltet. Die gesamte Strecke beträgt gut zehn Kilometer, wahlweise fährt man ein Stück aus der Stadt heraus und kürzt den Weg ab.

Îles Sanguinaires

Die Landzunge Pointe de la Parata und die vorgelagerten Îles Sanguinaires wurden als schönste Orte Frankreichs (»Grands Sites de France«) ausgezeichnet. Auf der Île Grande Sanguinaire, der größten der vier Inseln, steht ein Leuchtturm. Im Jahr 1863 lebte hier der Schriftsteller Alphonse Daudet, um seine »Lettres de mon Moulin« zu verfassen.

Der Name der Inselgruppe leitet sich übrigens von dem Wort *sanguinaire* ab, was übersetzt so viel wie »blutdürstig« bedeutet. Ob er auf Seeschlachten und Meuterei zurückzuführen ist oder schlicht auf das purpurfarbene Licht, das die Felsen bei Sonnenuntergang färbt, ist ungeklärt. Von Grau-

Oben: Pointe de la Parata mit Leuchtturm, davor die Îles Sanguinaires
Unten: Der Strand von Porticcio ist bei Windsurfern beliebt.

Golf von Ajaccio

samkeit jedenfalls keine Spur, vielmehr spendet die Landspitze Ruhe und Frieden mit ihrer reichen Tier- und Pflanzenwelt, darunter auch endemische Arten wie Stechginster, Frankenia und Mastiksträucher. In den Felsen nisten Krähenscharben, Wanderfalken und Fischadler. Der Naturlehrpfad informiert über die botanischen Besonderheiten. Auf dem Kap fehlt auch der obligatorische Genuesenturm, der Tour de la Parata (1608), nicht. Er steht zur Besichtigung offen. Es lohnt sich, denn von oben sind die Inseln noch besser zu erkennen. Im Maison de la Parata wurde außerdem eine kleine Ausstellung mit Meeres-Mediathek eingerichtet.

Strände am Golf von Ajaccio

Unterhalb der Route des Sanguinaires reihen sich einige kleine Strände aneinander. Es beginnt an der Zitadelle von Ajaccio mit der Plage de Saint-François. Daneben liegt, von einem kleinen Park abgegrenzt, ein Strand, der aus unbekannten Gründen »Plage de Trottel« heißt. Rückschlüsse auf die Besucher sollte man daraus allerdings nicht ziehen. Es folgen die Plage de Barbicaja und schließlich die Plage de Ariadne. Letztere ist stets gut besucht, es gibt Sonnenschirme und Strandliegen, Restaurants und vor allem einen nahen Parkplatz, nur rund fünf Kilometer vom Zentrum entfernt ... ein beliebtes Ziel.

Auch die östliche Seite des Golfes ist von einem teils nahtlosen Saum aus feinem Sand umgeben. Direkt vor dem Flughafen Napoléon Bonaparte liegt die Plage de Ricanto. Es ist dort viel schöner, als man vermuten würde: Vier Kilometer Strand mit weitem Blick über den Golf, die großen Hotels von Ajaccio sind in die Ferne gerückt. Ein Piniengürtel schirmt die Landebahn ab. Der Flugverkehr ist präsent, doch für ein Sonnenbad oder eine

---

AUTORENTIPP!

SCHILDKRÖTENFARM A CUPULATTA

Etwas Besonderes im vorderen Gravona-Tal ist die Schildkrötenfarm A Cupulatta. Es leben dort rund 3000 Schildkröten, 170 verschiedener Arten. Das Gelände umfasst 2,5 Hektar. Ziel der Betreiber ist der Schutz der Tiere.

A Cupulatta. An der N193 (Kilometer 21). April–Nov., Véro, 20 133 Ucciani, Tel. 04 95 52 82 34, www.acupulatta.com

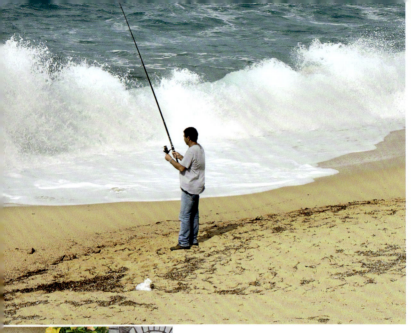

Oben: Angler an der Plage d'Agosta
Unten: Auf dem Friedhof von Ajaccio

Runde Schwimmen auf jeden Fall ein Strand, der sich lohnt. Obendrein ist er leicht zu finden (den Schildern Richtung Flughafen folgen) und bietet reichlich Parkgelegenheit entlang der Straße.

Porticcio

Über die Schnellstraße N196 geht es am Flughafen vorbei Richtung Bonifacio. Rund fünf Kilometer nach dem Airport zweigt die D55 nach Porticcio ab. Der kleine Hafenort ist eine Hochburg des Badetourismus, es gibt zahlreiche Hotels, Apartments und Ferienanlagen, Campingplätze, Strandboutiquen, Restaurants, Bars und Cafés. Er sitzt auf einer Landspitze und bietet einen schönen Blick über den Golf von Ajaccio. Im Sommer gibt es eine Schiffsverbindung direkt in die Hauptstadt. Südlich von Porticcio folgen noch einige Strände und Buchten bis hinab zum Capo di Muro. Und dahinter beginnt schon der nächste große Golf der Westküste: der Golf von Valinco.

Golf von Ajaccio

Infos und Adressen

SEHENSWÜRDIGKEITEN
Maison de la Parata. Am Ende der Route des Sanguinaires (D111), Tel. 04 95 10 40 20, www.parata-sanguinaires.com

ESSEN UND TRINKEN
Le Club Porticcio. Feine Küche direkt am Strand, mit eigenem Glacier, Crêperie und Boulangerie. Plage de la Viva, 20 166 Porticcio, Tel. 04 95 25 00 42, www.restaurant-leclub-porticcio.fr

ÜBERNACHTEN
Hotel de Porticcio. Zwei-Sterne-Hotel mit großem Wassersportangebot (Tauchen, Wasserski etc.). Résidence les chênes, Marines de Porticcio, 20 166 Porticcio, Tel. 04 95 25 05 77, E-Mail: info@hotelporticcio.com, www.hotelporticcio.com

INFORMATION
Office de Tourisme d'Ajaccio. Juli/Aug. Mo–Sa 8–20 Uhr, So 9–13 / 16–19 Uhr, feiertags 9–12.30 / 14.30–18 Uhr, April–Juni/Sept./

Pro-korsisches Denken: Der französische Ortsname ist übermalt.

Okt. Mo–Sa 8–19 Uhr, So 9–13 Uhr, Nov.–März Mo–Fr 8–12.30 / 14–18 Uhr, Sa 8.30–12.30 / 14–17 Uhr, Boulevard du Roi Jérôme 3 / BP 21, 20 181 Ajaccio, Cedex 01, Tel. 04 95 51 53 03, www.ajaccio-tourisme.com

Office Municipal de Tourisme de Porticcio. Les Echoppes / BP 125, 20 166 Porticcio, Tel. 04 95 25 10 09, www.porticcio-corsica.com

Für raue Brandung bekannt ist die Plage de Ruppione.

DER WESTEN

34 Golf von Valinco
Prähistorisches und Badeurlaub

Der südlichste der großen Golfe an der Westküste bietet besonders viele archäologische Besonderheiten – dabei sind auch weniger bekannte Menhire und Reste einer Festung zu entdecken. Es begleitet eine Landschaft mit zunächst vielen Bademöglichkeiten und zunehmend spektakuläreren Panoramen.

An der Nordseite des Golfes von Valinco verläuft die bequem befahrbare N196 fernab der Küste. Hier gilt es abzuwägen: Wer gerne mehr von der Umgebung sehen und die Schönheit im Kleinen entdecken möchte, nimmt dafür die Nebenstrecken in Kauf. Alle anderen sparen sich den nördlichen Teil und begnügen sich mit dem Gebiet am Olmeto, wo die Fernstraße schließlich auf die Küste trifft.

An der Taravo-Mündung

Kurz nach dem Capo di Muro folgt eine weitere Landspitze, das Capu Neru, zu der eine erste Abzweigung (D755) führt. Auch direkt ab Porticcio ist sie zu erreichen. Ein Blick vom begehbaren Genueserturm verschafft einen ersten Eindruck vom Golf von Valinco. Wenige Kilometer weiter lädt die feinsandige Bucht von Cupabia (mit Campingplatz) zum Baden ein. Sie gehört zur Gemeinde von Serra-di-Ferro am Ausgang des Taravo-Tals; der namensgebende Fluss strömt unterhalb des Dorfes in das Mittelmeer. Die Plage du Taravo, ein rund drei Kilometer langer Strand, säumt das Mündungsgebiet. Über den Fluss führt die Straße auch zur berühmten prähistorischen Fundstätte Filitosa (siehe Seite 196).

Oben: Die Plage de Cupabia im Golf von Valinco
Unten: Diese genuesische Brücke heißt Pferderücken (»Spin'a Cavallu«).

Golf von Valinco

Menhire und Kultstätten, aber auch Hochburgen des Strandtourismus – der Golf von Valinco hat viele Gesichter. Bei einer Rundfahrt sollte man ruhig auch die umständlicheren Nebenstrecken mitnehmen – sie führen an besondere, eher unbekannte Plätze.

A Capo di Muro – Das Kap begrenzt den Golf von Ajaccio im Süden.

B Capu Neru – Nicht weit vom Capo die Muro entfernt befindet sich diese Landspitze, die den Beginn des Golfs von Valinco markiert.

C Bucht von Cupabia – Feinsandige Bucht am Ausgang des Tavaro-Tals, die zum Baden, aber auch Campieren einlädt.

D Plage du Taravo – Ein gut drei Kilometer langer Strand, der direkt am Mündungsgebiet des Tavaro-Flusses liegt.

E Fundstätte Filitosa – Die wohl bekannteste prähistorische Ausgrabungsstätte Korsikas ist ein Touristenmagnet.

F Castello di Cuntorba – Die Fundstätte dieser Festung aus der Brozezeit liegt etwas versteckt und wird seltener besucht, dabei lohnt es sich ebenfalls.

G Menhir Santa Naria – Fast vier Meter lang ist die Statue aus der Frühgeschichte.

H Olmeto – Touristisch gut erschlossenes Bergdorf mit Hotels und anderen Unterkünften.

I Propriano – Der größte Ort am Golf von Valinco ist von Traumstränden umgeben.

J Belvédère-Campomoro – Oben schöne Aussicht – unten schöner Hafen. Dieser Ort lohnt sich gleich doppelt.

AUTORENTIPP!

LES BAINS DE BARACCI
Im Baracci-Tal bei Olmeto befindet sich eine Thermalquelle, die schon in der Antike bekannt war. Bereits die Römer sollen das rund 50 Grad warme, schwefelhaltige Wasser genossen haben. Das Hotel, in dem sie heute genutzt werden, befindet sich derzeit im Umbau, soll aber in absehbarer Zeit wieder eröffnen. Ohnehin lohnt das weniger bekannte Baracci-Tal mit schönen Plätzen am Fluss und malerischen Ausblicken.

Les bains de Baracci. Anfahrt: Ab Propriano über die N196 Richtung Ajaccio, kurz vor Olmeto auf die D257 Richtung Burgo. Route de Baracci, 20 113 Olmeto, Tel. 04 95 76 30 40

Hübscher Glockenturm in Serra-di-Ferro

DER WESTEN

Naturschauspiel in Olmeto-Plage

Castello di Cuntorba

Noch vor Olmeto versteckt sich im Hinterland eine kleine Festung aus der Bronzezeit. Sie wurde, genauso wie die weitaus bekanntere Fundstätte Cucuruzzu bei Levie (siehe Kapitel 24) von den Torreanern erbaut: Das Castello di Cuntorba befindet sich auf einer Anhöhe nahe der D157a, einer Abzweigung der Küstenstraße D157 zwischen Abbartello und Capicciolo. Schilder weisen den Weg zum Plateau Les Balcons du Valinco. Nach einem guten Kilometer erreicht man eine Bungalow-Siedlung, davor zweigt der Weg zum Castello ab.

Schließlich auf der Hauptstraße N196 angekommen, führt bald eine Abzweigung zu einem weiteren besonderen Platz. Der Menhir Santa Naria (1350 v. Chr.) liegt im Quartier Canna et Piatana. Mit eine Länge von 3,74 Metern soll er die größte Statue dieser Art auf Korsika sein. Dazu passiert man auf der N196 die Abzweigung Richtung Porto Pollo und fährt noch ein kleines Stück weiter

Golf von Valinco

Richtung Propriano, bis links eine schmale Straße nach Canna et Piatana führt. Die Fundstätte findet man nach 650 Metern bei einer Steinmauer. Santa Naria liegt dort, wie man sie fand – mit dem Gesicht zur Seite.

Olmeto

Die Ortschaft Olmeto liegt oberhalb von Propriano und hat vor allem eine schöne Aussicht zu bieten, was zur Ansiedlung einiger Hotels und Pensionen geführt hat. Seinen Charme hat sich das Dorf bewahrt. Es inspirierte bereits den französischen Schriftsteller Prosper Mérimée (1803–1870), der in seinem Roman »*Colomba*« die korsische Vendetta beschrieb. Die Protagonistin, Madame Colomba, lebte in dem Haus gegenüber dem Hôtel de ville.

Von Olmeto sind es nur noch neun Kilometer bis nach Propriano, dem touristischen Hauptort der Region (siehe Kapitel 36). Südlich von Propriano lässt die nun zunehmend steilere, felsige Küste kaum Raum für Strände und Buchten, gewinnt dafür aber umso mehr an Panorama. Eine Fahrt über die Nebenstrecke D121 eröffnet immer wieder spektakuläre Ausblicke. Sie endet in Belvédère-Campomoro, einem Ort, der die schöne Aussicht schon im Namen trägt.

Belvédère-Campomoro

Der Doppelname steht für das oberhalb gelegene Dorf Belvédère (»schöne Aussicht«) und den neu gewachsenen Strandort Campomoro unterhalb davon mit Hotels, Campingplätzen und Restaurants. Es empfiehlt sich, zunächst Ersteres zu besichtigen, am besten verbunden mit einem Aufstieg zum Genueserturm hoch oben auf dem Kap, um sich danach am Strand zu entspannen.

Infos und Adressen

ESSEN UND TRINKEN
Chez Antoine. Korsische Küche mit Produkten aus der Region. Gegrilltes, Fisch und Salate. Direkt an der Durchfahrtsstraße von Olmeto. Cours Antoine Balisoni 12, 20 113 Olmeto, Tel. 06 13 52 13 14, www.chez-antoine-olmeto.fr

ÜBERNACHTEN
Hotel Abbartello. Drei-Sterne-Hotel direkt am Strand von Olmeto (Abbartello). Einige Zimmer und das Restaurant haben wunderschönen Meerblick. 20 113 Olmeto Plage, Tel. 04 95 74 04 74, E-Mail: info@hotelabbartello.com, www.hotelabbartello.com

Hotel Marinca. Fünf-Sterne-Hotel mit Spa und Gourmet-Restaurant Le Diamant Noir. 55 Doppelzimmer und 8 Suiten. Domaine Vitricella, 20 113 Olmeto, Tel. 04 95 70 09 00, E-Mail: info@hotel-marinca.com, www.hotel-marinca.com

INFORMATION
Office de Tourisme de Olmeto. Monte de l'Église, 20 113 Olmeto, Tel. 04 95 74 65 87

Office de Tourisme de Propriano. Quai St-Erasme, 20 110 Propriano, Tel. 04 95 76 01 49, E-Mail: contact@lacorsedesorigines.com, www.lacorsedesorigines.com

DER WESTEN

35 Station Préhistorique de Filitosa
Menhiren ins Auge schauen

Ein Kreis aus Steingesichtern, Rundbauten und Relikte aus der Römerzeit ... In der Anlage vereinen sich die Megalithen aus der Jungsteinzeit und die torreanische Bauweise der Bronzezeit. Die wohl bekannteste archäologische Fundstätte Korsikas ist den Besuch unbedingt wert.

Das prähistorische Wunderwerk befindet sich in der Gemeinde Sollacaro südlich von Petreto-Bicchisano. Am einfachsten ist die Anfahrt aus Richtung Norden ab der N196 (kurz hinter Casalabriva abbiegen), oder aus Richtung Propriano über die Küstenstraße D157.

Menhire, Abris und Rundbauten

Als Charles-Antoine Cesari, der Besitzer des Grundstücks, im Jahr 1946 zufällig auf die Steinformationen stieß, ahnte er allenfalls, welchen historischen Schatz er vor sich hatte. Während der Ausgrabungen unter Roger Grosjean wurde das Ausmaß des Fundes deutlich. Der mittlerweile verstorbene französische Archäologe leitete seinerzeit das »Centre de Préhistoire Corse«, das prähistorische Zentrum Korsikas.

Oben: Abris in Filitosa
Unten und rechte Seite: Die Menhire in Filitosa tragen teilweise menschliche Züge.

Noch immer befindet sich die Fundstätte Filitosa im Besitz der Familie Cesari, die sie öffentlich zugänglich gemacht hat. Sie liegt zwischen alten Olivenbäumen auf einer Anhöhe im Taravo-Tal. Eine aus groben Steinen errichtete Ringmauer umgibt die weitläufige Anlage. Auf rund 400 Quadratmetern verteilen sich Mauern, überdachte Unterschlüpfe (»Abris«) und frei stehende Statu-

Station Préhistorique de Filitosa

en-Menhire aus der Jungsteinzeit. Sie zeigen menschliche Züge mit Kopfumrissen, Augen und kompletten Gesichtern. Auch drei turmartige Bauwerke stehen dort – sie sind der Torre-Kultur aus der Bronzezeit zuzuordnen. Zu erkennen sind Gänge, Kammern, Verschläge und ein Brunnen.

Eine prähistorische Kultstätte?

Selbst auf Korsika mit seinen recht zahlreichen Fundplätzen von Menhiren und Torres ist es ungewöhnlich, beide Kulturen am selben Ort vorzufinden. Roger Grosjean fand heraus, dass Teile zertrümmerter Menhire für die Rundbauten verwendet wurden. Besonders eindrucksvoll zeigt sich dies im mittleren Monument der Anlage. Es beherbergt einen Polierstein, eine Opferstelle und Bruchstücke von 32 Menhiren, die als Bausteine mit dem Gesicht nach unten in die Ringmauer rund um den Torre eingefügt wurden. Womöglich ist dies auf die Tatsache zurückzuführen, dass die Menhire und Torres aus verschiedenen Jahrhunderten stammen. Bei Ausgrabungen stieß man obendrein auf Relikte aus der Römerzeit.

Die Wissenschaftler sind sich noch nicht einig darüber, worin der Zweck der Rundbauten bestand. Grundsätzlich geht man eher von einer Nutzung als Zuflucht und Getreidespeicher aus. Der Torre im Westen der Anlage von Filitosa indes könnte als Kultstätte gedient haben. Es fanden sich Spuren einer Feuerstelle und ein kegelförmiger Stein, ein Platz, der auf Rituale hindeutet.

An dem Pfad, der zum westlichen Monument führt, liegen zwei Abris. So bezeichnet man Unterschlüpfe mit Felsdach, die als Wohn- oder Grabstätte genutzt wurden. In einem kleinen Museum im Eingangsbereich sind Fundstücke aus den verschiedenen Epochen ausgestellt.

Infos und Adressen

SEHENSWÜRDIGKEITEN
Station Préhistorique de Filitosa. Ostern–Ende Okt., auch feiertags, ab 8 Uhr bis Sonnenuntergang, 20 140 Petreto-Bicchisano, Tel. 04 95 74 00 91, E-Mail: contact@filitosa.fr, www.filitosa.fr.

ESSEN UND TRINKEN
Station Préhistorique de Filitosa. Auf dem Gelände der Fundstätte gibt es eine Brasserie mit schöner Terrasse.

ÜBERNACHTEN
Hérbergement Filitosa. Die Betreiber der Fundstätte bieten auch Unterkünfte an. Studios für 2–4 Personen mit Pool. Tel. 08 92 23 23 10 (0,34 €/Min.), www.filitosa.fr

INFORMATION
Office de Tourisme de Propriano. Quai St-Erasme, 20 110 Propriano, Tel. 04 95 76 01 49, E-Mail: contact@lacorsedesorigines.com, www.lacorsedesorigines.com

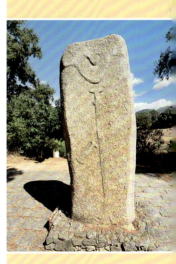

DER WESTEN

36 Propriano
Badeort im Golf von Valinco

Einerseits über Fährverbindungen vernetzt mit dem Festland und Sardinien, andererseits abgelegen im Südwesten Korsikas – nach Propriano kommen viele, um für die Dauer des Urlaubs zu bleiben. An den weitläufigen Stränden kann man getrost einmal den Rest der Welt vergessen. Aus dem kleinen Fischerdorf wuchs ein lebendiger Badeort mit rund 3400 Einwohnern.

Propriano liegt zwischen den Mündungen der Flüsse Baracci und Rizzanèse in der tiefen Mulde des Golfes von Valinco. Von Wind und Brandung geschützt, entfaltete der Hafenort bald sein aus touristischer Sicht attraktives Potenzial. Er ist bei Strandurlaubern beliebt und bietet ganzjährig Fährverbindungen nach Toulon, Marseille, Genua sowie Porto Torres auf Sardinien.

Im Visier der Piraten

In der Antike wusste man offenbar die auch strategisch günstige Lage zu schätzen. Vermutlich befand sich an dieser Stelle Pauca, eine Hafensiedlung der Antike. Im Mittelalter stritten sich Genua und Pisa um Propriano. 1564 steuerte der korsische Freiheitskämpfer Sampiero Corso den Hafen an, um Korsika von Genua zurückzuerobern. In den folgenden Jahrhunderten kamen die Piraten – zum Ende des 18. Jahrhunderts sollen nur noch vier Häuser übrig geblieben sein. Dies änderte sich schlagartig ab dem 19. Jahrhundert, als die Korsen Propriano neu entdeckten und den Ort wieder wachsen ließen. Mit dem Tourismus auf Korsika und dem Bau des Fährhafens setzte ein regelrechter Boom ein.

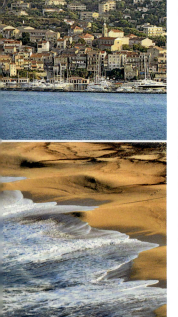

Oben: Bei Badetouristen beliebt: Propriano
Unten: Am Strand zeigt sich die Natur gern farbenprächtig.

Propriano

Hafen und Traumstrände

Noch immer profitiert Propriano vor allem von seinem Hafen. Entlang der Hafenmeile Avenue Napoléon III. locken zahlreiche Cafés und teils hervorragende Fischrestaurants, allerdings nahe der Durchfahrtsstraße. Eine komplett autofreie Promenade täte dem Ort gut. Auch hat das Städtchen nicht gerade Vorzeigecharakter, eher gesichtslos ist die Bebauung in den hinteren Reihen. Doch immerhin, im Hafen gibt es eine Kunstgalerie (Galerie d'art Fronti di Mare) mit wechselnden Ausstellungen regionaler Künstler.

Idyllischer und entspannter geht es dafür an den Stränden der Umgebung zu. Viele Urlauber aus den anderen Inselteilen scheuen die umständliche Anfahrt, manche Buchten sind nur mit dem Boot erreichbar. So finden sich rund um Propriano sogar im Hochsommer einige schöne Plätze, die nicht überlaufen sind. Regelrechte Traumstrände sind die Plage de Portigliolu nördlich von Propriano und ganz besonders die vier Kilometer lange Plage de Capu Laurosu südlich der Rizzanèse-Mündung.

Aktivurlaub zu Wasser und Land

Und doch ist in Propriano weitaus mehr möglich als ein reiner Badeurlaub. Wassersportbegeisterte profitieren von einem breiten Angebot – von Segeln, Wasserski und Surfen bis hin zum Verleih von Kajaks und Wakeboards ist alles möglich. Auch das Hinterland mit seinen Flusstälern ist bei Aktivurlaubern beliebt: Canyoning, Mountainbike-Touren, Wanderungen und Reiten sind auch in diesem Teil Korsikas ein Abenteuer. Propriano hat außerdem einen Sportflughafen. Am Aérodrome Tavaria werden Rundflüge und Fallschirmsprünge angeboten.

Infos und Adressen

SEHENSWÜRDIGKEITEN
Galerie d'art Fronti di Mare. Avenue Napoléon III 5, 20 110 Propriano, Tel. 04 95 76 34 41

ESSEN UND TRINKEN
Chez Parenti. Alteingesessenes Fischrestaurant (seit 1935) im Hafen. Der Fang kommt direkt aus dem Golf von Valinco. Auch Langusten. Avenue Napoléon III 10, 20 110 Propriano, Tel. 04 95 76 12 14, www.chezparenti.fr

ÜBERNACHTEN
Le Lido. Direkt am Strand von Propriano liegt dieses kleine, sympathische Hotel. Teils Zimmer mit Meerblick. Avenue Napoléon III, Tel. 04 95 76 06 37, www.le-lido.com

AKTIVITÄTEN
Aérodrome de Tavaria. Sportflughafen. Aéroclub du Valinco, 20 110 Propriano, Tel. 04 95 76 09 82, E-Mail: machamerat@wanadoo.fr

INFORMATION
Office de Tourisme de Propriano. Quai St-Erasme, 20 110 Propriano, Tel. 04 95 76 01 49, E-Mail: contact@lacorsedesorigines.com, www.lacorsedesorigines.com

DER OSTEN

37 Costa Verde
Strände ohne Ende   202

38 Castagniccia
Im Land der Kastanienwälder   210

39 Cervione
Königssitz für sieben Monate   216

40 Aléria
Säulen und Forum   222

41 Costa Serena
Unbeschwerter Badeurlaub   226

42 Solenzara
Rendezvous von Meer und Fluss   230

DER OSTEN

37 Costa Verde
Strände ohne Ende

Ganz anders als der felsenreiche Westen gibt sich die flache Ostküste Korsikas. Bis hinab in den Inselsüden reihen sich Strandparadiese nahe der Küstenstraße. Dazwischen finden sich kleine Idyllen wie der duftende Wacholderwald am Strand von Venzolasca. Costa Verde – »Grüne Küste« – heißt die fast 20 Kilometer lange Strandregion rund um Moriani-Plage, denn sie grenzt direkt an die dicht bewaldete Castagniccia.

Liebliche Lüfte, azurblaues Meer und Strand, so weit das Auge reicht: Ein heller Saum aus Sand umgibt die östliche Inselseite auf einer Gesamtlänge von rund 80 Kilometern, mit zahlreichen Ferienanlagen und Campingplätzen direkt am Meer. Genau genommen handelt es sich also um einen einzigen großen Strand, der im Süden von Bastia beginnt und bis hinab nach Solenzara reicht, unterbrochen nur von dem Jachthafen Port de Ta-

Vorangehende Doppelseite:
Traumstrand n der Costa Serena
Oben: Bevor die ersten Gäste kommen: Moriani-Plage
Unten: Haustür mit Korsenkopf in Loreto-di-Casinca

> ## MAL EHRLICH
> **LANGWEILIGE OSTKÜSTE!?**
> Mitunter ist die Ostküste mit ihren langen – wenngleich zweifellos auch schönen – Stränden etwas eintönig, besonders dort, wo sich die Ferienanlagen aneinanderreihen. Doch die Costa Verde hat noch viel mehr zu bieten. Wer zur Abwechslung mal die kleinen Nebenstrecken fährt, lernt vielfältige Landschaften kennen, und selbst entlang der Fernstraße eröffnen sich immer wieder neue Perspektiven. Dazu gehören etwa der Fluss Bucatoggio mit seinem Wasserfall, die Lagunenseen bei Aléria oder der Wacholderwald von Venzolasca.

Costa Verde

Blick auf Venzolasca

verna bei Campoloro und den Lagunenseen bei Aléria. Und doch sind es mehrere Strandregionen mit eigenem Charakter, die daher auch verschiedene Namen haben. Den Anfang macht die Costa Verde.

Région de Casinca

Familien und Autofahrer schätzen die Ostküste auch aufgrund ihrer Zugänglichkeit. Fast schnurgerade verläuft die Fernstraße N198 durch Wiesen und Felder. Schon bald hinter dem Flughafen Bastia-Poretta nähert sie sich der Küste, um sie bis in den Süden zu begleiten. Das Wasser ist nur selten zu sehen und doch ganz nah: In fast jeder kleinen Ortschaft weist ein Schild zu »La Mer« bzw. auf korsisch »U Mare«.

Die Costa Verde beginnt ab dem Fluss Golo, der bei Casamozza in das Mittelmeer mündet. Dies ist die Région de Casinca, sie begrenzt die Castagniccia im Norden. Auf ihren Hügeln sitzen die Dörfer Venzolasca und Vescovato. Noch weiter oben in den Bergen befindet sich der Geburtsort der Brüder Alain und Jean-François Bernardini, Mitglieder von Korsikas bekanntester Musikgruppe I Muvrini:

AUTORENTIPP!

IM WACHOLDERWALD
Pinien und Kiefern sieht man oft auf Korsika. Bei Venzolasca im Norden der Costa Verde indes gibt es einen besonderen Baumbestand: den einzigen Wacholderwald Korsikas, der hier den Strand säumt. Das Gebiet ist als »Site natural protégé Mucchiatana« geschützt. Einige Wege führen hindurch – ein lohnender Spaziergang. Auch der Strand selbst, die »Plage de la Cap Sud« am südlichsten Ende des Cap Corse, geschwungen wie eine Sichel, ist sehr attraktiv für Badegäste und lässt sich von der Strandbar aus wunderbar genießen. Kurz vor dem Wasser gibt es übrigens ein weiteres Wäldchen – diesmal mit Eukalyptusbäumen.

Site natural protégé Mucchiatana. Am Kreisverkehr von Venzolasca dem Schild Richtung Meer (La Mer/U Mare) folgen. Ein Schild weist auf das Schutzgebiet hin, ein Wegweiser markiert die Tour durch den Wald.

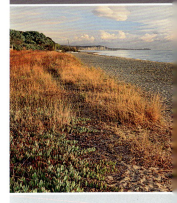

Morgens hat man den Strand noch für sich.

Oben: Endlich gibt's etwas zu futtern!
Unten: Der Wasserfall »Cascade de L'Ucellulina«

DER OSTEN

Tagliu Isulacchiu, ein Weiler im Bergland hinter Folelli. Kurz darauf ist der erste Badeort erreicht, es ist allerdings nicht der größte: Am Strand von Folelli dominieren die Bast-Sonnenschirme der einzigen großen Ferienanlage.

Zwei Kilometer hinter Folelli in Richtung Moriani bereichert seit Sommer 2012 der Parc Galea das ansonsten eher spärliche Kulturangebot der Region. Das Museum mit botanischem Garten informiert über die Inseltradition und einheimische Pflanzen. Mit seiner multimedialen Gestaltung eine spannende Sache und eine schöne Abwechslung im Familienurlaub. Außerhalb der Hochsaison hat es nur nachmittags geöffnet. An Sonntagen lässt sich der Ausflug wunderbar mit einem Marktbesuch am Vormittag verbinden, wenn sich der Marché couvert (Markthalle) in Poggio Mezzana kurz vor Moriani füllt. Lokale Anbieter verkaufen ihre Produkte, Obst, Gemüse und Spezialitäten, auch Dekoratives und – an jedem ersten Sonntag im Monat – Gebrauchtwagen. Selbst wenn sich kaum jemand im Urlaub auf der Mittelmeerinsel einen neuen Wagen kaufen wird, das rege Treiben gefällt auch Gästen.

Moriani-Plage

Auf der weiteren Fahrt Richtung Süden rücken die Hügel noch näher an die Küste. So gibt Moriani-Plage mit seinem langen Strand vor dem Grün des Hinterlandes ein schönes Bild ab. Auch in die Geschichte ist der Ort eingegangen. Der spätere Freiheitskämpfer Pasquale Paoli soll hier 1739, im Alter von 14 Jahren, in See gestochen sein. Zusammen mit seinem Vater Giacinto Paoli war er auf dem Weg ins Exil nach Neapel. Ein Schild am Strand erinnert daran. Das zugehörige Dorf, Santa Lucia di Moriani, ist zu einem gepflegten Ferienort geworden. Im Sommer gibt es täglich (!)

Costa Verde

Entlang der grünen Küste

Die Costa Verde nur geradeaus über die Hauptstrecke zu durchfahren wäre schade. Viele Stichstraßen führen zu attraktiven Stränden. Auf der anderen Seite geht es direkt in das schöne Bergland.

A Fluss Golo – Bei Casamozza beginnt die Costa Verde. Besonders reizvoll sind (Wohn-)Dörfer wie Venzolasca und Vescovato.

B Tagliu Isulacchiu. Der Weiler hinter Folelli ist Geburtsort zweier Mitglieder von I Muvrini.

C Folelli – Eher unscheinbarer Badeort – Urlauber der Ferienanlage haben den Strand fast für sich.

D Parc Galea – Museum zur Inseltradition mit botanischem Garten.

E Poggio Mezzana – An Wochenendtagen herrscht buntes Treiben in der Markthalle nahe Moriani.

F Moriani-Plage – Ein gepflegter Badeort.

G Cascades de l'Ucelluline – Ein Wasserfall mit schönen Badeplätzen.

H Santa-Maria-Poggio – Das Dorf liegt an der an Panoramen reichen Corniche.

I Cervione – Bereits mitten in der Castagniccia liegt das historische Städtchen Cervione.

J Port de Taverna – Der Jachthafen der »Grünen Küste« bietet Restaurants direkt am Wasser.

K Prunete – Eine beliebte Baderegion, in der sich überraschende Ecken verbergen.

L Alistro – Durchfahrtsort; Richtung Küste versteckt sich ein kaum besuchter Strand.

M FKK-Zone – In den Ferienanlagen dieser Küstenregion pflegt man die Freikörperkultur.

N Weinanbaugebiet – Einige Domaines laden hier zur Weinprobe ein.

O Étang de Diana – Der Lagunensee bildet die natürliche Grenze zur Costa Serena.

St. Lucia-di-Morani mit Kirche San Nicolao

AUTORENTIPP!

RESTAURANT LA PISCINE

Schon der Name verrät es: Das Restaurant an der Zufahrtsstraße zum Strand Cap Sud hat einen eigenen Swimmingpool (Piscine) zu bieten. Herrlich zum Relaxen nach dem Essen oder einfach bei einem Kaffee. Von Montag bis Samstag gibt es mittags ein Buffet, außerdem stehen Fleisch- und Fischspezialitäten sowie Pizza auf der Karte.

Venzolasca bietet sich damit auch für einen Tagesausflug an: Spaziergang durch den Wacholderwald (siehe Tipp Seite 203) und am Strand entlang, dann Schwimmen im Pool und ein gutes Essen. So ist für alle Familienmitglieder etwas dabei, und es funktioniert natürlich auch in anderer Reihenfolge.

La Piscine. Route Cap Sud,
20 215 Venzolasca,
Tel. 04 95 47 78 95

Open-Air-Kino, auch mit Filmen in englischer Sprache. Attraktiv sind auch die Ausflugsmöglichkeiten. Hier beginnt der Fernwanderweg Mare a Mare Nord, der Ost- und Westküste verbindet. Wer mag, kann also – Kondition und passende Kleidung vorausgesetzt – in einigen Tagen bis nach Cargèse laufen.

Im Hinterland von Moriani versteckt sich ein schöner Flussbadeplatz. Zu finden ist er hinter dem Dorf San-Nicolao, indem man zunächst der D34 folgt und dann Richtung Cervione (D330) abbiegt – die kurvenreiche Panoramastraße wird vor Ort »Corniche« genannt. Nach einem Tunnel führt sie über den Fluss Bucatoggio, hinter einem weiteren Tunnel gibt es eine Parkmöglichkeit. Der Fluss hat einige Badebecken geschaffen. Eine Attraktion sind darüber hinaus natürlich die Cascades de l'Ucelluline (der »Wasserfall der Uferschwalben«) und eine weitere genuesische Brücke.

Anschließend lohnt es sich, der Straße der beeindruckenden Aussicht wegen weiter zu folgen. Nach einem Kilometer ist Santa-Maria-Poggio mit seinem schönen Kirchplatz erreicht. Hier zweigt die D334 zurück Richtung Küste ab, über die sich die Rundfahrt vollenden lässt. Oder man fährt ge-

Costa Verde

radeaus weiter, um noch das Bergstädtchen Cervione zu besichtigen (siehe Kapitel 39).

Port de Taverna

Kurz vor Campoloro liegt der Port de Taverna, der einzige Jachthafen der Costa Verde – auch für Nicht-Bootsbesitzer eine lohnende Adresse. Es gibt einige Restaurants und Cafés und im Sommer ist einiges los; so wird dann zum Beispiel mehrmals pro Monat ein Marché nocturne, also ein Nachtmarkt, abgehalten. Die Termine stehen auf der Homepage des Hafens (siehe Infos und Adressen). Richtung Campoloro liegen einige Campingplätze am Wasser; dieser Küstenbereich mit dem bereits zu Campoloro gehörenden Ortsteil Prunete zählt zu den beliebtesten der Costa Verde. Das Bergland mit der schönen Castagniccia und urigen Dörfern (siehe Kapitel 38) ist ganz nah. Ab Prunete führt die D71 direkt nach Cervione. Auch aus dieser Richtung gelangt man also zum Fluss Bucatoggio mit seinen Badeplätzen.

Auf der Hauptstrecke N198 bleibend geht es bald durch Alistro, einen Wohnort mit großem Supermarkt an der Durchfahrtsstraße. Dort bekommt man unter anderem auch allerlei Nützliches für Camping und Strand. Alistro hat zudem einen Leuchtturm (1864). Er steht jedoch unauffällig auf einem Hügel hinter dem Supermarkt und ist nicht zu besichtigen. Das Strandgebiet zwischen Alistro und Aléria ist FKK-Revier – dies gilt auch für die zugehörigen Campingplätze und Feriensiedlungen. Dahinter folgt ein größeres Weinanbaugebiet mit einigen Kellereien, die Degustationen anbieten. Hier beginnt die Costa Serena, eine andere Küstenregion mit besonders hübscher Landschaft, die für korsische Verhältnisse Weite und abwechslungsreiche Eindrücke bietet – und etwas an den Orient erinnert (siehe Kapitel 41).

AUTORENTIPP!

CANTI ET SPUNTINU

Eine begleitete Wanderung mit korsischem Picknick und Hirtengesang bringt die Inseltradition ganz nahe. Die »Balade Canti et spuntinu« ist eine von mehreren besonderen Thementouren, die Santa Marchi, ein Sportzentrum in Moriani-Plage, anbietet, geleitet von der diplomierten Bergführerin Santa Marchi (Inhaberin des Sportausstattungsladens Moriani Sport Boutique). Typisch korsisch sind außerdem die Fahrten mit der Piroge, einem traditionellen Einbaumboot – auch als Nachtfahrten bei Vollmond. Im Programm außerdem: klassische Bergwanderungen und Schneewanderungen im Winter sowie Wassersport-Aktivitäten wie Schnorcheln, Tauchen, Canyoning und Rafting.

Santa Marchi. Moriani Sports. CC Casino (am Parkplatz des Casino-Supermarktes links, Moriani-Plage, 20 230 San Nicolao, Tel. 04 95 38 41 09 oder 06 76 10 53 63, E-Mail: snd@costaverde-decouverte.com, www.costaverde-decouverte.com

San Nicolao an der Costa Verde

Infos und Adressen

SEHENSWÜRDIGKEITEN
Galea Parc. Mo–So 14–18 Uhr, im Sommer 10–19 Uhr, Route de l'ex CNRO, 20 230 Taglio/Isolaccio, www.parcgalea.com

ESSEN UND TRINKEN
Restaurant A Siesta. Bar-Restaurant am Strand bei Alistro. Gegrilltes und Pizza. Special Events wie spanische Paella und Barbecue-Abende. Samstags Animation mit Musik (Samba, Pop, Rock, Soul usw.). Plage de Canale di Verde, 2 km hinter Alistro (Richtung Aléria) Abzweigung links

Galea Parc – Museum mit botanischem Garten

RESTAURANT U TAVANINCU. Mediterrane Küche, Salatbar, im Sommer Grillabende mit lokalen Spezialitäten wie z.B. Migliacci. Brot aus eigenem Steinofen, Panoramaterasse. Im Hinterland von Figarettu (Straße zwischen Folelli und Moriani), 20 230 Velone Orneto, Tel. 04 95 36 87 16

Restaurant U Casone. Traditionelle Küche und gute Pizza in Cervione. Ganzjährig geöffnet, Casone, 20 221 Cervione, Tel. 04 95 38 10 47

ÜBERNACHTEN
Corsica Natura. Wie der Name schon sagt, ein Feriendorf für Naturisten mit Bungalows und Campingplatz. Unter deutscher Leitung. Village de Vacances, Camping et Bungalows Linguizzetta, 20 230 San-Nicolao, Tel. 04 95 38 91 30, www.corsica-natura.com

Hotel Costa Verde. Zwei-Sterne-Hotel direkt an der Durchfahrtsstraße N198. Gemessen an der Ausstattung nicht gerade günstig, aber dafür nahe am beliebten Strand von Moriani. Moriani-Plage, 20 230 San-Nicolao, Tel. 04 95 38 50 41, info@hotel-costaverde.fr, www.hotel-costaverde.fr

Hotel Levole Marine. Drei-Sterne-Hotel am Strand im grünen Palmengarten. Pool mit Meerblick. 20 230 Poggio-Mezzana, Tel. 04 95 58 41 50, www.levollemarine.com

Hotel San Francescu. 25 Zimmer, Garten mit Hängematte, Pool und Outdoor-Whirlpool. Drei Sterne. Chemin de Valicella, 20 230 Santa Lucia di Moriani, Tel. 04 95 38 77 42, E-Mail: sanfrancescu.reservation@orange.fr, www.hotelsanfrancescu.com

Hotel San Pellegrino. Das Drei Sterne-Hotel besteht aus 100 Pavillons mit eigener Terrasse. Route de la Plage, 20 213 Folelli, Tel. 04 95 36 90 61, info@hotel-sanpellegrino.com, www.hotel-sanpellegrino.com

Le Campoloro. Ferienanlage mit Pool und Vier-Sterne-Campingplatz (zum Service gehört u.a. der Verleih von Kühlschränken). Prunete, 20 221 Cervione. Tel. 04 95 38 00 20, E-Mail: contact@lecampoloro.com, www.lecampoloro.com

Les Dunes de Prunete. Ferienanlage mit Chalets für bis zu 8 Personen. Windsurfing-Schule. 20 221 Cervione, Tel. 04 95 34 37 74 (Vorsaison) oder 06 77 24 66 39 (Hauptsaison), E-Mail: contact@lesdunesdeprunete.eu, www.lesdunesdeprunete.eu

Costa Verde

AKTIVITÄTEN

Cinema Moriani. Open-Air-Kino im Sommer. 20 230 Santa Lucia di Moriani, www.cinema-moriani.com

Domaine Casabianca. Weingut nahe Aléria. An der N198 bei Bravone, 20 230 Linguizzetta, Tel. 04 95 38 96 00, www.vinscasabianca.com

EINKAUFEN

Corsica Cyber Market. Deutschsprachiger Online-Versand. Korsische Spezialitäten aus den Regionen Costa Verde, Costa Serena, Castagniccia. Auch individuelle Geschenkkörbchen mit Feinschmeckerprodukten, Literatur aus Korsika in deutscher Sprache und Chillout-Musik. E-Mail: corsicacybermarket@gmail.com, www.corsicacybermarket.jimdo.com, Bestellung unter www.corsicapaniergarnigourmand.wifeo.com

Marché couvert. Markt bei Moriani. So 9–13 Uhr, an der N198 (2 km vor Moriani aus Richtung Bastia kommend), 20 230 Poggio-Mezzana

INFORMATION

Office de Tourisme de Costa Verde. Maison du dévelopement, 20 230 Moriani-Plage, Tel. 04 95 38 41 73, E-Mail: costa-verde@wanadoo.fr, www.costaverde-corsica.com

Port de Taverna. Auf der Homepage des Jachthafens stehen neben Infos für Skipper auch Termine von allgemeinem Interesse, z.B. zum Nacht-Markt. www.port-taverna.com

Vom Campingplatz geht es direkt an den Strand.

DER OSTEN

38 Castagniccia
Im Land der Kastanienwälder

Die Chataigne ist so etwas wie die Nationalfrucht Korsikas. Man begegnet ihr unter anderem in Desserts, in Margarine und sogar im Bier. Besonders verbreitet ist sie in der Region, der sie auch ihren Namen gab: Grüne Hügel mit ganzen Wäldern aus verwilderten Kastanienbäumen prägen die Castagniccia, eine blühende Landschaft mit schmalen Bergstraßen und idyllischen Dörfern.

Bereits in der Jungsteinzeit wuchsen Kastanienbäume auf Korsika. Die Erklärung für die starke Verbreitung der Esskastanie im Nordosten der Insel indes liefert die jüngere Geschichte. Anno 1584 befahlen die Genuesen den korsischen Bauern die Anpflanzung von Nutzbäumen, insbesondere der Esskastanie, wobei eine bestimmte Anzahl von Bäumen pro Jahr zu setzen war. Bereits rund 150 Jahre später waren fast drei Viertel der Böden im Hinterland der Ostküste mit Kastanienbäumen bedeckt. Die gut lagerfähige Frucht, die sich auf so vielseitige Weise nutzen ließ, sicherte die Nahrung auch im kalten Winter und trug zum Wohlstand bei.

Im frühen 18. Jahrhundert verfügte jedes Haus über einen sogenannten Rataghju, einen Trockenboden für die Verarbeitung der Maronen. Das Kastanienmehl diente als Grundlage für nahrhafte Speisen, und die Region entwickelte sich zur »Kornkammer« Korsikas. Dies änderte sich jedoch rapide, als man im 19. Jahrhundert zunehmend Weizenmehl auf die Insel einführte. Die Kastanienhaine verwilderten, viele Bauern mussten nun mit Einbußen leben.

Das Geburtshaus von Pasquale Paoli in Morosaglia

Castagniccia

Wiederentdeckte Spezialität

Heute ist es die brach liegende Nutzlandschaft, die, fest mit der ursprünglichen Natur der Insel verwachsen, den Zauber der Castagniccia ausmacht. Dicht bewaldet ist das Bergland der Costa Verde mit unzähligen Wandermöglichkeiten; verwilderte Hausschweine, Kühe und Ziegen grasen an den Straßenrändern. Besonders schön ist es im Herbst, wenn sich das Laub vergoldet und Nebelschwaden in den Tälern hängen. Und noch immer ist einigen Ortschaften die längst vergangene Blütezeit anzusehen, mit prachtvollen Fassaden und barocken Kirchen. Vielerorts wird die Kastanie wieder kultiviert, nunmehr als Spezialität, die Touristen begeistert. In den Restaurants serviert man *Pulenta* und Kastanienpudding, in Läden und an Straßenständen werden Konfitüren, Gebäck und Kastanienlikör verkauft.

Morosaglia

Die Castagniccia gehört zum Parc Naturel Régional de Corse und ragt als östlicher Ausläufer des zentralen Naturparks fast bis an die Küste. Ihre höchste Erhebung ist der Monte San Petrone (1767 m) in der Gemeinde Nocario. Die urwüchsige Region hat eine besondere politische Geschichte. Das Städtchen Cervione war 1736 Inselhauptstadt, als Baron Theodor von Neuhoff für sieben Monate als König Korsikas regierte und dabei eine Schlüsselrolle im Kampf gegen die Genuesen innehatte (siehe Kapitel 39). Im späteren 18. Jahrhundert bildete die Region ein Zentrum der korsischen Unabhängigkeitsbewegung. Der führende Freiheitskämpfer Pasquale Paoli (1725–1807) wurde in Morosaglia geboren, einem Bergdorf westlich von Ponte Leccia. Die dichten Wälder boten zahlreiche Rückzugsmöglichkeiten, versteckte Klöster dienten den Rebellen als Versammlungsorte.

AUTORENTIPP!

CHIATRA

Zu den wohl ältesten und urigsten Dörfern der Castagniccia zählt Chiatra. Das mittelalterliche Dorf liegt hoch oben auf einer kleinen Bergkuppe. Sehenswert ist der kleine Ortskern, der beinahe wie eine Festung wirkt. Obendrein entfaltet sich ein beeindruckendes Panorama mit dem grünen Alesani-Tal, in das sich ein großer Stausee bettet, auf der einen und dem Blick Richtung Küste auf der anderen Seite. Auf dem Weg liegt an der D17 das versteckte Restaurant U Pagliaggiu, in dem es die passende rustikale Küche zum Ausflug gibt und außerdem Pizza aus dem Holzofen. Familiäre Stimmung, die Besitzerin spricht auch Deutsch. Verlässt man Chiatra dann in der Gegenrichtung, geht es über den Stausee bis nach Cervione. (Wer diese Strecke anders herum fährt, kann den Tag mit einem guten Essen im U Pagliaggiu beschließen.)

Anfahrt Chiatra: Ab der N198 auf die Nebenstrecke die D17 (südlich von Alistro).

Restaurant U Pagliaggiu. Mitte April–Mitte Sept., 20 230 Chiatra, Tel. 04 95 44 06 68

Über die wilden Kastanien freuen sich auch andere.

DER OSTEN

Dörfer im grünen Nirgendwo

Im Norden begrenzt der Fluss Fium'Alto die Castagniccia, im Süden die Alesani-Mündung und Richtung Westen reicht die Mikroregion bis zum Grabenbruch zwischen Ponte Leccia und Corte. Zahlreiche gerade noch befahrbare Bergstraßen winden sich durch die hügelige Waldlandschaft, auf den Bergkuppen sitzen verlassen wirkende Dörfchen, Häuser aus düsterem Schiefergestein, Kirchtürme und Klosterruinen ragen aus dem Grün. Dann wieder entdeckt man eine Trinkwasserquelle am Wegesrand oder einen Fluss, wo man keinen vermutete. Wer Lust auf ein kleines Abenteuer hat, folgt einfach den kleinen Nebenstrecken und entdeckt kaum bekannte Winkel Korsikas. Mitten im grünen Nirgendwo liegt zum Beispiel der Weiler Pastoreccia, ein Häufchen Häuser mit einem Friedhof und einer halb verfallenen Kapelle (15. Jh.), die wunderschöne Wandmalereien birgt. Hier, nördlich des Passes Col d'Arcarota (D71), schlägt das urige Herz der Castagniccia.

La Porta

Oben: La Porta mit Barockkirche »Saint-Jean-Baptiste«
Unten: In der Friedhofskapelle »St-Thomas de Pastoreccia« sind Fresken aus dem späten 15. Jh. zu bewundern.

Als Startpunkt für eine Rundfahrt ab der Ostküste bietet sich der Badeort Folelli an. Von dort begleitet der Fium'Alto die D506, die bald Richtung Süden schwenkt. An diesem Punkt zweigt die D205 ab, der man nach einer weiteren Abzweigung (D515) bis La Porta folgen kann, einem der größten Dörfer der Castagniccia. (Es ist aber auch auf bequemeren Wegen aus Richtung Westen über Morosaglia zu erreichen.) Das Besondere an La Porta ist die Barockkirche Église St-Jean Baptiste (1648–1680) mit einem Campanile, einem frei stehenden Glockenturm (1720), links daneben. Diese Bauweise ist in Italien stark verbreitet, das wohl berühmteste Beispiel ist der schiefe Turm von Pisa. Das Innere der Kirche erweist sich als Reigen prunkvoller Säulen und Malereien.

Castagniccia

In der Bergen der Castagniccia

Das grüne Hinterland der Costa Verde bietet Touren für »Abenteurer« und Plätze für Kulturfreunde.

A Morosaglia – Hier wurde der Freiheitskämpfer Pasquale Paoli geboren.

B Monte San Petrone – Auf den höchsten Gipfel der Castagniccia benötigt man insgesamt ca. fünf Stunden Gehzeit.

C Cervione – Geschichtsträchtiges Städtchen mit Panoramablick und Hauptort der Castagniccia. Der Besuch lohnt auch wegen der guten Restaurants.

D Pastoreccia – Ein Häufchen Häuser mit sehenswerter Kapelle. Hier ist das Herz der Castagniccia.

E La Porta – ist für die Barockkirche Église St-Jean Baptiste mit ihrem Campanile bekannt.

F Col de Prato – Hier beginnt auch der Aufstieg zum Monte San Petrone.

G Die Mineralquelle von Orezza – Hier kann man das Mineralwasser direkt an der Quelle probieren.

H Piedicroce – Eines der größeren Dörfer in der Region.

I Col d'Arcarota – Der Pass der Castagniccia bildet eine Grenze zwischen den offenen Kastanientälern und dem undurchdringlicheren Bergland.

J Valle-d'Alesani – Freundliches Tal, das auch das Kloster Couvent d'Alesani beherbergt.

AUTORENTIPP!

PAESOLU DI PRUNETE
Unterhalb von Cervione liegt einer der schönsten Orte an der Ostküste. Mitten im touristisch erschlossenen Küstengebiet mit seinen Strandpromenaden versteckt sich, direkt am Wasser, das urige Dörfchen Prunete. Unter den alten Eukalyptusbäumen gibt es schattige Parkplätze. Der Ort gefällt mit seinen alten Steinhäusern, einem Wachturm und einer Kapelle. Einige Fischrestaurants bieten hervorragende Küche.

Anfahrt Prunete: Stichstraße ab der N198 gegenüber der Abzweigung Cervione (den Schildern Richtung Camping Calamar folgen)

Ruine des Klosters von Orezza

DER OSTEN

Im weiteren Verlauf führt die D515 direkt auf den Col de Prato (985 m) und auf die Hauptstraße D71. Auf der Passhöhe beginnt eine ausgeschilderte Wanderroute auf den Monte San Pedrone. Vom Gipfel lässt sich die komplette Castagniccia überblicken.

Heilwasser von Orezza

Nach weiteren zwölf Kilometern Richtung Süden erreicht man über die D71 die Ortschaft Piedicroce. Eine Nebenstrecke (D508) führt zur Eau Minerale Naturelle d'Orezza (Mineralwasserquelle von Orezza). Das gesundheitsfördernde Wasser war schon in der Antike bekannt. Es wurde per Gesetz vom 25. April 1856 zugelassen und als »*dem Allgemeinwohl förderlich*« in einem kaiserlichen Erlass vom 7. Februar 1866 anerkannt. Das Heilwasser, unter anderem soll es bei Leber- und Nierenerkrankungen helfen, wird seit der Jahrtausendwende wieder vor Ort abgefüllt und ist in den korsischen Supermärkten zu finden. Besucher können es an einem Brunnen kosten, auch mit einem Souvenirshop hat man sich auf den Tourismus eingestellt. In der Nähe befindet sich der Wasserfall Cascade de Carcheto mit Badestelle.

Ein Kilometer vor Piedicroce steht die Ruine des Franziskanerklosters Couvent d'Orezza (1485). Nachdem die Mönche es Mitte des 18. Jahrhunderts verlassen hatten, wurde es von der Widerstandsbewegung genutzt. Hier soll sich Pasquale Paoli mit Napoleon getroffen haben (1790). Weil Einsturzgefahr besteht, ist das Gebäude nicht zu besichtigen. Kurz hinter dem Kloster geht es nach Campodonico, einem Weiler, in dem eine längere Wanderroute auf den Monte San Pedrone beginnt. Von Piedicroce gelangt man über den Col d'Arcarota (819 m) schließlich in das schöne Valle d'Alesani (Tal von Alesani, siehe Tour 39).

Castagniccia

Infos und Adressen

SEHENSWÜRDIGKEITEN
Eau Mineral Naturelle d'Orezza. 20 229 Rapaghju, www.orezza.fr

Église St-Jean Baptiste. 20 221 La Porta

ESSEN UND TRINKEN
L'Ampugnani. Das Restaurant bietet Spezialitäten wie Cannelloni au Brocciu und Magret de Canard. Schöner Speisesaal mit Panoramablick über die Kastanientäler. Village, 20 221 La Porta, Tel. 04 95 39 22 00, www.ampugnani.com

ÜBERNACHTEN
Camping Calamar. Wunderschöne Lage direkt am Strand, mit ausreichend Schatten unter Eukalyptusbäumen. Einfache Ausstattung. Prunete, 20 221 Cervione, Tel. 04 95 38 03 54, www.campingcalamar.eu

Hotel Le Refuge. Eines der wenigen Hotels mitten im Bergland der Castangniccia. 20 Zimmer. Village, 20 221 Piedicroce, Tel. 04 95 35 82 65, www.hotel-le-refuge.fr

EINKAUFEN
Lutina. Neue Bierbrauerei in der Castagnicca, in der handwerkliche Braukunst hochgehalten wird. Produziert wird fruchtig-würziges Bier der Marke Lutina aus Hopfen, Gerste, Zedratfrucht und reinem Quellwasser. Mo–Fr 14–19 Uhr (ganzjährig), Lieu dit Callane, 20 213 Folelli, Tel. 04 95 46 28 64

Markt auf dem Col d'Arcarota. Kastanienprodukte direkt vom Erzeuger und andere Spezialitäten. So vormittags, Juni–Sept.

INFORMATION
Office de Tourisme de Costa Verde.
Maison du dévelopement, 20 230 Moriani-Plage, Tel. 04 95 38 41 73, E-Mail: costa-verde@wanadoo.fr, www.costaverde-corsica.com

Office de Tourisme de Ponte Leccia-Morosaglia. Place de la Mairie, 20 218 Ponte Leccia, Tel. 04 95 47 70 97, E-Mail: lucchesidenise@orange.fr, www.ponteleccia-morosaglia.com

Office du Tourisme de la Castagniccia.
Immeuble l'Aiglon/RN 198,
20 213 Folelli, Tel. 04 95 35 82 54,
E-Mail: si.castagniccia@wanadoo.fr
www.castagniccia.fr

Die Kastanie hat der Castagniccia den Namen gegeben.

DER OSTEN

39 Cervione
Königssitz für sieben Monate

In der Castagniccia gehört ein Ausflug nach Cervione unbedingt dazu. Das schmucke Städtchen war 1736 unter Theodor I. Hauptstadt des Königreichs Korsika. Daran wird man vor Ort mehr als deutlich erinnert. Außerdem lohnen sich der schönen Blick bis hin zum Meer, der Bischofspalast, die prunkvolle Barockkirche, ein kleines Völkerkundemuseum und das Franziskanerkonvent, in dem der König gekrönt wurde.

Wie auf einem Balkon sitzt Cervione (380 m) über den Kastanienhügeln, einen grandiosen Blick über die Costa Verde gewährend. An der durch den Ort führenden Panoramastraße (*À Traversa*) laden gemütliche Terrassen-Cafés und Bars zum Verweilen ein. Schon damit könnte man also einen ganzen Nachmittag in dem historischen Städtchen verbringen, doch es zieht einen förmlich in die kleine Altstadt, die ein Stück weiter oberhalb liegt. Auf dem Weg sind wuchtige Repräsentativbauten zu bewundern, die an die Zeit erinnern, in der Cervione einen König hatte: Theodor Stephan von Neuhoff (1694–1756).

Der »König von Korsika«

Über den sonderbaren Baron schrieb Michael Kleeberg den Roman »Der König von Korsika«, ist es doch eine ungewöhnliche Geschichte, im 18. Jahrhundert aus einer westfälischen Offiziersfamilie stammend mitten in den Kastanienbergen einer Mittelmeerinsel zum König gekrönt zu werden. Die tatsächlichen Ereignisse liegen teils im Dunkel und über den Geburtsort kursieren ver-

Büste von Theodor Freyherr von Neuhof, im Hintergrund die alte Kathedrale

Cervione

Wahrhaft majestätisch präsentiert sich Cervione.

schiedene Angaben. Laut einem selbst verfassten Dokument kam von Neuhoff in Köln zur Welt. Die Geschichtsschreiber bezeichnen ihn als Abenteurer, der durch Europa zog, um Großes zu vollbringen. Am 12. März 1736 erreichte er Aléria an der Ostküste Korsikas; er hatte eine weiße Fahne gehisst, auf der ein abgeschlagener Mohrenkopf mit Stirnband zu sehen war. So kam die Insel wohl zu ihrem Symbol des Widerstandes, denn der Baron vom fernen Festland sicherte den Korsen seine Unterstützung im Kampf gegen die genuesischen Besatzer zu.

Das Volk war begeistert. Von einem Nationalkonvent am 15. April 1736 wurde der Seefahrer als Theodor I. zum König von Korsika gewählt. Der Monarch residierte fortan im Bischofspalast von Cervione. Er führte eine liberale Verfassung ein, ließ Straßen bauen und Münzen prägen, die heute Seltenheitswert haben. Er gründete den rebellischen Ritterorden »De la Liberazione« und eroberte mit seinen Truppen Porto-Vecchio und Sartene, die letzten genuesischen Stützpunkte im Süden der Insel. Am Ende aber behielten die Genuesen

AUTORENTIPP!

NATURKOSMETIK UND MASSAGE »TO GO«

Aus einem kleinen Laden in der Altstadt strömen wohltuende Düfte, Immortelle, Myrte, wilde Minze, Rosmarin und andere korsische Pflanzen. Sie werden von Muriel Crestey, Agrar-Ingenieurin und Kosmetikerin, zu ätherischen Ölen und Naturkosmetik verarbeitet. Eigener Anbau und Herstellung erfolgen im Atelier nahe Cervione. Außerdem bietet Muriel Crestey Kurzmassagen mit den eigenen Produkten an (ab 5 Min. für 5 €); dazu dient ein kleiner Wellness-Raum im hinteren Bereich des Ladens. Eine wunderbare Erfrischung zwischendurch, nach dem Altstadt-Bummel oder einer Wanderung!

Realia Cosmetic. Der Shop befindet sich in der Gasse rechts neben der Kirche. Levole, 20 221 Cervione, Tel. 04 95 36 04 46, E-Mail: realia@wanadoo.fr, www.realia-cosmetic.com

Im Altarraum der Kathedrale St-Erasme

auf Korsika die Oberhand – und sie setzten ein Kopfgeld auf den unbequemen Monarchen aus. Theodor I. soll am 11. November 1736, als Mönch verkleidet, aus seinem Königreich geflüchtet sein. 20 Jahre später, 1756, starb er einsam und verarmt in London.

Bummel durch die Altstadt

Die kleine Altstadt von Cervione ist bezaubernd. Aus nur wenigen Sträßchen, Gassen und Plätzen bestehend, birgt sie alles, was zu einem schönen Bummel gehört: Sehenswürdigkeiten, gute Restaurants, kleine Läden, und all dies vor der charmanten Kulisse der ehrwürdigen Mauern. Informative Tafeln in mehreren Sprachen und mit historischen Fotos berichten über das Leben in Cervione im frühen 20. Jahrhundert.

Das Zentrum bildet die barocke Kathedrale Sainte-Marie et Saint-Erasme (16. Jh.) mit ihrer mächtigen Kuppel und einem kleinen Vorplatz. Während der Saison finden hier regelmäßig Konzerte statt. Gleich um die Ecke, in einem schönen Innenhof mit Panoramablick, erwartet das Völkerkundemuseum Musée ethnographique de l'Adecec seine Besucher. In 14 Ausstellungsräumen gewährt

AUTORENTIPP!

RADIO VOCE NUSTRALE
Im Hinterhof der Kirche, neben dem Eingang zum Musée de L'Adecec, steht meist eine Tür offen. Wer hineinschaut, sieht hinter einem Glasfenster einen Moderator oder eine Moderatorin bei der Arbeit. Es könnte zum Beispiel Nathalie Simonetti sein, eine Sprecherin, die auch eigene Musik produziert. Denn hier befindet sich die Station des Lokalradios Voce Nustrale (»Unsere Stimme«) – zwar eigentlich nicht zu besichtigen, doch einen Blick darf man getrost hineinwerfen.

Voce Nustrale. Carrughju Filippu Pescetti, 20 221 Cervione

Cervione

es Einblicke in die Tradition und das religiöse Leben der Menschen der Castagniccia. Zu sehen sind unter anderem eine komplett eingerichtete Schmiede und eine Dorfküche aus alten Zeiten. Am Ende der Straße, die am Museum vorbeiführt, führt ein Weg zu den Ruinen einer alten Ölmühle.

In den Gassen von Cervione haben sich auch einige Künstler und Anbieter lokaler Produkte angesiedelt. Es lohnt sich, ihre kleinen Läden zu besuchen, denn hier bekommt man liebevoll gefertigte Mitbringsel, die ihr Geld wert sind. Auch für Haselnuss-Spezialitäten ist Cervione bekannt. Die Plantagen finden sich unterhalb des Dorfes. Jedes Jahr Ende August gibt es ein großes Fest zu Ehren der *Noisette* (»La foire de la noisette«).

Mekka der Gleitschirmflieger

Cervione liegt auf einem Balkon des Hausberges Monte Castello (632 m). Dessen markante, spitze Kuppe ist bei Gleitschirmfliegern beliebt. Der Startplatz befindet sich bei der Kapelle Chapelle A Madonna, auch Tandemflüge werden angeboten. Für alle, die lieber mit beiden Beinen auf der Erde bleiben möchten, ist es immerhin ein schönes Ziel für eine Kurzwanderung. Von oben bietet sich eine schöne Sicht über das Dorf bis hin zur Ostküste, sofern der Gipfel nicht von Wolkenschwaden umgeben ist. Eine bequemere und durchaus lohnende Variante ist es, bei einem Café au lait an der Traversa von Cervione zu sitzen und den Fliegern von unten zuzusehen.

Ausflüge in die Castagniccia

Ab Cervione sind auch die Dörfer und andere lohnende Plätze in der Castagniccia gut zu erreichen. Unterhalb des Städtchens, in der Gemeinde Valle-di-Campoloro, lohnt ein Besuch der romanischen

Oben: Die Gasse »Carrughju A.G. Astima« in der Altstadt
Unten: Schmiedewerkstatt im ethnografischen Museum

Oben: Im Couvent d'Alesani wurde Theodor von Neuhoff zum König gekrönt.
Unten: Die Statue zeigt den heiligen Erasme, Schutzpatron Cerviones.

Chapelle Santa Cristina. Sie gehört zu den seltenen Kirchlein auf Korsika, die über eine Doppelapsis verfügen. Die Kapelle ist nach ca. zweieinhalb Kilometern zu erreichen (Abzweigung der D71) und ausgeschildert.

Cervione in der anderen Richtung verlassend, gelangt man über die D71 in das schöne Valle-d'Alesani (Alesani-Tal) und von dort über den Col d'Arcarota (819 m) in die tiefste Castagniccia mit ihren dichten, teils undurchdringlichen Wäldern. Hier kann man sich gut vorstellen, wie sie einst von Banditen und anderen Verfolgten als Zuflucht genutzt wurde. An der Strecke liegen die Dörfer Sant'Andrea-di-Cottone und Ortale.

Im offenen Valle-d'Alesani zeigt sich die Castagniccia von einer weniger düsteren Seite. Das Tal öffnet sich Richtung Ostküste und bietet viel Licht. Nahe dem Dorf liegt das Couvent d'Alesani (1236). In dem schlichten Franziskanerkloster wurde Theodor von Neuhoff am 15. April 1736 zum König von Korsika gekrönt.

Cervione

Infos und Adressen

SEHENSWÜRDIGKEITEN
Musée ethnographique de l'Adecec.
Mo–Sa 9–12 / 14–19 Uhr (im Winter nur bis 18 Uhr), Place Ghjuvanni Simonetti, 20 221 Cervione, Tel. 04 95 38 12 83, www.adecec.net

ESSEN UND TRINKEN
Aux 3 Fourchettes. Traditionelle korsische Küche am schönen Kirchplatz von Cervione. Place de l'Église, 20 221 Cervione, Tel. 04 95 38 14 86, www.aux3fourchettes.com

ÜBERNACHTEN
Hotel Orizonte. Drei-Sterne-Hotel an der schönen Promenade von Prunete. Ca. 8 km vor Cervione, Paesolu di Prunete, 20 221 Cervione, Tel. 04 95 38 09 00, www.hotel-orizonte.com

AKTIVITÄTEN
Cime'Ale. Gleitschirmfliegen vom Monte Castello, dem Hausberg Cerviones. Casa Comunale, 20 221 Cervione, Tel. 06 76 03 53 19, E-Mail: cimeale@free.fr, www.cimeale.free.fr

Wanderung auf den Monte Castello. Gehweg hin und zurück ca. 1,5 Std.

VERANSTALTUNGEN
La foire de la noisette. Jährlich Ende August stattfindendes Haselnussfest, www.cervione.com

EINKAUFEN
Atelier de la Noisette. Nussbotique. Konditoreispezialitäten mit Haselnüssen aus der Region Cervione. Direktverkauf und E-Shop. RN 198, Lieu-dit a Fiorentina, 20 230 San Giuliano, Tel. 04 95 38 02 41, www.atelierdelanoisette.com

Skulpturen von Alain Decelle und Katy Leng. In der Altstadt, Straße links neben der Kirche. www.decelleartscreation.chez.com

INFORMATION
Gemeinde Cervione. www.cervione.com

Office du Tourisme de la Castagniccia. Immeuble l'Aiglon/RN 198, 20 213 Folelli, Tel. 04 95 35 82 54, E-Mail: si.castagniccia@wanadoo.fr, www.castagniccia.fr

Im Restaurant »Aux 3 Fourchettes«

DER OSTEN

40 Aléria
Säulen und Forum

Auf den ersten Blick ist Aléria ein Küstenstädtchen wie viele andere – wäre da nicht ein ganz besonderer Ort jenseits des Strandes: Reihen von Säulenstümpfen und Grundmauern zeigen eindrucksvoll die Reste einer einst prosperierenden Siedlung der römischen Antike – zusammen mit dem Fort de Matra der bedeutendste archäologische Platz auf der Insel.

Das fruchtbare, von Flüssen durchzogene Land mit seinen weiten Anbauflächen war vermutlich auch ausschlaggebend für das Erblühen der römischen Siedlung, die sich ab dem 1. Jahrhundert v. Chr. entwickelte: Aléria war in der Antike die größte Stadt Korsikas mit bis zu 20 000 Einwohnern. Die noch heute sichtbaren Überreste bilden nach wie vor eindrucksvoll das damalige Stadtzentrum ab. Historiker gehen von einer Besiedlung in drei Schüben aus: unter dem Feldherrn Lucius Cornelius Sulla Felix (81 v. Chr.), unter Julius Cäsar (46 v. Chr.) und unter Augustus (Gaius Octavius, 32 v. Chr.). Die Hauptgebäude gruppierten sich um einen Platz, der zum Schutz mit Portiken gesäumt war, also den klassischen Säulengängen der Antike. Aus einem Dokument von Papst Gregor I. geht hervor, dass Aléria im späten 6. Jahrhundert auch als Bischofssitz diente – allerdings deutet bis heute kein Fund auf den Bau einer Kathedrale hin.

Oben: Im Fort de Matra befindet sich ein lohnendes Museum.
Unten: Ein etruskischer Löwe bewacht das Musee Jerome-Carcopino.

Bereits im 19. Jahrhundert wurden die Ruinen der antiken Stadt entdeckt. Der französische Schriftsteller Prosper Mérimée (1803–1870) beschrieb sie im Jahr 1839 erstmals auf seiner Forschungsreise durch Korsika. In seinen Aufzeichnungen fanden sich Hinweise auf den Westbogen und die Grund-

Aléria ist vor allem für seine Ausgrabungsstätte bekannt.

mauern des rechteckigen Gebäudes gleich daneben. Die ersten Ausgrabungen erfolgten im Zeitraum 1955 und 1960 unter Jean Jehasse. Die Archäologen legten das Forum und einen großen Teil der heute sichtbaren Siedlungsbereiche frei. In den folgenden 20 Jahren gab es weitere Ausgrabungen einen Kilometer weiter südlich, bei denen die Nekropole von Casabianda aus vorrömischer Zeit zutage befördert wurde.

Zeugnisse der griechischen Antike

Vor den Römern kamen die Griechen: Schon im 6. Jahrhundert v. Chr. hatten sie die Kolonie Alalie (auch: Alalia) gegründet, einen bedeutenden Stützpunkt in der Seeschlacht von Alalia (538 v. Chr.), in der die Etrusker und Karthager den Griechen unterlagen. Laut einer Überlieferung des Historikers Herodot (484–425 v. Chr.) folgte um 545 v. Chr. eine weitere Einwanderung von kleinasiatischen Griechen, die von den Persern aus dem Land vertrieben worden waren. Als Beleg für diese vorrömische Besiedlung gelten neben griechischen

AUTORENTIPP!

MUSEUM IM FORT DE MATRA
Für das Musée D'Archéologie Jérôme Carcopino d'Aléria im Fort de Matra sollte man sich Zeit nehmen. Es ist im ersten Stock der genuesischen Festung untergebracht, und schon dieses Aufeinanderprallen unterschiedlichster Epochen ist ein besonderer Anblick. Auch die Exponate spiegeln die bewegte Vergangenheit Alérias wider. Zu sehen sind Fundstücke aus der etruskischen, griechischen und römischen Epoche, sowohl aus der Hauptgrabungsstätte als auch aus der Nekropole von Casabianda – z.B. eine Marmorbüste des römischen Gottes Jupiter.

Musée D'Archéologie Jérôme Carcopino d'Aléria. Mo–Sa 19–13 / 14–18.30 Uhr, Fort de Matra, 20 270 Aléria, Tel. 04 95 57 00 92, www.cg2b.fr

Oben: Unverkennbar: Eine antike Stadt mit Becken und Thermen
Mitte: Blick in die Tavignanoebene
Unten: Der Arc Monumental – es war einmal ein Steinbogen.

DER OSTEN

Vasen und Grabbeigaben, die man bei der Nekropole von Casabianda fand, auch Keramiken aus der großen Site Antique, der Ausgrabungsstätte in Aléria.

Blüte und Niedergang

Der Verlauf der Gebäude und Verkehrswege zeigt, dass die Stadt im Verlauf der Spätantike mehrfach erweitert und umgestaltet wurde. Während des Ersten Punisches Krieges (264-241 v. Chr.) fiel Alalia an die Römer. Nach der fast völligen Zerstörung bauten sie die Stadt wieder auf, die fortan Aléria hieß. Sie diente den Eroberern als bedeutender Militär- und Handelsstützpunkt, zusammen mit einem Hafen an der Mündung des Flusses Tavignano. Nach dem Untergang des römischen Reiches im späten 6. Jahrhundert begann der endgültige Niedergang der Stadt. Die Ruinen wurden offenbar noch bis zum 13. Jahrhundert abgetragen – Funde ergaben, dass Mauerteile für neue Bauten verwendet oder zu Kalk verarbeitet wurden. Fehlende Blendsteinblöcke an den Pfeilern des Westbogens sind noch heute erkennbare Spuren dieses Abbaus. Wohl noch bis in das 19. Jahrhundert fanden die Überreste der römischen Siedlung in anderen Inselteilen neue Verwendung, zumindest begründet man auf Korsika damit den relativ seltenen Anteil von Marmor in der Fundstätte.

Die Ausbreitung der Malaria, von den Römern nach Korsika eingeschleppt, verhinderte eine neue Besiedlung des Gebietes für mehrere Jahrhunderte. Dies änderte sich erst wieder mit der Besatzung durch die Genuesen. Sie errichteten das Fort de Matra (1572) nahe der heutigen Ausgrabungsstätte. Es dient nun als archäologisches Museum mit Fundstücken der Ausgrabung (siehe Autorentipp S. 223).

Aléria

Infos und Adressen

SEHENSWÜRDIGKEITEN
Site Antique Aléria. Mo–Sa 19–13 / 14–18.30 Uhr, Fort de Matra, 20 270 Aléria, Tel. 04 95 57 00 92, www.cg2b.fr

ESSEN UND TRINKEN
A Terrazza. Restaurant mit korsischer Küche und Live-Musik. Campu Vechju, 20 230 Linguizzetta, Tel. 06 11 63 76 04

ÜBERNACHTEN
Perla D'Isula. Ferienanlage an der Bravone-Mündung nahe Aléria, Apartements für 4 und 6 Personen. Marine De Bravone, 20 230 Bravone, Tel. 04 95 35 37 85, www.goelia.com

AKTIVITÄTEN
Rando Aquatique. Kanu und Kajak im Hinterland von Aléria. www.acquavanua.com

EINKAUFEN
Galerie Granu Anticu. In einem Nebengebäude vor der Ausgrabungsstätte versteckt sich diese kleine Kunstgalerie. Auch Vernissagen mit Werken lokaler Künstler. Mi–Sa 10–12 / 15–17 Uhr, Fort de Matra (die Galerie ist ab der Zugangsstraße zum Fort ausgeschildert), 20 270 Aléria, Tel. 06 61 96 55 59

INFORMATION
Office de Tourisme de l'Oriente. Avenue Saint-Alexandre Sauli 80, 20 270 Aléria, Tel. 04 95 57 01 51, E-Mail: tourismeoriente@orange.fr, www.oriente-corsica.com

Point Info Tourisme de l'Oriente. Mairie annexe de Linguizzetta, 20 230 Linguizzetta, Tel. 04 95 38 90 10

Ankündigung einer Ausstellung in der Galerie Granu Anticu

DER OSTEN

41 Costa Serena
Unbeschwerter Badeurlaub

Auf die grüne Costa Verde folgt die »heitere« Costa Serena. Diese Strandregion säumt die Küste von Aléria nach Ghisonaccia. Lagunenseen und fruchtbare Felder verleihen ihr ein eigenes Gesicht. Und wer doch lieber wieder Berge sehen möchte, findet sie bereits nach kurzen Autofahrten, die direkt in den Regionalen Naturpark Korsikas führen.

Auch wenn die Strände ähnlich hell und schön sind wie an der nördlichen Ostküste, es ist das Hinterland, das dieser Region ihren Charakter verleiht. Während an der Costa Verde die Berge mit ihren mittelalterlichen Dörfern im Hinterland ganz nah sind und durchaus auch etwas Schwermut verbreiten, weitet sich das Land ab Aléria. Aus gutem Grund wird dieser Küstenbereich auch Plaine Orientale (»Östliche Ebene«) genannt: Obstplantagen, Weinfelder und blühende Wiesen breiten sich in der fruchtbaren Landschaft aus, während die salzige Luft vom nahen Meer erzählt.

Vier Lagunenseen

Bei Aléria bereichern vier Lagunenseen die Küste. Der Étang de Diana und davor der winzige Étang de Terrenzana, der Étang del Salé und der Étang d'Urbino. Die Landschaft erinnert eher an Finnland als ans Mittelmeer. In den beiden größten (Diana und Urbino) werden seit der Antike Austern gezüchtet, die man vor Ort auch genießen kann (siehe Autorentipp S. 228). Das schöne Gebiet eignet sich zudem für kleine Wanderungen, die ganz andere Eindrücke von Korsika vermitteln. Zu erreichen sind die Seen über kleine Straßen,

Oben: Steg am Étang d'Urbino
Unten: Wiege der Austernfischerei

Costa Serena

Die Costa Serena entdecken

Und wenn das Strandleben auch noch so schön ist – es lohnt sich, an der Costa Serena einmal dem Meer entgegengesetzt zu fahren.

Ⓐ Ausgrabungsstätte Aléria – Die Reste der römischen Siedlung liegen nahe an der Costa Serena. Unbedingt sollte man auch das zugehörige Museum besuchen.

Ⓑ Die Langunenseen von Aléria – Eine besondere Landschaft. Der Étang de Diana und Étang d'Urbino dienen der Austernzucht. Auf den schönen Spazierwegen zeigt Korsika ein anderes Gesicht.

Ⓒ Ghisonaccia – Das Städtchen selbst ist kein Glanzlicht, weiß aber mit schönen Plätzen in der Umgebung zu überzeugen. Und wer Rundum-Sorglos-Badeurlaub möchte, ist hier auch richtig.

Ⓓ Naturschutzgebiet Pinia – Kiefernwälder und ein herrlicher Sandstrand – dies vermuten viele nicht so nahe an Ghisonaccia.

Ⓔ Inzecca-Schlucht – Durch die Felsen verläuft der Fluss Fium'Orbu, der schöne Badegumpen zu bieten hat.

Ⓕ Ghisoni – Das Bergdorf ist in mehrfacher Hinsicht mit Ghisonaccia verbunden: zum einen vom Namen her, aber auch durch eine lohnenswerte Ausflugsstraße.

AUTORENTIPP!

DAS FLOSSRESTAURANT AM AUSTERNSEE

Wie ein Süßwassersee ruht die Lagune des Étang d'Urbino vor bewaldeten Inseln und Bergen, ein Wanderweg führt am Wasser entlang. Am Ufer stehen Liegestühle, Sitzgruppen und Picknickplätze bereit, daneben gibt es einen urigen Laden mit Inselmode von Kallisté Créations. Hier betreiben Vincent und Luc Bronzini de Caraffa ein schwimmendes Restaurant (Restaurant sur l'eau). Auf einem Floß ragt es in den See hinein, man sitzt also sozusagen über der Delikatesse, die ganz frisch auf dem Teller landet: In dem Gewässer werden Korsikas Austern gezüchtet. Sehr zu empfehlen sind auch die Miesmuscheln im Teigmantel (Moules frites).

Restaurant étang d'Urbino. Abzweigung von der N198 (zwischen Aléria und Ghisonaccia, ca. 4 km hinter Ghisonaccia). 20 240 Ghisonaccia, Tel. 04 95 57 30 89, E-Mail: sarl.urbino@me.com

DER OSTEN

die von der Küstenstraße N198 abzweigen. Richtung Süden setzen sich die langen Strände der Ostküste fort, kleine Hochburgen für unbeschwerten Badeurlaub – sofern man ihn gern mit vielen anderen teilt. Individualreisende indes fahren lieber an die Westküste.

Ghisonaccia

Der Hauptort der Costa Serena hat rund 4000 Einwohner, im Sommer sind es einige mehr. Bungalow-Siedlungen und Campingplätze liegen dicht beieinander. Viele verfügen über einen eigenen Zugang zum Strand. Die Ortschaft selbst liegt rund fünf Kilometer vom Wasser entfernt. Aus kultureller Sicht hat sie nicht viel zu bieten, doch mit dem nahe gelegenen Naturschutzgebiet Pinia ist sie ein lohnendes Ausflugziel: Bis zum Étang d'Urbino reichen die Kiefernwälder und davor befindet sich ein Sandstrand, an dem es auch im Sommer ruhiger zugeht.

Ausflüge ins Hinterland

Das Bergdorf Ghisoni ist über eine Nebenstrecke direkt mit Ghisonaccia verbunden – eine Liaison, die darauf verweist, dass die Menschen früher in den Bergen gelebt haben, während sie die Tiere im Winter hinab auf die Weiden ins wärmere Flachland trieben. Solchen Zwillingsorten begegnet man auf Korsika öfter. Ein Ausflug nach Ghisoni jedenfalls lohnt sich, es geht durch die Inzecca-Schlucht mit dem Fluss Fium'Orbu, dann durch die Schlucht von Strette, kurz vor dem Bergdorf befinden sich beliebte Badestellen (siehe Kapitel 21). Von dort ist es nicht mehr weit bis zu den ersten Zweitausendern (Monte Renoso) und zum Skigebiet von Ghisoni. Und die Reise ließe sich fortsetzen: Richtung Nordwesten über das Prunelli-Tal, Richtung Süden über den Bergpass Col de Bavella.

Costa Serena

Infos und Adressen

ESSEN UND TRINKEN
Restaurant Le Cintra. Pizzeria am Ortsausgang (Richtung Bonifacio), bietet sich auch für einen Stopp auf der Durchreise an. Avenue du 9 Septembre, 20 240 Ghisonaccia, Tel. 04 95 56 13 44

ÜBERNACHTEN
Marina d'Oru. Feriendorf mit Animation für Kinder und Erwachsene. Route de la mer, 20 240 Ghisonaccia, Tel. 04 95 56 57 58, www.site.marinadoru.com

Perla di Mare. Ferienanlage in schöner Strandlage mit Pool. Plage de Vignale, 20 240 Ghisonaccia, Tel. 04 95 56 53 10, www.perla-di-mare.fr

U Casone. Alteingesessene Ferienanlage mit Camping, Gite, zwei Pools und Sportangebot. Route de la mer, 20 240 Ghisonaccia, Tel. 04 95 56 02 41, www.ucasone.net

Spezialitätenladen in Ghisonaccia

AKTIVITÄTEN
Fallschirmspringen. Auch Tandemsprünge. Ghisonaccia Alzitone Airport (Sportflughafen von Ghisonaccia, 2 km nördlich), 20 140 Ghisonaccia, Tel. 06 76 85 32 53

Segway-Touren. Geführte Erkundungen mit dem Segway. Stationen u.a. an der Domaine Mavela und am Genuesenturm von Aléria. Tel. 06 34 65 71 47 22, www.mobilboard.com

EINKAUFEN
Domaine Mavela. Statt Wein einmal korsischen Whiskey probieren. U Licettu (5 km südlich von Aléria an der D343), 20 270 Aléria, Tel. 04 95 56 60 30, www.domaine-mavela.com

INFORMATION
Office de Tourisme de Ghisonaccia Costa Serena. Sommer: Mo–Sa 9–12.30 / 14–20 Uhr, So 9–12 Uhr, Herbst–Frühjahr: Mo–Fr 8.30–12.30 / 14–18 Uhr, Place de l'Hôtel de ville, 20 240 Ghisonaccia, Tel. 04 95 56 12 38, E-Mail: tourisme.ghisonaccia@wanadoo.fr, www.corsica-costaserena.com

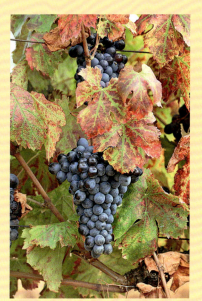

An der Costa Serena gedeiht auch der Wein

Oben: Anmutig: Die Plage de Canella
Unten: Kaimauer im Hafen von Solenzara

DER OSTEN

42 Solenzara
Rendezvous von Meer und Fluss

Sicher, diese Liebesbeziehung kommt auf Korsika häufiger vor – doch selten ist sie so schön wie bei Solenzara. Auf der einen Seite Traumstrände, auf der anderen einer der schönsten Bergflüsse Korsikas. Natürlich hat er auch daran gedacht, zahlreiche Badestellen in den Felsen zu modellieren. Willkommen an der »Perlmuttküste« Korsikas: der Côte des Nacres!

Auch wenn es wohl eher eine Werbestrategie der örtlichen Touristenagenturen ist, der Name »Perlmuttküste« passt zu diesem Küstenbereich: Es schillert alles an der Côte des Nacres, im oft von der Sonne verwöhnten Südosten, seien es die Wellen auf dem Meer oder das kristallklare Wasser der Solenzara. Erklärt wird die Bezeichnung auch mit einem besonders hohen Vorkommen von Muscheln im Gebiet von Solaro bis Conca.

Wie so oft auf Korsika trägt die Ortschaft an der Mündung den Namen des Flusses. Einst war der Hafen im Seehandel Korsikas mit der Insel Elba von Bedeutung, heute sind es die Sportbootfahrer, die ihn rege nutzen. Vom breiten Rundherum-Angebot, den Restaurants und Cafés mit schönem Blick auf das Wasser haben auch alle anderen etwas. Im Sommer ist darüber hinaus einiges an Veranstaltungen geboten. Regelmäßig gibt es Live-Konzerte und andere Events.

Die Ortschaft als solches lohnt sich weniger, ähnlich wie in Ghisonaccia ist es das schöne – für viele hier noch schönere – Umland, das die Reise wert ist. Zu beiden Seiten liegen wundervolle Sandstrände, hier besonders oft mit Pinien ge-

Solenzara

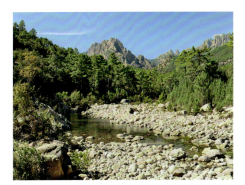

Am Flußbett der Solenzara

AUTORENTIPP!

DIE SCHÖNSTEN BADEGUMPEM

Je weiter oben in den Bergen, desto klarer ist das Wasser des herabströmenden Flusses. Auch um die Schönheit der Natur in Ruhe genießen zu können, lohnt es sich, der Solenzara ein gutes Stück zu folgen. Ein weniger stark besuchter Ort befindet sich zum Beispiel hinter dem Campingplatz U Ponte Grossu. Oft liegen die schönsten Felsbecken in der Nähe der bekannten Plätze, sind aber nicht direkt mit dem Auto zu erreichen. Also: Wer ein Stück am Ufer entlangwandert, wird seinen persönlichen Lieblingsplatz finden.

Anfahrt: Ab Solenzara über die D268 Richtung Col de Bavella, nach ca. 11 km ist der Campingplatz U Ponte Grossu erreicht. Bereits ab 7 km liegt die bekanntere Gumpe (Camping U Rosumarinu) an der Strecke.

säumt. Anders als an der nördlichen Ostküste gibt es auch einige kleinere, verschwiegenere Buchten, etwa südlich von Solenzara die Cala d'Oru, die Plage de Cannella und die Plage de Favone. Auch liegt der Lagunensee Étang de Palu ganz in der Nähe. Allerdings beeinträchtigt der Militärflughafen von Tarvo das Naturerlebnis.

Bergfluss mit Erdbeerbäumen

Kurz vor der Ortschaft zweigt die D68 ab; sie endet im oberhalb gelegenen Weiler Sari-Solenzara auf der Kuppe des Monte Santu. Ein lohnendes Ziel, denn vom Kirchplatz des Dorfes eröffnet sich ein fantastischer Blick über die Côte des Nacres. Nur ein Stückchen weiter nördlich beginnt eine der schönsten Bergstraßen Korsikas: Die D268 begleitet den Fluss Solenzara bis hinauf in das Bavella-Massiv, durch ausgedehnte Kiefernwälder und vorbei an vielen schönen Badestellen an den Felsbecken. Es sind sicherlich die bekanntesten und wohl auch beliebtesten Gumpen Korsikas. Doch da sie reichlich vorhanden sind, verteilt sich der Andrang ganz gut. Und wer ein Stückchen weiter fährt, findet sie auch hier, die »geheimen« Plätze (siehe Autorentipp). Eine der bekanntesten

Oben: Beim Forest Parc Via Ferrata Parc Aventure
Unten: Der Erdbeerbaum mit seinen rot-gelben Früchten

Gumpen wiederum befindet sich nahe dem Campingplatz U Rosumarinu, unterhalb des Parkplatzes.

Zunächst allmählich, dann immer steiler geht es hinauf in Korsikas Bergwelt, außer den Nadelhölzern sind hier auch vielerorts Erdbeerbäume zu sehen, die im Herbst rot-gelbe, stachelige Früchte tragen. Am Flusslauf sind einige Campingplätze zu finden, oft mit schönen Biergärten (!) oder Cafés direkt am Wasser, außerdem einige Anbieter von Canyoning- und Rafting-Touren.

Der Fluss Solenzara trennt die Départements Haute-Corse und Corse-du-Sud und bildet zugleich eine geologische Grenze. Die weite Ebene der Costa Serena weicht nun den Bergen, die hier wieder dicht an die Küste rücken. Damit beginnt auch ein Küstenabschnitt, der ähnlich wie der Inselwesten eher viele kleinere Buchten und Strände aufweist, doch mit dem Unterschied, dass das mediterrane Flair auf dieser Inselseite noch stärker spürbar ist als im raueren, oft auch windigeren Westen. Dieses Bild verstärkt sich umso mehr, je weiter man nach Süden kommt. Nicht zuletzt deshalb zählt die Küste rund um Porto-Vecchio zu den beliebtesten Ferienregionen Korsikas (siehe Kapitel VI, Der Süden).

Solenzara

Infos und Adressen

ESSEN UND TRINKEN / ÜBERNACHTEN

Camping Côte des Nacres. Großer Campingplatz direkt am Strand von Solenzara. BP 13, 20 145 Solenzara, Tel. 04 95 57 40 09, www.campingdesnacres.com

Camping U Rosumarinu. Im Restaurant gibt es auch gute Pizza. Route de Bavella (7 km ab Solenzara direkt am Fluss), 20 145 Solenzara, Tel. 04 95 57 47 66, E-Mail: contact@urosumarinu.fr

Camping U Ponte Grossu. Dieser Campingplatz liegt noch etwas höher, die Ausstattung ist einfacher, die Natur grandios. Route Bavella, 20 145 Sari-Solenzara, Tel. 04 95 48 26 61, www.upontegrossu.com

Hotel La Solenzara. Charmantes Drei-Sterne-Hotel in einem alten Genueserhaus, mit Pool. Quartier du Palais, 20 145 Solenzara, Tel. 04 95 57 42 18, E-Mail: info@lasolenzara.com, www.lasolenzara.com

AKTIVITÄTEN

Acqua & Natura. Adventure-Parc und Canyoning am Fluss Solenzara. Kamiesch, 20 240 Solaro, Tel. 06 29 19 19 04, E-Mail: acqua-natura@hotmail.fr, www.corse-canyoning-parc.com

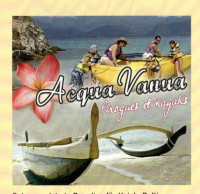

Solenzara ist ein Paradies für Kajak, Rafting ...

... und Canyoningtouren

Acqua Vanua. Canyoning, Forest Parc, Meer-Kajaks. Plage de Favone, 20 145 Solenzara. Tel. 06 03 60 87 29, www.acquavanua.com

Corsica Forest. Canyoning und Adventure-Park nahe Solenzara (Ostküste). Treffpunkt nach vorheriger Reservierung z.B. am Camping Ponte Grossu an der D268 Richtung Bavella/Zonza, Tel. 06 16 18 00 58, www.corsica-forest.com

Parc Aventure Indian Forest Corse. Je ein eigener Kletterparcours für Kinder und Erwachsene. Mitte Mai–Mitte Sept 9.30–19 Uhr, bei Ghisoni, Tel. 06 08 24 67 87 und 04 95 57 63 42, E-Mail: contact@indian-forest-corse.fr, www.indian-forest-corse.fr

INFORMATION

Office de Tourisme de Ghisonaccia Costa Serena. Mo–Fr 9–12.30 / 14–20 Uhr, So 9–12 Uhr, Place de l'Hôtel de Ville, 20 240 Ghisonaccia, Tel. 04 95 56 12 38, E-Mail: tourisme.ghisonaccia@wanadoo.fr, www.corsica-costaserena.com

Office de Tourisme de la Côte des Nacres. Mo–Fr 9–20 Uhr, Sa / So 9–13 / 16–19 Uhr (Hochsaison), Mo–Fr 9–12 / 14–19 Uhr, Sa 9–12 / 15–19 Uhr, So 10–13 Uhr (Nebensaison), Mo–Fr 9–12 / 14–18 Uhr (Winter), Véchja scola, 20 145 Sari-Solenzara, Tel. 04 95 57 43 75, E-Mail: info@cotedesnacres.com, www.cotedesnacres.com

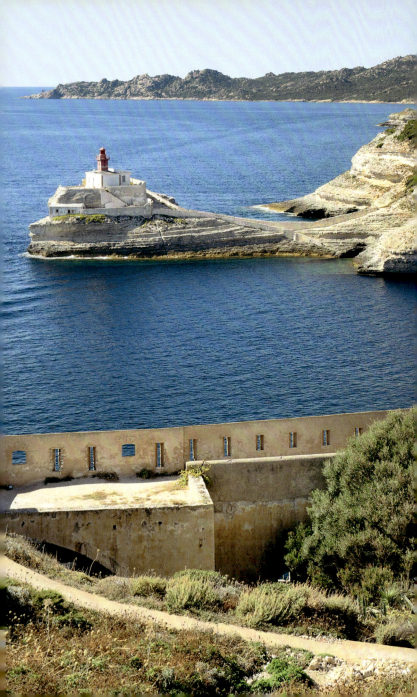

DER SÜDEN

43 Porto-Vecchio
Hochburg des Badetourismus **236**

44 Das Hinterland von Porto-Vecchio
Kastell und Zuckerhut **240**

45 Baie de Rondinara
Buchtentrio im Naturreservat **246**

46 Bonifacio
Festung über Kreidefelsen **250**

47 Lavezzi-Archipel
Trauminseln nahe Bonifacio **256**

48 Sartène
Blutrache und Büßer-Prozession **258**

49 Cauria
Steinalleen und eine »Teufelsschmiede« **262**

50 Korsische Musik
Melancholisch und zauberhaft **264**

DER SÜDEN

43 Porto-Vecchio
Hochburg des Badetourismus

Porto-Vecchio bedeutet »Alter Hafen«. Das Bild aber, das die drittgrößte Stadt Korsikas heute bietet, ist ein ganz anderes. Moderne Sportboote ankern vor dem Quai Pascal Paoli, zahlreiche Hotels und Ferienanlagen umrahmen die 10 000-Einwohner-Stadt. Selbst von der historischen Festung ist kaum noch etwas zu sehen. Das Umland indes verführt mit Traumstränden wie der Plage de Palombaggia.

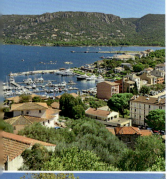

In den vergangenen Jahrzehnten entwickelte sich Porto-Vecchio zum wirtschaftlichen Zentrum Süd-Korsikas; die Bevölkerung wuchs und genauso der Tourismus. Liegt die Stadt doch verkehrsgünstig mit ihrem Fährhafen, in dem die großen Passagierschiffe aus Marseille, Genua, Livorno, Palau und Neapel anlegen, und zugleich im von der Sonne besonders verwöhnten Süden Korsikas. Hierher kommen viele, die mit Urlaub vor allem das verbinden, was man von einer Mittelmeerinsel erwartet: Sandstrand und türkisblaues Meer, abends ein Hafen zum Pizzaessen und Weintrinken, Karaoke und Cocktailbars.

»Bastion de France«

Die Urlaubsfreuden spielen sich vor allem in der Altstadt und an den Stränden der Umgebung ab. Dazwischen gibt sich Porto-Vecchio geschäftig, es dominieren Einkaufszentren und Gewerbebetriebe. Anders als in Calvi und Bastia liegt die Zitadelle (1539) hier etwas versteckt, vom Meer aus ist sie kaum zu sehen, verschwindet gleichsam hinter den vorgelagerten Bergen der südlichen Halbinsel. Im Zeitraum 1540 bis 1589 wurde sie dreimal zer-

Vorangehende Doppelseite: Die Befestigungsanlagen und der Leuchtturm von Bonifacio
Oben: Blick über den Hafen und die Bucht von Porto Vecchio
Unten: Place de la République mit Skulptur »Le Cycliste« von Mauro Corda

Porto-Vecchio

In und um Porto-Vecchio

In Porto-Vecchio lohnt sich vor allem die historische Oberstadt. Bei Ausflügen ins Umland sind Traumstrände zu entdecken.

🅐 **Fährhafen** – Hier kommen die Fährschiffe aus Marseille, Genua, Livorno, Palau und Neapel an. Etwas weiter nördlich liegt der Sportboothafen.

🅑 **Zitadelle** – Sie ist zwar nur noch teilweise vorhanden, der Altstadtbummel lohnt sich aber auch hier. Viele Cafés und Restaurants, abends im stimmungsvollen Licht, laden zum Verweilen ein.

🅒 **Place de la République** – An dem zentralen Platz befinden sich die Tourist-Information und einige nette Lokale mit Terrassen, von denen aus man dem regen Treiben zusehen kann.

🅓 **Église St.-Jean Baptiste** – Eher Orientierungspunkt als besondere Sehenswürdigkeit.

🅔 **Festungsmauer** – Das Herzstück des historischen Stadtteils bietet ein schönes Hafenpanorama und weitere Einkehrmöglichkeiten – in einigen der Restaurants hat man sogar beides.

🅕 **Porte Génoise** – Auch das ehemalige Stadttor ist noch gut erhalten. Es führt eine Straße hindurch, die ein Fußgängerweg begleitet.

🅖 **Salinen** – Ein interessantes Bild am Fluss U Stabiacciu geben die schachbrettartig angelegten Salzfelder ab. Das Gelände ist Privateigentum.

🅗 **Plage de Palombaggia** – Der kilometerlange Hausstrand von Porto-Vecchio ist ein Traum und entsprechend gut besucht.

🅘 **Réserve Naturelle Îles Cerbiale** – Die vier Inseln des Naturreservats liegen vor der Plage de Palombaggia.

AUTORENTIPP!

VERSTECKTE BUCHTEN
Besonders im Sommer ist die Plage de Palombaggia oft gnadenlos überlaufen. Dabei gibt es zu beiden Seiten von Porto-Vecchio noch einige weitere schöne Strände und Buchten, etwa die Plage de la Rondinara (siehe Kapitel 45) und die Plage de Santa Guilia im Süden sowie die Strände von Cala Rossa, San Ciprianu und Pinarellu im Norden. Manch malerische Bucht liegt auch unvermutet an Durchfahrtsörtchen, etwa die Bucht von Favone. Es lohnt sich also, ein Stück weiter zu fahren.

Plage de Favone. An der N198, ca. auf halber Strecke zwischen Solenzara und Porto-Vecchio.

DER SÜDEN

stört und wieder aufgebaut. 1769, ein Jahr, nachdem die Republik Genua Korsika an Frankreich verkauft hatte, ließ König Louis XV. die Festungsanlagen auf drei Hektar erweitern und benannte sie in »Bastion de France« um. Davon ist heute nicht mehr viel zu sehen, nur noch wenige der alten Mauern sind erhalten. Doch auch hier gibt es sie, die alten Gassen mit schönen Cafés, Brasserien und Spezialitätengeschäften, die charmanten Plätze, an denen man einen Strandtag bei einem guten Essen ausklingen lassen kann.

Das Leben spielt sich rund um die Place de la République ab, dem einladenden Platz vor der Kirche St.-Jean Baptiste (1886). Hier befinden sich die Tourist-Information und einige Restaurants, auch ist es ein schöner Ausgangspunkt für einen Altstadtbummel. Das markanteste Überbleibsel aus dem 16. Jahrhundert ist das Stück Festungsmauer unterhalb des Platzes mit einem alten Stadttor, an der sich Restaurants aneinanderreihen. Eine schmale Straße führt durch die Porte Génoise (das Genuesentor), begleitet von einem Fußgängerweg. Hier eröffnet sich ein schöner Blick über die Stadt, den Hafen und den Golf von Porto-Vecchio.

Plage de Palombaggia

Auf der anderen Seite der Halbinsel, von der Stadt aus also nicht zu sehen, liegt der wohl beliebteste Strand Korsikas: die Plage de Palombaggia, ein Traum in mediterranen Farben. Türkisblaues Meer, weiße Dünen, ein grüner Piniengürtel und rote Felsen, davor die Eilande des Naturreservats Îles Cerbicale. Über mehrere Kilometer erstreckt sich der Strand, trotzdem findet man hier im Sommer oft kaum noch einen Platz. Vertreten ist das komplette Angebot, das zu einem Badeurlaub gehört. Zu erreichen ist er über die ausgeschilderte Abzweigung der N198 südlich von Porto-Vecchio.

Da muss man (unbedingt) durch:
La Porte Genoise

Porto-Vecchio

Infos und Adressen

ESSEN UND TRINKEN

Chez Anna. Trattoria in der Altstadt mit großer Auswahl an Pasta. Rue Camille de Rocca Serra 16, 20 137 Porto-Vecchio, Tel. 04 95 70 19 97

U Corsu. Restaurant im Hafen mit Terrasse direkt über dem Wasser. Fisch, Gegrilltes und Pizza mit hausgemachter Tomatensauce. Korsische Live-Musik am Abend. Quai Pascal Paoli, 20 137 Porto-Vecchio, Tel. 04 95 70 13 11

ÜBERNACHTEN

Camping Asciaghju. 300 m zum Hausstrand, 4 km bis zum Strand von Palombaggia. Bocca di l'Oro, 20 137 Porto-Vecchio, Tel. 04 95 70 37 87, www.campingasciaghju.com

Le Bélvedère. Luxuriöses Ambiente mit Meerblick in Porto Veccio. Vorzügliches Restaurant, Palmenterasse und großer Pool direkt über dem Wasser. www.hbcorsica.com

Le Roi Theodore. Vier-Sterne-Hotel im Herzen der Altstadt (Porte Genoise) mit einem der besten Restaurants der Stadt. Avenue de Bastia/BP 9, 20 137 Porto-Vecchio, Tel. 04 95 70 14 94, www.roi-theodore.com/le-restaurant

AKTIVITÄTEN

Corsica Park. Freizeitpark nahe Porto-Vecchio. Route de Bonifacio, am Kreisverkehr von Stabiacciu der D859 folgen. Mitte Juni–Ende Aug., Route de Bonifacio (N198, nahe dem Kreisverkehr von Stabiacciu; der Park ist ausgeschildert), 20 137 Porto-Vecchio, Tel. 06 12 66 67 91

AUSGEHEN

Discothèque Via Notte. Hier wird gehottet, bis die Sonne aufgeht. Angesagte DJs, auch Live-Musik. Route de Porra, 20 137 Porto-Vecchio, Tel. 04 95 72 02 12, www.vianotte.com

INFORMATION

Office de Tourisme de Porto-Vecchio. Mo–Sa 9–12 / 14–18 Uhr, Do 18.30 Uhr Führungen durch die Altstadt, Rue du Docteur Camille de Rocca Serra/BP 92, 20 137 Porto-Vecchio, Tel. 04 95 70 09 58, E-Mail: accueil@destination-sudcorse.com, www.ot-portovecchio.com.

Restaurant in der Rue Borgo

DER SÜDEN

44 Das Hinterland von Porto-Vecchio
Kastell und Zuckerhut

Die »Insel der Schönheit« hält auch nahe der Stadt Porto-Vecchio ihr Versprechen. Das Hinterland entführt in eine liebliche Hügellandschaft, in der Erdbeerbäume wachsen und Korkeichenwälder Ruhe verströmen. Mindestens zwei Plätze sollte man dort unbedingt besuchen: eine Festung aus der Bronzezeit und die wahrscheinlich ungewöhnlichste Hirtenhütte Korsikas.

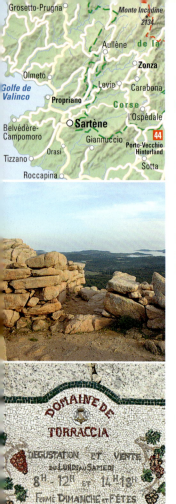

Das erste lohnende Ziel ist schon nach ungefähr neun Kilometer Autofahrt erreicht und dazu muss man nur ein einiges Mal abbiegen. Die D398 führt direkt ab dem Stadtzentrum von Porto-Vecchio hinauf zum Forêt de l'Ospédale (Wald von Ospédale). An der Hauptkreuzung in Palavese geht es rechts (D759) weiter durch die hügelige Landschaft bis nach Araggio, wo eine Festung aus der Bronzezeit wartet.

Casteddu d'Araghju

Das Casteddu d'Araghju liegt oberhalb des zugehörigen Weilers Hameau de Araggio (korsisch: Araghju) in der Gemeinde San Gavinu di Carbini. Bis dorthin führt die Straße, das letzte Stück des Weges ist nur zu Fuß möglich. Im Ort gibt es einen großen Parkplatz. Schon bei der Zufahrt weisen Schilder freundlich darauf hin, dass er auch zu nutzen ist. Zu groß wäre wohl das Chaos im Sommer, würden alle Gäste entlang der Straße parken. Auch mit einer Snack-Bar und Picknickplätzen unter schattigen Bäumen hat man sich auf Besucher eingestellt.

Oben: Vom Casteddu d'Araghju hat man einen Blick bis zum Meer.
Unten: Eingangsschild der Domaine de Torraccia

Die Festungsanlage Casteddu d'Araghju

Ein kurzer, aber recht steiler Bergpfad führt über Granitfelsen hinauf zum Kastell. Flaumeichen und Erdbeerbäume stehen am Wegesrand. Für den Aufstieg benötigt man ungefähr eine halbe Stunde – doch schon der Blick, der sich oben bietet, ist es wert. Rund 250 Meter über Meereshöhe gelegen, eröffnet sich von der Festung aus eine unvergleichliche Aussicht über das Tal mit seinen ausgedehnten Eichenwäldern bis nach Porto-Vecchio; wie Zuckerwürfel verteilen sich die einzelnen Häuser und Höfe zwischen den Hügeln.

Die gut erhaltenen Überreste der Festungsanlage, errichtet gegen 2000 v. Chr., sind der Kultur der »Torreaner« zuzuordnen, genauso wie die Fundstätte von Cucuruzzu in der Alta Rocca (siehe Kapitel 24). Die Siedler der Bronzezeit hinterließen im Süden Korsikas zahlreiche Spuren, auch Menhire und Kultstätten gibt es in diesem Inselteil besonders häufig. Eine an einem großen Stein befestigte Tafel nahe dem Eingang verschafft einen Überblick über die Anlage. Besucher sollten darauf achten, da sie leicht zu übersehen ist. Um einen Innenhof gruppieren sich mehrere Räume, Korridore und Treppen, außerdem zwei Bastionen. Zum Bau der Anlage wurden rote Granitblöcke und an-

AUTORENTIPP!

DOMAINE DE TORACCIA

Ein Ausflug ins Hinterland von Porto-Vecchio lässt sich auch mit einer Weinprobe verbinden. Nördlich der Stadt, nahe der Ortschaft Lecci, bettet sich der Hof der Domaine de Torracia in seine Weinberge. Auf neun Hektar Fläche werden die Rebsorten Malvasia und Vermentinu für Weißweine angebaut, auf 32 Hektar gedeihen die roten Sorten Niellucciu, Sciaccarellu, Grenache, Syrah und Cinsault. Die empfehlenswerten Weine, Oriu und Torracia, jeweils als Rotwein, Weißwein oder Rosé, werden vor Ort verkostet und verkauft.

Domaine de Torracia. Über die N198 Richtung Bastia bis Lecci (ca. 12 km ab Porto-Vecchio), dort rechts abbiegen. Das Weingut befindet sich kurz hinter der Kirche. Mo–Sa 8–12 / 14–18 Uhr, Juni–Sept. 8–20 Uhr, Torraccia, 20 137 Lecci, Tel. 04 95 71 43 50, www.domaine-de-torraccia.com

DER SÜDEN

Oben: Die Berge bei L`Ospedale sind ein schönes Wandergebiet.
Unten: Korkeichenwald

dere flache Steine verwendet. Die Reste der Grundmauern sind noch bis zu zwei Meter hoch. Auch Ruinen eines der für diese Kultur charakteristischen Rundbauten sind zu erkennen. Der »Torre« könnte als Wachturm gedient haben, doch wie bei den anderen Fundorten auf Korsika liegen die Beweggründe der Erbauer genauso im Dunkeln wie weitere geschichtliche Hintergründe dieser Kultur (siehe Kapitel 24).

Aus den Funden einiger Alltagsgegenstände folgerten Archäologen, dass Araggio regelmäßig bewohnt war. Die Fundstücke sind im Prähistorischen Museum von Sartène ausgestellt (siehe Kapitel 48). Roger Grosjean, auch verantwortlich für die Untersuchungen von Cucuruzzu, leitete die Ausgrabungen im Jahr 1960.

Oriu di Canni

Bei Urlaubern bekannt ist ein besonderer Ort, der sich rund 20 Kilometer weiter südlich befindet: eine Hirtenhütte, die aussieht, als habe man ihr eine Zipfelmütze aufgesetzt. Sie könnte auch in einem Kinderfilm oder Puppentheater mitspielen. Was auf den ersten Blick wie eine Attrappe wirkt, ist ein großer, spitzer Felsen mit einer Höhle, in die man die Bergerie hineinbaute. Der Oriu di Canni (»Zuckerhut von Canni«) befindet sich in dem Weiler Canni südlich von Sotta, inmitten einer bäuerlichen Landschaft mit Höfen, Trockensteinmauern und Feldern. Lange diente die lustige Hütte den dort lebenden Berghirten als Unterschlupf. Noch immer steht sie offen und wird von Einheimischen und anderen, die den Platz kennen, gern als Ausflugsziel besucht.

Es gibt zwei Möglichkeiten, den Oriu di Canni zu erreichen. Die kürzere Strecke ab Porto-Vecchio ist die D859, eine Abzweigung südlich der Stadt.

Das Hinterland von Porto-Vecchio

Ausflüge ab Porto-Vecchio

Eine Tour ins grüne Hinterland bietet Abwechslung zu Strand und Sonnenbad: viel Grün, Vor- und Frühgeschichte und eine besondere Hirtenhütte. Diese Ziele lassen sich auch im Rahmen einer Rundfahrt als Tagesausflug verbinden.

A Forêt de l'Ospédale – Das Waldgebiet oberhalb von Porto-Vecchio birgt wunderschöne Ausflugsziele. Besonders schön ist es entlang des Oso-Flusses, der auch einen Wasserfall bildet.

B Araggio – Das hoch gelegene Dorf ist Ausgangspunkt für den Aufstieg zur archäologischen Fundstätte. Dazu hat man eigens einen großen Parkplatz eingerichtet, an dem sich auch eine Snack-Bar befindet.

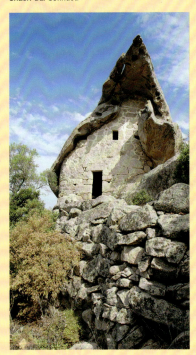

Die Oriu di Canni – der »Zuckerhut«

C Casteddu d'Araghju – Eindrucksvoll zeigen die Mauern aus der Bronzezeit, wie einst die Festung ausgesehen haben muss. Ab dem Parkplatz ist das Kastell in Kürze erreicht.

D Anfahrt zum Kastell – Diese Route am Südrand des Forêt de l'Ospédale führt direkt nach Arragio. Vor oder nach dem Besuch des Kastells bietet sich also ein Abstecher in die Wälder an.

E Oriu di Canni – Die Bergerie trägt eine »Zipfelmütze«. Wegen der ungewöhnlichen Form wird sie auch als Zuckerhut bezeichnet.

F Anfahrt von Norden – Ab Porto-Vecchio ist dies die kürzeste Strecke zum Oriu di Canni.

G Anfahrt von Süden – Für Besucher, die aus Bonifacio kommen, ist diese Strecke nach Canni die günstigere Variante – und auch eine Alternative für alle, die lieber eine Runde fahren als dieselbe Strecke hin und zurück.

Blick über den Forêt de l'Ospédale

AUTORENTIPP!

FORÊT DE L'OSPÉDALE

Wenn es am Strand doch einmal zu heiß wird, bietet der Wald von Ospédale, westlich von Porto-Vecchio gelegen, wohltuende Abwechslung. Mit dichten Beständen an Schwarzkiefern, Kork- und Steineichen, Farnen und Felsformationen aus verwittertem Granit lädt er zum Durchatmen ein. Mitten in das tiefe Grün bettet sich der Stausee Barrage de L'Ospédale mit einem schönen Wasserfall in der Nähe. Er heißt Cascade de Piscia di Gallo (korsisch: Picia di Ghjaddu), übersetzt bedeutet das in etwa »Hahnenpisse«, der Platz indes ist deutlich romantischer. Mehr als 60 Meter tief stürzt der Fluss Oso durch eine Felsspalte. Entlang dem Ufer kann man bis hinab nach Lecci laufen. An der Strecke nach Ospédale liegt außerdem die Abzweigung zur Festung Casteddu d'Araghju (siehe Haupttext S. 240), die man bei der Gelegenheit besichtigen kann.

Anfahrt: D386 ab Ortszentrum Porto-Vecchio

Nach knapp zehn Kilometern ist Sotta erreicht, dort geht es bald rechts über die D959 und deren Verlängerung D59 bis nach Belleville, wo man links nach Canni abbiegt. Die zweite Möglichkeit ist eine südlichere Abzweigung der N198. Ungefähr auf halber Strecke zwischen Porto-Vecchio und Bonifacio biegt die D59 nach Chera ab. Die Straße führt über mehrere Windungen und Dörfer; in Belleville schließlich geht es rechts nach Canni.

Der Weg zum Zuckerhut beginnt am Ortsende von Canni, wo es auch Parkmöglichkeiten gibt. Ein Pfad führt von dort erst nach rechts und nach wenigen Gehminuten links den Hügel hinauf und direkt zum Oriu di Canni. Hin- und Rückweg sind, eine kleine Pause inklusive, in einer Stunde gut zu schaffen. Der Platz verführt allerdings dazu, länger zu bleiben. Bei einer Umrundung zeigt sich die Hütte, aber auch die Landschaft, von mehreren besonderen Seiten. Übrigens lässt sich ein Ausflug zum Oriu di Canni hervorragend mit einer Rundfahrt von Porto-Vecchio nach Bonifacio (oder andersherum) verbinden, denn es gibt zwei verschiedene Anfahrtswege. Am besten beginnt man mit der aufwändigeren Strecke über das Hinterland und nimmt auf dem Rückweg die schnellere Möglichkeit über die Fernstraße (siehe auch Karte S. 243).

Das Hinterland von Porto-Vecchio

Infos und Adressen

SEHENSWÜRDIGKEITEN

Castello d'Araggio. Zugang zur Festung im Weiler Hameau de Araggio. Anfahrt über die D398/D759, 20 137 Porto-Vecchio

ESSEN UND TRINKEN

Casella d'Arraggio. Snack-Bar mit schönen Sitzplätzen. Am Parkplatz des Castello d'Araggio. Hameau de Araggio, 20 137 Porto-Vecchio

ÜBERNACHTEN

Hotel San Pasquale. In Conca nördlich von Porto-Vecchio, nahe dem GR 20 und einer schönen Bucht. Geschmackvoll eingerichtete Zimmer. 20 135 Conca, Tel. 04 95 10 47 30, www.hotelsanpasquale.com

Le Jardin de Santa Giulia. Kleine Ferienanlage in schönem Parkgelände, 5 km vor Porto-Vecchio. 11 Zimmer mit TV und Mini-Kühlschrank. 800 m zum Strand von Santa Giulia. Precoggio, 20 137 Porto-Vecchio, Tel. 04 95 70 22 09

Residence Suara Torta. Mini-Villas für 2 bis 6 Personen. Lieu-dit Cavo, 20 144 Ste-Lucie de Porto-Vecchio, Tel. 04 95 71 53 18, www.suaratorta.com

INFORMATION

Office de Tourisme de Porto-Vecchio. Mo–Sa 9–12 / 14–18 Uhr, Rue du Docteur Camille de Rocca Serra/BP 92, 20 137 Porto-Vecchio, Tel. 04 95 70 09 58, E-Mail: accueil@destination-sudcorse.com, www.ot-portovecchio.com

Hmm – lecker!

DER SÜDEN

45 Baie de Rondinara
Buchtentrio im Naturreservat

Mindestens genauso so hübsch wie die Plage de Palombaggia, doch etwas verschwiegener ist diese Traumbucht südlich von Porto-Vecchio. Geformt wie eine große Muschel, bietet die tief eingeschnittene Bucht viel Schutz vor Wind und Brandung. Und: Es gibt noch zwei abgeschiedenere Nachbarbuchten.

Unbekannt ist das Naturwunder keineswegs: Bereits mehrfach wurde die Plage de Rondinara zum schönsten Strand Frankreichs gewählt. Und wäre nicht ein großer Hügel »im Weg«, dann ginge es an ihren Ufern sicherlich genauso turbulent zu wie an dem großen Hausstrand von Porto-Vecchio. Doch die Bucht liegt, von der Straße nicht zu erahnen, direkt dahinter und ist nur über eine typisch korsische Serpentinenfahrt zu erreichen – oder aber mit dem Boot. Gut besucht ist sie im Sommer trotzdem, doch der Ansturm hält sich noch in Grenzen, zumal sie auch einige ruhigere Plätzchen zwischen Felsen bietet.

Trotz ihrer versteckten Lage ist die Bucht von Rondinara leicht zu finden. Vorausgesetzt, man achtet auf das Schild an der Abzweigung der N198, das ungefähr zehn Kilometer vor Bonifacio, bei einigen Müllcontainern, nach links den Weg weist: Auf korsisch steht dort »Rundinara Plage«. Die Route de la plage de Rondinara steuert zunächst auf den Berg zu, um sich dann in zwei engen Kehren an ihm hinaufzuwinden. Oben hält man sich rechts, es geht durch Suartone, einen pittoresken Weiler mit einigen Ferienapartments und einem Restaurant, und schließlich auf der anderen Bergseite wieder hinunter. Schon bald

Oben: Ein Paradies: Die Buchten von Rondinara
Unten: Auch steinige Küsten gibt es hier, doch sie sind genauso schön.

In der geschützten Buchten-Muschel ankern gern Segler.

erahnt man, welcher Traum in Türkis dort unten wartet. Wer den bequemsten Weg zum Strand bevorzugt beziehungsweise den Strandabschnitt mit Infrastruktur, biegt schließlich noch einmal rechts ab Richtung Campingplatz. Dort gibt es auch einen großen (gebührenpflichtigen) Parkplatz; bis zum Strand sind es noch ungefähr 300 Meter.

Naturreservat Tre Padule de Suartone

Die Baie de Rondinara gehört zum Réserve Naturelle Tre Padule de Suartone, dem Naturreservat Suartone. Es umfasst ein 217 Hektar großes Macchia-Gebiet mit einer Küste aus rötlichen Felsen und feinen Sandstränden. Wie eine Bucht aus dem Bilderbuch, eine große Muschel, liegt die Hauptbucht zwischen zwei Nebenbuchten, die allenfalls über wenige Pfade oder auf dem Wasserwege erreichbar sind. Die nördliche Bucht hat einen schmalen Strand aus rötlichem Sand, stellenweise ist sie fast bis zur Wasserkante mit Macchia bewachsen. Ein Pfad führt ab der Hauptbucht (Nordseite) dorthin. Die südliche Nebenbucht mit hellerem Sand ist vom Campingplatz erreichbar sowie über Pfade ab dem Südende der Hauptbucht. Zwischen der großen Bucht und der nordöstlichen Nebenbucht liegt noch der Lagunensee Étang de Prisarella.

AUTORENTIPP!

RUHIGE PLÄTZE

Ein Pfad führt direkt zu den ruhigen Strandnischen zwischen den Felsen. Um ihn zu finden, biegt man nicht zum Campingplatz ab, sondern fährt geradeaus weiter, bis die Straße vor einem abgezäunten Gebäude endet. Ein Schild informiert darüber, dass dies das Büro des Naturreservats der Straße von Bonifacio (Réserve Naturelle de Bouches de Bonifacio) ist. Links glitzert der Lagunensee Étang de Prisarella. Einige Parkplätze gibt es sogar neben der Straße. Mit etwas Glück ist einer frei und man kann direkt dem Pfad folgen, der rechts am Zaun entlang und dann in einer Linksbiegung hinab in die Bucht führt. Unten angekommen, liegen zur Rechten hinter den Felsen die schönsten Plätze. Er ist auch bei Schnorchlern sehr beliebt, denn an den kleinen Riffen, die das Gestein im Wasser bildet, finden einige Meerestiere Unterschlupf.

Anfahrt: Route de la plage de Rondinara

Vom Campingplatz führt ein breiter Sandweg durch die Macchia an den Hauptstrand, mit seicht abfallendem Wasser auch für Kinder gut geeignet und einer Farbe, die an Tahiti erinnert. Stets liegen schmucke Jachten und Segelboote in der Bucht und vervollständigen das Postkarten-Bild. Es gibt ein Strandrestaurant mit Bar und schöner Terrasse, auch Münzduschen befinden sich dort. Strohhütten mit Sonnenliege werden vermietet, und rechts neben dem Steg befindet sich ein Tretboot- und Kajakverleih. Sogar eine eigene Boje zum Festmachen kann man gegen Gebühr dazu mieten und dann mitten in der Bucht im »eigenen« Boot liegen, sich zurücklehnen und in den Himmel schauen.

Obwohl in der Hauptbucht im Sommer einiges los ist, verbreitet die Plage de Rondinara dennoch Ruhe und die Natur ist so ursprünglich und nah wie kaum sonst an der Küste der Region. Sogar Kühe schauen ab und zu vorbei. Alle, die unter sich sein möchten, zieht es an die Ränder der Bucht ... ein wenig Klettern über Felsen, und schon sind Plätze erreicht, die nicht nur FKK-Freunde bevorzugen. Auch ein direkter Pfad führt hinab zu diesem Teil der großen Bucht (siehe Autorentipp S. 247).

Oben: Am Strand von Rondinaria kann man sich auch gleich mit mit sommerlicher Kleidung ausstatten.
Unten: Hier gibt es alles gegen Hunger und Durst.

Baie de Rondinara

Infos und Adressen

ESSEN UND TRINKEN

La Rondinara. Das Strandrestaurant liegt direkt in der Hauptbucht hinter dem Campingplatz. Mittags Snackbar mit Panini, Gegrilltem und Crêpes, abends à la carte (vor allem Fisch). Suartone, 20 169 Bonifacio

Restaurant Chez Lili. Nettes Lokal in dem Durchfahrtsörtchen. Traditionelle Küche, ab und zu korsische Live-Musik. Route de la plage de Rondinara, Suartone, 20 169 Bonifacio, Tel. 04 95 70 17 90

ÜBERNACHTEN

Camping La Rondinara. Drei-Sterne-Campingplatz mit Überlaufpool, Lebensmittelladen und eigener Bäckerei. Suartone, 20 169 Bonifacio, Tel. 04 95 70 43 15, E-Mail: reception@rondinara.fr, www.rondinara.fr

Residence Les Terrasses de Rondinara. Ferienresidenz oberhalb der Bucht mit entsprechender Aussicht. Route de la plage de Rondinara, 20 169 Bonifacio, Tel. 04 95 24 28 45, E-Mail: terrasses@rondinara.fr

Im Chez Lili wird traditionelle Küche serviert.

INFORMATION

Office de Tourisme de Porto-Vecchio. Mo–Sa 9–12 / 14–18 Uhr, Rue du Docteur Camille de Rocca Serra/BP 92, 20 137 Porto-Vecchio, Tel. 04 95 70 09 58, E-Mail: accueil@destination-sudcorse.com, www.ot-portovecchio.com

Réserve Naturelle de Bouches de Bonifacio. Office de l'Environnement de la Corse. Avenue Jean Nicoli 14, 20 250 Corte, Tel. 04 95 45 04 00, www.rnbb.fr

Das La Rondinaria verwöhnt abends mit diversen Fischgerichten.

DER SÜDEN

46 Bonifacio
Festung über Kreidefelsen

Wer mit dem Auto ab Porto-Vecchio weiter Richtung Süden fährt, sollte einmal das Radio einschalten. Schon bald lassen sich auch italienische Sender einstellen, denn das Nachbarland ist nun ganz nah. Kurz vor Sardinien liegt Bonifacio, die südlichste Stadt Korsikas. Von der Festung aus kann man die Nachbarinsel sehen. Viel spektakulärer aber ist der Blick auf Bonifacio selbst.

Auf über das Meer ragenden Kreideklippen, in bis zu 80 Metern Höhe, sitzen die Bauten der Citadelle de Bonifacio und das von schmalen Gässchen durchdrungene historische Viertel. In der vordersten Reihe könnten die Häuser kaum dichter am Abgrund stehen. Ein schmaler Fjord, in dem sich auch der Hafen befindet, trennt die Felsen mit der Altstadt vom Festland. Uneinnehmbar wirkt die Festungsanlage von unten betrachtet, eine strategisch perfekte Lage in der Meerenge zwischen Korsika und Sardinien. Heute leben rund 3000 Einwohner in Bonifacio und im Sommer, wenn zahlreiche Urlauber durch die Gassen drängen, gleicht die Altstadt einem Bienenstock.

Die »alte Dame«

Dicht am Abgrund: Die Altstadt nutzt jeden Meter.

Im Umland von Bonifacio gab es bereits vor mehr als 10 000 Jahren erste Besiedlungen: Im Felshang von Araguina-Sennola fand man die bislang ältesten menschlichen Überreste auf Korsika, das Skelett einer jungen Frau. La vieille Dame de Bonifacio, die »Dame von Bonifacio«, lebte den bisherigen Erkenntnissen zufolge im 8. Jahrtausend v. Chr. Besuchen kann man sie im prähistorischen

Bonifacio

Weiße Kreidefelsen: Man sieht sie auf Korsika nur bei Bonifacio.

Museum von Levie in der Alta Rocca. Das heutige Stadtgebiet war wahrscheinlich bereits ab der römischen Antike besiedelt. Die Festungsstadt wurde im Jahr 828 durch den toskanischen Grafen Bonifacio II. gegründet, der zum Schutz vor Sarazenen-Angriffen auch die Zitadelle errichten ließ. Im Jahr 1195 gelang es den Genuesen, Bonifacio zu erobern. Sie erweiterten die Festungsanlage und führten das Münzrecht sowie die Gerichtsbarkeit in der Stadt ein.

Unten am Hafen locken Schilder, auf denen kostenlose Parkplätze angeboten werden. Daran gebunden ist die Teilnahme an einer Bootsfahrt, die natürlich etwas kostet. Es lohnt sich allerdings schon: Die Boote steuern je nach Tour die Grottes et falaise (Grotten von Bonifacio) und die unter Naturschutz stehenden Îles Lavezzi (Lavezzi-Inseln) an. Alle, die darauf verzichten möchten, fahren lieber hoch zur Citadelle, denn dort gibt es – man kann es sich beim Anblick der verwinkelten Stadt kaum vorstellen – mehrere große Parkplätze. Ein Leitsystem weist den Weg zu den noch freien Plätzen. Dafür fallen zwar einige Euro an, doch es hat auch den Vorteil, das Auto direkt oben an der Altstadt abstellen zu können. Der höchste Park-

AUTORENTIPP!

DIE KORALLEN VON BONIFACIO

Einer Legende zufolge bot Napoleon 1793 einer schönen jungen Frau aus Bonifacio ein Collier aus roten Korallen an, wenn sie ihm dafür ihre Liebe schenke … Möglicherweise handelt es sich auch nur um einen Werbegag, fest steht jedoch, dass die Koralle ein Symbol Bonifacios ist. Beim Tauchen in größeren Tiefen sind rote Gorgonien an den Steilhängen zu entdecken, eine im Mittelmeer endemische Hornkorallenart. Allen Naturschutzgeboten zum Trotz werden leider immer noch Korallen gesammelt und als Souvenir verkauft. Umso mehr gefällt die Idee einer kleinen Patisserie in der Altstadt, ein besonders köstliches wie hübsches Korallen-Konfekt anzubieten – aus Mandeln, Noisette, Honig und anderen regionalen Zutaten, verziert mit dem Bildchen einer roten Koralle.

Le Corail de Bonifacio. Quai Comparetti, 20 169 Bonifacio, Tel. 04 95 73 10 08, www.lecoraildebonifacio.com

Eine Bootstour in die Grotten sollte man unbedingt unternehmen.

AUTORENTIPP!

LE GOUVERNAIL

Auf dem Plateau der Citadelle geht es hinab in die Unterwelt: Der Tunnel »Le Gouvernail« wurde während des Zweiten Weltkriegs von den italienischen und deutschen Militärs per Hand ausgehoben. 168 Stufen führen durch mehrere Galerien hinab, in den Gängen und Räumen sind noch Überreste der Geschütze zu sehen. Auf halber Höhe bietet ein kleiner Balkon eine schöne Aussicht. Der Tunnel endet beim »Blockhaus« zehn Meter über dem Meeresspiegel. Hier versteckte sich einst ein Projektor mit zwölf Kilometern Reichweite, der dazu diente, die Meerenge und den Hafen zu beobachten. Unterhalb der Öffnung des Blockhauses liegt ein riesiger Felsen, der aus den Klippen brach. Man nennt ihn das Ruder Korsikas, denn er sitzt wie ein Schiffsruder am südlichsten Zipfel, quasi am Heck der Insel.

Le Gouvernail. Mitte Mai–Sept. 10–18 Uhr, 2,50 €, Citadelle, 20 169 Bonifacio

Der Cimetière Marin

DER SÜDEN

platz befindet sich ganz oben vor den Festungsmauern.

Cimetière Marin

Einmalig ist der Blick von der Stadtmauer, der auf der einen Seite bis nach Sardinien reicht. Auf der anderen Seite besticht die schöne Steilküste des Festlands – hellweiße Gesteinsschichten, über die die grüne Macchia wächst. Inmitten der weitläufigen Befestigungsanlage gibt es zwei besonders sehenswerte Ecken. Zwei Überraschungen bietet zunächst eine Ansammlung von Häuschen, die wie ein Weiler auf dem obersten Plateau sitzen. In einem befindet sich ein liebevoll unkonventionell eingerichtetes Café mit Liegestühlen und einer kleinen Terrasse unter einem Palmwedeldach, auf der sich die Aussicht noch besser genießen lässt. Nebenan haben Kunsthandwerker eine Werkstatt mit Verkauf eingerichtet.

Nur ein Stückchen weiter liegt der Cimetière Marin, der Friedhof der Seeleute, hoch über dem Meer: ein kleines Dorf aus Mausoleen, durch das Spazierwege führen, mit eigener Kirche (Église Saint-François, 13. Jh.). Eine Marmortafel erinnert auch an die Seeleute, die am 15. Februar 1855 beim Untergang der Fregatte Sémillante ums Leben kamen. Der Dreimaster war unter

---

MAL EHRLICH

TOURISTEN-ANSTURM

In den Sommermonaten wird man eher durch die Gassen von Bonifacio geschoben, denn natürlich ist die Stadt zur Hochsaison äußerst gut besucht. Wer seinen Bummel durch Bonifacio genießen möchte, sollte ihn deshalb so früh am Tage wie möglich einplanen und den Nachmittag lieber entspannt bei einer Bootstour verbringen.

Bonifacio

Napoléon III. mit rund 700 Mann unterwegs gewesen; man unterschätzte die tückische Straße von Bonifacio (Bouches de Bonifacio). Bei Sturm und starkem Nebel zerschellte das Schiff an den Riffen der Lavezzi-Inseln. Niemand von der Besatzung überlebte. Schon immer war die rund zwölf Kilometer breite Meerenge zwischen Korsika und Sardinien mit ihrer oft heftigen Brandung, ihren Strömungen, Untiefen und Felsen eine enorme Herausforderung für Seefahrer.

Escalier du Roi d'Aragon

Einer ganz anderen Herausforderung können sich die heutigen Besucher Bonifacios stellen. An der Südseite führt die Escalier du Roi d'Aragon, die »Königstreppe«, von der Altstadt hinab zum Meer – und wieder hinauf, denn einen anderen Rückweg gibt es nicht. Die 187 Stufen, in den steilen Felsabhang geschlagen, sollen die Soldaten König Alfons V. im Jahr 1420 angelegt haben, um die Belagerer der Stadt zu überrumpeln. Auf Korsika kursiert indes noch eine andere Variante der Geschichte. Ihr zufolge waren die Bewohner Bonifacios selbst hier am Werk, um einen Zugang zum Meer zu schaffen, als König Alfons mit seinen Schiffen die Hafeneinfahrt blockierte. So konnten einige Mutige den Weg freimachen für die Verstärkung aus Genua.

Le Bosco

Spätestens nach diesem kleinen Fitnessprogramm bekommt manch einer Appetit auf ein Eis oder eine andere Erfrischung. Reichlich Gelegenheit dazu bietet Le Bosco, die Altstadt Bonifacios, mit ihren zahlreichen Cafés, Restaurants und empfehlenswerten Eisdielen. Auch die kleinen Läden, in denen man regionale Produkte und Souvenirs bekommt, fehlen nicht. Es ist ein Spaziergang durch

Oben: Manchmal lohnt es sich, nach oben zu schauen: Schmucke Wetterfahne
Unten: Bummel durch die Gassen der Altstadt

DER SÜDEN

ein Kunstwerk mittelalterlicher Kultur; noch verwinkelter und steiler als in Bastia, Calvi und Corte sind die Gassen, Plätze und steilen Treppchen.

Besonders schön ist es am hoch gelegenen Marktplatz (Place du Marché) im Südosten der Stadt, denn hier bietet sich eine tolle Aussicht auf die Steilküste bis hin zur Landspitze Capo Pertusato. Dort liegt ein Grain de Sable (»Sandkorn«) – so taufte man scherzhaft den markanten, rund 30 Meter hohen Felsen. Auch einige Boule-Spieler nutzen den Platz, um ihre Kugel rollen zu lassen. An einigen Häusern in den umliegenden Gassen weisen Wappen auf die Familien hin, die sie einst bewohnten, etwas das Haus in der Rue Doria 28, das der genuesischen Adelsfamilie Doria gehörte. In einem Haus war Karl V. zu Gast, in einem anderen Napoleon. In der Tourist-Information, die sich gut erreichbar mitten in der Altstadt befindet, erhält man einen Plan auch mit Informationen in deutscher Sprache.

Zum Sightseeing gehören auch die beiden Kirchen der Oberstadt. Die dreischiffige Église Saint-Marie-Majeure (13. Jh.) hat einen viereckigen Glockenturm und eine große Loggia. Im barocken Altarraum steht ein Sarkophag aus der Römerzeit (3. Jh.). Hübsch anzusehen ist auch die spätbarocke Fassade der Église Saint-Jean-Baptiste (1785) in der gleichnamigen Straße.

Das gut erhaltene Stadttor mit Zugbrücke (La Porte des Gênes) war bis 1854 der einzige Zugang zur Oberstadt. Von hier geht es weiter abwärts zur Kapelle Saint-Roche, die oberhalb eines kleinen Strandes liegt. Stufen führen hinab zur Plage de Sutta Rocca, mit ihren Felsriffen ein schöner Schnorchelplatz. Von der Kapelle aus bietet sich zudem die Steilküsten-Wanderung zum feuerroten Leuchtturm von Pertusato an.

Oben: Die Kirche St. Marie-Majeure befindet sich in der Gasse »Rue Cardinal Zigliara«.
Unten: Der Leuchtturm von Bonifacio ist Ziel einer schönen Küstenwanderung.

Bonifacio

Infos und Adressen

SEHENSWÜRDIGKEITEN
Église Saint-Jean-Baptiste. Rue de Saint-Jean-Baptiste, 20 139 Bonifacio

Église Ste-Marie-Majeure. Haute Ville, 20 139 Bonifacio

Escalier du Roi d'Aragon. Haute Ville, 20 139 Bonifacio

Citadelle. Haute Ville, 20 139 Bonifacio

ESSEN UND TRINKEN
Le P'ti Café. Süßes Café mit Bar außerhalb des Altstadt-Rummels, mit kleiner Panorama-Terrasse und Liegestühlen, Sandwiches, Crepes und frischen Fruchtsäften. Mo–Sa 12–14.30 / 19–22 Uhr, Haute Ville (auf dem Plateau der Citadelle), 20 169 Bonifacio, Tel. 04 95 73 01 45

Stella d'Oro. Speisen in schönster Altstadt-Lage. Fleisch- und Fischspezialitäten. Rue Doria 7, 20 169 Bonifacio, Tel. 04 95 73 03 63

ÜBERNACHTEN
Hotel A Cheda. Ruhiges Landhaus-Hotel nahe Bonifacio. Gemüse und Kräuter für die exklusive Küche werden im hauseigenen Garten kultiviert. Cavallo Morto, 20 169 Bonifacio, Tel. 04 95 73 03 82, E-Mail: acheda@acheda-hotel.com, www.acheda-hotel.com

U Capu Biancu. Vier-Sterne-Hotel. Route Canetto, 20 169 Bonifacio, Tel. 04 95 73 05 58, E-Mail: info@ucapubiancu.com, www.ucapubiancu.com

AUSGEHEN
Lollapalooza. Club mit Cocktailbar und Restaurant im Hafen von Bonifacio. Wechselnde DJs. 25 Quai Jérôme Comparetti, 20 169 Bonifacio, Tel. 04 95 73 04 54

AKTIVITÄTEN
Club Barakouda Diving Center. Gerard Arend leitet die Tauchbasis seit 1971. Avenue Sylver Bohn, 20 169 Bonifacio, Tel. 04 95 73 13 02, E-Mail: club.barakouda@free.fr, www.club.barakouda.free.fr

Galerie Méditerranée. Ausstellungen zeitgenössischer Künstler wie Annouck Dupont, Cédric Bouteiller und Charlotte Champion. Nathalie et Béatrice Ribette, Haute Ville, 20 139 Bonifacio, Tel. 04 95 73 59 09, www.galeriemediterranee.com

Leuchtturm Capo Pertusato. Schöne Steilküstenwanderung zur Südspitze Korsikas mit dem gleichnamigen Leuchtturm. Gehzeit 1,5 Std. (einfache Strecke). Startpunkt ist die Kapelle Saint-Roche, von dort geht es immer direkt an der Küste entlang.

INFORMATION
Office Municipal de Tourisme de Bonifacio. Tägl. 9–19 Uhr, Rue Fred Scamaroni 2/BP 506, 20 169 Bonifacio, Tel. 04 95 73 11 88, E-Mail: tourisme.bonifacio@wanadoo.fr, www.bonifacio.fr

Glockenturm der Kirche »Sancte Joannes Baptista«

DER SÜDEN

47 Lavezzi-Archipel
Trauminseln nahe Bonifacio

Die große Tour mit dem Ausflugsboot ab Bonifacio führt in ein kleines Paradies. Nur wenige der Inseln von Lavezzi dürfen die Gäste behutsam betreten. Es warten eine nahezu unberührte Flora und Fauna und Buchten, die zu den schönsten des Mittelmeeres zählen. Auf der benachbarten und bewohnten Île de Cavallo schwelgt man im Luxus.

Der Lavezzi-Archipel liegt südöstlich von Korsika in der Straße von Bonifacio und ist ein kleines Paradies im Mittelmeer: Wunderschöne Strände aus weißem und rosafarbenem Muschelsand zieren die Buchten. Die Inselwelt aus einigen größeren und annähernd 100 kleinen Eilanden und Granitriffen wurde im Jahr 1982 zum Naturschutzgebiet erklärt.

Nur wenige der Inseln dürfen betreten werden – die Hauptinsel Île Lavezzi, die Île de Piramide und die Île de Piana gehören dazu. So konnte sich eine einmalige Flora und Fauna erhalten: Es gedeihen Wildkräuter, Lorbeer, Myrte und Ginster, Korallenmöwen und Kormorane nisten in den Felsen, hinzu kommen zahlreiche Zugvogelarten. In den mit Anemonen und Schwämmen bewachsenen Felsriffen finden Meerbarben, Skorpionfische, Zackenbarsche und andere Meeresbewohner Unterschlupf. Auch Schwärme von Delfinen ziehen an den Inseln vorbei durch die Straße von Boni-facio. Auf der Insel Lavezzi erinnern ein Friedhof und ein Denkmal an das bislang schwerste Schiffsunglück in der Meerenge, den Untergang der französischen Fregatte Sémillante im 19. Jahrhundert (siehe Kapitel 46).

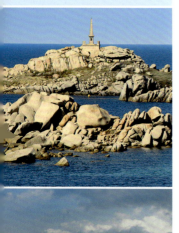

Oben: Auf der Pointe d'Achiarina des Lavezzi-Archipels steht das Denkmal »Pyramide«.
Unten: Viele Ausflugsboote steuern die Lavezzi-Inseln an.

Der Seeleute-Friedhof »Cimetiere de Furcone«

Île de Cavallo

Etwas weiter nördlich breitet sich eine weitere große Insel aus, die manchmal auch zum Lavezzi-Archipel hinzugezählt wird. Die Île de Cavallo ist als einzige dieser Inseln bewohnt, passender wäre aber eigentlich die Formulierung »man residiert«. Mit Villen bestückt und einer eigenen Landepiste für Privatflugzeuge ist sie der Handvoll Menschen vorbehalten, die es sich leisten kann. Auch ein Luxus-Hotel hat sich angesiedelt. Einen kleinen Eindruck verschafft ein Stopp während des Bootsausflugs, denn viele Skipper schließen die Cavallo-Insel in ihre Tour mit ein. Zudem sieht man auch die Insel San Basinu nahe dem Hafen von Cavallo, die zu Römerzeiten dem Granitabbau diente.

Fast im Stundentakt starten im Sommer die Ausflugsboote ab Bonifacio. Der Lavezzi-Archipel ist Ziel der großen Tour. Bei einer Pause ist es auch möglich, die Île Lavezzi zu durchwandern und ihre Strände zu besuchen. Zu beachten sind dabei die Regeln des Naturschutzgebietes, so dürfen die markierten Wege nicht verlassen werden. Ein Tipp: Wer den Aufenthalt etwas verlängern möchte, sollte sich beim Anbieter erkundigen. Bei vielen ist es möglich, mit einem Boot der späteren Touren zurückzufahren.

Infos und Adressen

ESSEN UND TRINKEN
Siehe Bonifacio.

ÜBERNACHTEN
Hotel & Spa des Pecheurs. Luxus-Hotel zwischen den Felsen der l'Île de Cavallo. Die Preise sind entsprechend. Île de Cavallo, 20 169 Bonifacio, Tel. 04 95 70 36 39, E-Mail: info@hoteldespecheurs.com, www.hoteldespecheurs.com

AKTIVITÄTEN
Bootstouren. Im Hafen von Bonifacio reihen sich die Anbieter. Um zur Île Lavezzi zu kommen, muss man die große Tour buchen (Fahrtzeit einfache Strecke: 30–60 Min.), alle anderen beschränken sich auf die näher gelegenen Grotten. Tipp: Preise und Leistungen vergleichen!

INFORMATION
Office Municipal de Tourisme de Bonifacio. Tägl. 9–19 Uhr, Rue Fred Scamaroni 2 / BP 506, 20 169 Bonifacio, Tel. 04 95 73 11 88, E-Mail: tourisme.bonifacio@wanadoo.fr, www.bonifacio.fr

DER SÜDEN

48 Sartène
Blutrache und Büßer-Prozession

Es liegt wohl an den grauen Mauern und einer bewegten Geschichte: Düster, fast etwas gespenstisch gibt sich die Hauptstadt der Region Sartenais an der Südwestküste Korsikas. Zumindest von Weitem wirkt es so ... einmal angekommen, bieten sich aber auch ganz andere Eindrücke. An schön gelegenen Plätzen genießt man einen Kaffee oder den Blick über das weite Tal.

Auch wenn die Bauweise durchaus zu Melancholie verleiten kann, ein wenig zu Unrecht hat Sartène den Ruf weg, ein dunkler Ort zu sein. Denn das Granitstädtchen hängt in einer traumhaften Panoramalage hoch über dem fruchtbaren Rizzanese-Tal, vor den Bergen der Alta Rocca. An vielen Plätzen im Ort gewähren Terrassen und Balkone einen schönen Blick über die Bucht von Valinco, weshalb es auch den Beinamen »Balcone du Valinco« bekam.

Hochburg der Vendetta

Dem Felsvorsprung U Pitraghju verdankt Sartène seine Lage. Die Genuesen entdeckten ihn und gründeten in der Mitte des 16. Jahrhunderts die Stadt, die sie mit dicken Festungsmauern sicherten. Die Bewohner wähnten sich also gut geschützt vor den Angriffen der Sarazenen, die an der Küste bereits für so manches Blutvergießen gesorgt hatten. Doch sie irrten sich. Denn im Jahr 1583 gelang es dem türkischen Korsaren Admirals Turgut Reis, mit seinen Truppen die Stadt einzunehmen und Hunderte von Bewohnern zu versklaven.

Oben: Wie auf einem Balkon sitzt Sartène und bietet einen schönen Talblick.
Unten: Cafés an der Place de la Libération

Sartène

Gern schmückt sich Sartène auch mit dem Titel »die korsischste aller korsischen Städte« (»plus corse des villes corses«), inoffiziell verliehen 'durch den französische Schriftsteller Prosper Mérimée, der in seiner Novelle »Colomba« die korsische Blutrache (Vendetta) thematisierte. Es heißt, dass die Kleinstadt Sartène im 19. Jahrhundert eine Hochburg dieser grausamen Methode der Selbstjustiz war, die oftmals dazu diente, die Familienehre wiederherzustellen. Damals sollen in Sartène ganze Stadtviertel miteinander verfeindet gewesen sein.

Ein wenig verschlossen wirkt Sartène schon mit seinen städtischen Granitbauten, die sich geradliniger und kühler geben als die urigen Häuser aus dem gleichen Gestein, wie man sie in vielen korsischen Dörfern findet. Doch man gibt sich viel Mühe, den Ort freundlich zu gestalten, mit schöner Begrünung, Palmen und einer gut ausgestatteten Tourist-Information, die sogar einen kostenlosen WLAN-Zugang bietet. Bei einem Bummel durch den Stadtkern öffnet sich immer wieder der Blick Richtung Tal, und besonders im Frühjahr, wenn der Oleander zu blühen beginnt, zeigt die Stadt dann ein ganz anderes Gesicht.

Quartier de Santa Anna

Das Leben von Sartène ballt sich an der mit Ulmen und Palmen bestandenen Place de La Libération, auch Place Porta genannt. Einheimische halten ein Schwätzchen, Urlauber fotografieren sich vor der Brüstung mit der Statue Pascale Paolis und Talblick, in den Straßencafés lässt man es sich gut gehen. Der älteste Stadtteil von Sartène liegt direkt hinter dem Platz: Ein Gewölbegang ab dem Rathaus führt in das Quartier de Santa Anna (auch: Quartier Borgo), ein Viertel mit gepflasterten Gassen, in dem die mittelalterliche Stimmung

AUTORENTIPP!

LES SHOPPINGS DE NUIT
Seit 2010 gibt es in Sartène die Gelegenheit zum Nachtshopping. Zu den »Shoppings de la nuit« an jedem Donnerstag im August haben viele Läden bis Mitternacht geöffnet. Begleitet wird dies von einem Straßenspektakel mit Musik und Spielen für Kinder. (Wie so oft in Mittelmeerländern dürfen sie natürlich länger aufbleiben.) In der mittelalterlichen Stimmung ein besonderes Erlebnis! Über ggf. weitere Termine informiert die Tourist-Information.

Office de Tourisme de Sartène.
Cours Soeur Amélie, 20 100 Sartène, Tel. 04 95 77 15 40, E-Mail: contact@lacorsedesorigines.com, www.lacorsedesorigines.com

An der »Place de la Libération«

AUTORENTIPP!

CASA DI ROCCAPINA

An der N196 Bonifacio–Sartène ruht ein Löwe. Täuschend ähnlich ist die riesige hellbraune Steinformation auf der bewaldeten Kuppe des Küstenberges, von der Straße aus sieht sie aus wie der König der Tiere, der liegend, aber mit erhobenem Kopf über das Meer schaut. Allein schon dieser Anblick lohnt den Stopp, noch dazu hat vor Kurzem am Aussichtsplatz ein Museum eröffnet: Die Casa di Roccapina informiert über die Gegend und ihre Besonderheiten. Direkt daneben bietet ein Restaurant Snacks und lokale Küche mit Blick auf den Löwen. Hier beginnen zudem einige schöne Wanderwege in die Umgebung, und ein weiteres Bonbon ist der wunderschöne Sandstrand unterhalb des Löwen von Roccapina.

Casa di Roccapina. Plage de Roccapina, Anfahrt über Abzweigung der N196 (Schotterpiste), ca. 20 km ab der Hauptstraße. Der Strand ist ausgeschildert. 20 100 Sartène, Tel. 04 95 71 56 30

Büßerkreuz und -kette in der Kirche »Santa Maria Assunta«

DER SÜDEN

Resistance-Denkmal an der Place de la Libération

noch spürbar ist, in den Nischen bestückt mit Souvenirläden, Spezialitätengeschäften und kleinen Restaurants.

Die Église Santa Maria Assunta neben dem Rathaus ist alljährlich zu Ostern Schauplatz einer besonderen religiösen Feier von Sartène: Bei der Prozession des »Geketteten« (Catenacciu) in der Karfreitagsnacht trägt ein im roten Gewand verhüllter Büßer, am Fußgelenk angekettet, ein fast 40 Kilogramm schweres Holzkreuz durch die Gassen der Altstadt. Die Prozession, begleitet von Gesängen und Bittrufen, soll an den Leidensweg Christi erinnern.

Prähistorisches Museum

Seit Sommer 2009 bereichert eine kulturelle Einrichtung Sartène, die in der an archäologischen Fundstätten reichen Region längst überfällig war. Im Musée départemental de préhistoire corse et d'archéologie de Sartène sind zahlreiche Fundgegenstände aus den prähistorischen Siedlungen der Umgebung, aber auch aus den anderen Inselteilen ausgestellt, u.a. Pfeilspitzen, Keramik, Werkzeuge und Mühlsteine. Am meisten hat man davon nach einem Besuch einer der Ausgrabungsstätten wie

Sartène

zum Beispiel Filitosa, Cauria oder Cucuruzzu (siehe Kapitel 35, 49, 24). Das Museum liegt am Boulevard Jacques Nicolaï oberhalb der Innenstadt.

Die Region Sarténais

Sartène mit seinen rund 3500 Einwohnern ist nur eine Kleinstadt, ihre Gemeinde aber erstreckt sich über ein Gebiet von 22 000 Hektar und die gesamte Küstenlinie von Roccapina bis Campomoro am Golf von Valinco. Damit gehört sie zu den zehn größten Gemeinden Frankreichs. Die komplette Region wird Sarténais genannt und umfasst auch die verlassene Gegend bis zum Capo di Senetosa westlich der Stadt Sartène sowie einige Ortschaften in der Alta Rocca. Das Gebiet war bereits ab ungefähr 7000 v. Chr. recht stark besiedelt, davon zeugt das besonders hohe Vorkommen von Menhiren, torreanischen Rundbauten und Funden aus anderen vor- und frühgeschichtlichen Epochen.

Entsprechend spannend sind Ausflüge ins Umland, die außerdem in abwechslungsreiche Landschaften führen, seien es die Weinfelder von Ortolo, die Maquis-Wälder im Avena-Tal, die Hochebene von Cauri oder Traumstrände wie die Plage de Roccapina oder die Plage de Barbaria. Im Hinterland bildet die Gebirgsregion Alta Rocca ein lohnendes Wandergebiet.

Wie alle etwas größeren Städte verfügte auch das hoch gelegene Sartène im Mittelalter über einen Küstenhafen. Er befand sich in der Bucht von Tizzano, ungefähr 17 Kilometer westlich. Heute ist die abgelegene Bucht ein reizvolles Ziel für einen Strandtag. Es gibt dort außerdem einen Campingplatz und empfehlenswerte Fischrestaurants. Zu erreichen ist Tizzano über die D48, die dort auch endet.

Infos und Adressen

SEHENSWÜRDIGKEITEN
Musée départemental de préhistoire corse et d'archéologie de Sartène. Boulevard Jacques Nicolaï, 20 100 Sartène, Tel. 04 95 77 01 09

ESSEN UND TRINKEN
Restaurant A Madunina. Im Sarténais nördlich der Stadt. Pizza aus dem Holzbackofen. Stipiti, Lieu-dit A Madunina, 20 100 Sartène, Tel. 04 95 77 16 22, E-Mail: a.madunina@orange.fr, www.restaurant-a-madunina.fr

ÜBERNACHTEN
Hôtel Restaurant des Roches. Zimmer zur Stadt- oder Talseite, teils mit Balkon. Avenue Jean Jaurès, 20 100 Sartène, Tel. 04 95 77 07 61, E-Mail: contact@sartenehotel.fr, www.sartenehotel.fr, www.sandamianu.fr

Les Bergeries. Apartments in Hirtenhütten, mit Pool. Zwischen Sartène und Propriano. Jean Chassaing, Tarco, 20 144 Sainte Lucie de Porto-Vecchio, Tel. 04 95 73 22 40

INFORMATION
Office de Tourisme de Sartène. Mo–Fr 9–12 / 14.30–18 Uhr, Sa 9–12 Uhr, Cours Soeur Amélie, 20 100 Sartène, Tel. 04 95 77 15 40, E-Mail: contact@lacorsedesorigines.com, www.lacorsedesorigines.com

DER SÜDEN

49 Cauria
Steinalleen und eine »Teufelsschmiede«

Ein großes frühgeschichtliches Freiluftmuseum befindet sich in der Hochebene von Cauria südwestlich von Sartène. Es umfasst die neolithischen Steinalleen von Stantari und Rinaju sowie die Dolmen von Fontanaccia.

Das Plateau de Cauria, das sich zwei Kilometer vor dem Meer erhebt, ist ab Sartène über die D48 zu erreichen. Nach zehn Kilometern folgt man der Abzweigung D48a. Die Fundstätte (ausgeschildert) ist nach fünf weiteren Kilometern erreicht. Eine Verbreiterung der Straße bildet eine Parkmöglichkeit, von dort geht es noch ein Stück zu Fuß.

Verschiedene Ausgrabungsstätten

Bereits Mitte des 19. Jahrhunderts sollen die ersten Menhire freigelegt worden sein – die offiziellen archäologischen Ausgrabungen starteten ab 1960. Insgesamt wurden 170 Monolithen gefunden, außerdem ein wuchtiger Dolmen aus dem Neolithikum. Ein drei Kilometer langer Rundweg verbindet die verschiedenen Ausgrabungsstätten.

In Reih und Glied stehen die rund zwanzig großen Steinsäulen von Stantari (Alignement de Stantari) zwischen Macchia-Büschen. Der Archäologe Grosjean ließ sie 1964/65 so aufrichten, wie sie einst wohl hinterlassen wurde. Über die genaue Aussage der Statuen rätseln die Wissenschaftler. An einigen der Menhire aus der Bronzezeit (2300–1700 v. Chr.), teils bis zu drei Meter hoch, sind Gesichter und angedeutete Arme zu erkennen – möglicher-

Oben: Das Alignement de Stantari auf der Hochebene von Cauria
Unten: Mächtig: Der Dolmen de Fontanaccia

Beim Alignement de Rinaju

weise Kriegerdarstellungen der Torre-Kultur. In anderen Säulen sehen Forscher einen Phallus als Symbol für Fruchtbarkeit. Zudem sollen die Säulenreihen in Cauria den Weg zu Wasserquellen bei einem nahen Steineichenwäldchen markiert haben.

Eine zweite Steinallee befindet sich 300 Meter weiter bei dem Wäldchen. Die Fundstätte von Rinaju (Alignement de Renaggiu) umfasst zahlreiche Menhire, die noch älter sind als die Menhire von Santari (4500 bis 3000 v. Chr.). Die Säulen sind in mehreren präzisen Reihen von Nord nach Süd angelegt. Auch hier liegt noch im Dunkeln, wozu sie dienten, man vermutete auch eine Sonnenuhr darin, doch dieses These konnte nicht belegt werden.

Zwischen den beiden Steinalleen, etwas versetzt Richtung Westen, steht der Dolmen de Fontanaccia, ein Steintisch mitten in der Hochebene. Seine Deckenplatte ist über drei Tonnen schwer, darunter befindet sich eine rund vier Quadratmeter große Grabkammer. Damit ist er eines der eindrucksvollsten und am besten erhaltenen Zeugnisse der Megalithkultur auf Korsika. Für die Bauern aus der Umgebung, die den Dolmen als Unterschlupf bei widrigem Wetter nutzten, war der Steintisch von Fontanaccia der Legende nach eine »Schmiede des Teufels« (*A Stazzona di u Diavulu*).

Infos und Adressen

SEHENSWÜRDIGKEITEN
Site archéologique Cauria.
Mai–Sept. Mo–So 10–18 Uhr,
Okt.–April Mo–Fr 9–12 /
13.30–17 Uhr, feiertags geschlossen.
Südlich von Sartène an der D48a,
Tel. 04 95 77 0 1 09

ESSEN UND TRINKEN / ÜBERNACHTEN
Siehe Sartène.

INFORMATION
Office de Tourisme de Propriano.
Mo–Fr 9–12 / 14.30–18 Uhr,
Sa 9–12 Uhr, Quai St-Erasme,
20 110 Propriano, Tel. 04 95 76 01 49,
www.lacorsedesorigines.com

Office de Tourisme de Sartène.
Mo–Fr 9–12 / 14.30–18 Uhr, Sa
9–12 Uhr, Cours Soeur Amélie, 20 100
Sartène, Tel. 04 95 77 15 40, E-Mail:
contact@lacorsedesorigines.com,
www.lacorsedesorigines.com

DER SÜDEN

50 Korsische Musik
Melancholisch und zauberhaft

Auf der Insel der Schönheit gehört korsische Musik – die traditionelle genauso wie die moderne – zum Leben wie die Luft zum Atmen. Sie erzählt von Liebe, Leiden und Freiheit. Frauen wie Männer singen mit Leidenschaft über ihre Beziehung zur Insel, ihre Kultur und ihre Geschichte.

Die starken, ausdrucksvollen Männerstimmen der polyphonen Gesänge verbreiten sich weit über die Berge hinaus, hallen über die von dichter Macchia bedeckten Hügel bis in die Ebenen. Ob polyphoner A-cappella-Gesang, in der Kühle vor einem Kirchenaltar, oder begleitet von Gitarren und Mandolinen, als instrumentales Ensemble, auf Dorfplätzen, in Kneipen und Bars oder mit moderner Verstärkertechnik und modernen Instrumenten, Licht und Diaspektakel, in Konzertsälen ... die korsische Musik präsentiert sich in ihrer Vielfältigkeit, um die Herzen und Seelen der Menschen zu nähren. Es gibt zahlreiche Musikgruppen und Solisten auf Korsika; einige haben bereits Geschichte geschrieben.

Kulturelles Sprachrohr

Die Gruppe I Muvrini (»Die kleinen Mufflons)« wurde 1977 von Alain und Jean-François Bernardini gegründet, zum Andenken ihres Vaters, Ghjiuliu Bernardini, dem bekannten Poeten und Pahgjella-Sänger aus dem Ort Tagliu an der Ostküste. I Muvrini gehören heute zu den bekanntesten Vertretern der korsischen modernen Musik auf dem Festland und europaweit. Sie bezeichnen sich als gesellschaftskritisches und politisches Sprachrohr der kulturellen korsischen Identität. Seit ih-

Auch manche Fassade zeugt von der Bedeutung der korsischen Klänge.

Korsische Musik

Ankündigung polyphoner Gesänge

rem Durchbruch in den 1990er-Jahren hat die kommerziellste Gruppe Korsikas zahlreiche Spitzenalben veröffentlicht und ihre Homepage ist in mehrere Sprachen übersetzt.

A Filetta bedeutet »Der Farn« und steht für eine 1978 gegründete Vokalgruppe. Neben I Muvrini und anderen legendären Gruppen zählt sie zu den bekanntesten Vertretern der korsischen Polyphonie, einer Tradition von mehrstimmigen Gesängen, die schon fast in Vergessenheit geraten war. A Filetta leistete u.a. einen wichtigen Beitrag zur Wiederbelebung dieses korsischen Kulturerbes (*Reaquistu*). Heute ist die Gruppe an zahlreichen Projekten in den Bereichen Film, Theater, Oper und Tanz beteiligt. Diese Zusammenarbeit hat ihr zu vielen internationalen Auftritten verholfen. A Filetta gehört zu den Veranstaltern der seit 1989 jährlich in Calvi in der Balagne stattfindenden »Rencontres de Chants Polyphoniques«, einem Festival von Vokalkünstlern verschiedener Stilrichtungen.

Canta U Populu Corsu kann wortgetreu mit »Das korsische Volk singt« übersetzt werden. Die Band, gegründet 1973 von Jean-Paul Poletti und Natale

AUTORENTIPP!

KIRCHENKONZERTE VON ARAPA

Das Trio Arapa ist ein Gesangsensemble mit drei Sängern und Musikern aus dem extremen Süden der Insel: Jacques Culioli, Jean Charles Papi und Don Mathieu Santini. Ihr Repertoire ist eine reichhaltige Zusammenstellung aus traditionellen polyphonen Gesängen sowie eigenen kontemporären Kreationen. Um den sakralen Hintergrund ihrer Gesänge zu bewahren, treten sie hauptsächlich in Kirchen auf – ohne Verstärkertechnik oder Mikrofone. Die reine Stimmqualität und die natürliche Akustik der Kirchenräume kommen dadurch stärker zum Ausdruck. Arapa bietet seinen Zuhörern eine Reise durch die imaginäre poetische und musikalische Welt Korsikas, die man auf keinen Fall verpassen sollte. Das Trio tritt hauptsächlich im Süden auf, regelmäßig etwa in der Kirche Saint Dominique in Bonifacio.

Église Saint Dominique in Bonifacio. Mai–Okt. ab ca. 21 Uhr, ca. 15 €, Rue Saint-Dominique, 20 169 Bonifacio, www.arapa.fr

Einige korsische Bands sind über die Landesgrenzen hinaus bekannt.

AUTORENTIPP!

KONZERTE VON I MANTINI
Die Gruppe I Mantini besteht aus zwei Sängern: Daniel Vincensini und José Oliva. Musikalisch ist I Mantini das Ergebnis einer gewagten Mischung verschiedener Musikstile: dem modernen, traditionellen und dem polyphonen Gesang. Ihre Spezialität sind humoristische Lieder, im korsischen *Macagna* genannt, mit denen sie sich bei zahlreichen Besuchern ihrer Konzerte beliebt, bei den Persönlichkeiten, über die sie herziehen, hingegen unbeliebt machen. Einige dieser parodistischen Lieder sind vom korsischen Parodisten und Komiker Hugo Tempete geschrieben. Ein starker Lacheffekt ist jedenfalls garantiert, auch wenn man nicht unbedingt Französisch oder Korsisch versteht. Vom Frühling bis in den späten Herbst geben die beiden pro Monat einige Konzerte in den großen Städten.

Konzerte von I Mantini. Mai–Okt. in verschiedenen Städten Korsikas. www.imantini.com

Als Sprachrohr der korsischen Kultur verstehen sich die Musiker.

DER SÜDEN

Luciani, ist eine der ältesten musikalischen Gruppierungen der korsischen Neuzeit. Ihre Lieder reichen von traditionellen Gesängen wie Paghjelle und Lamenti bis zu eigenen Werken, die manchmal einen stark politischen Charakter äußern, der ihrem nationalistischen Engagement entspringt. Doch ihre Hauptabsicht war und ist, die Werte der korsischen Sprache und Kultur zu fördern.

Die Gruppe I Surghjenti (»Die Quellen des Ursprungs«) wurde 1978 von dem charismatischen Autor und Komponisten Natale Valli aus Muratellu bei Porto-Vecchio gegründet, der auch heute noch die Texte für die Gruppe schreibt. Im Laufe der Jahre kamen neue Stimmen und Musiker hinzu, fast alle stammen aus der Region Alta Rocca, im Süden der Insel. I Surghjenti haben zwischen 1981 und 2010 elf Alben herausgebracht und treten mehrmals im Jahr live auf – eine Gelegenheit, die Korsika-Fans gern nutzen. Die Musik der Gruppe ist voller Emotionen, getragen von eindrucksvollen Stimmen, melancholisch und zauberhaft, wie die Insel selbst.

Seit über dreißig Jahren lebt Jean Paul Poletti seine artistische und musikalische Karriere. Er gründete eine Gesangsschule in Sartène und – vor etwa 15 Jahren – einen Männerchor. Poletti komponiert zwei Opern in korsischer Sprache (»*Théodore von Neuhoff*« und später die »*Cantata Corsica*« nach dem Vorbild der italienischen Kantate), nahm wie seine Kolleginnen Patrizia Poli und Patrizia Gataccecca an den Kreationen der Gruppe »*Les Nouvelles Polyphonies Corses*« teil und erntete enormen Erfolg und Anerkennung, vor allen Dingen 1992 bei der Eröffnungszeremonie der Olympischen Spiele von Albertville, bei der die Gruppe mit ihrem polyphonen modernen Gesang (*Giramondu*) ihr Debüt gab. Heute kann man Jean Paul Poletti und seinen Chor im Sommer meist in

Korsische Musik

Kirchen auf der ganzen Insel bestaunen, und auch wenn man nicht unbedingt Fan von weltlicher Musik ist, ist es ein einmaliges Erlebnis – ein Spektakel des Zusammenspiels mystischer Stimmgestaltung.

Die Gruppe I Chjami Aghjalesi (wörtlich übersetzt »Aufruf zum Dreschen [des Weizens]«) wurde ursprünglich 1977 von Studenten und ihren Freunden aus dem Quartier San Joseph in Bastia gegründet. Zusammengehalten von der Liebe zum Gesang und zu ihrer Heimatinsel Korsika, haben auch sie sich das Ziel gesetzt, das korsische Kulturgut zu fördern und zu bewahren. Auf Korsika gelten sie als Pfeiler der Inselmusik, da sie traditionelle Musik, heilige und polyphone Gesänge mit politischen Forderungen verbinden.

Moderne Tradition

Barbara Furtuna ist ebenfalls eine polyphone Gesangsgruppe aus Korsika. Ihr Repertoire basiert auf traditionellen Gesängen, aber auch auf eigenen Kreationen, die den Erwartungen der heutigen Zeit entsprechen. Innerhalb der letzten zehn Jahre ist es der Gruppe gelungen, sich auch auf internationalen Bühnen einen Namen zu machen – in Deutschland und ganz Europa, Nordamerika, Kanada und Australien –, sowohl mit Solo-Auftritten in renommierten Konzertsälen als auch durch die spontane Zusammenarbeit mit anderen musikalischen Formationen wie dem Barockensemble L'Arpeggiata, dem kanadischen Ensemble Constantinople oder der zeitgenössischen Tanzformation Art'Mouv.

Die Gruppe Diana di Alba besteht heute aus dreizehn Musikern und Sängern und wurde in den 1980er-Jahren gegründet. 1994 organisierte sie sich neu, hat dabei aber ihren alten Kern um den

Oben: Die Magie der Stimme: Barbara Furtuna
Unten: Das Ensemble Meridianu stammt aus der Balagne.

DER SÜDEN

Oben: Polyphone Gesänge in Kirchen sind besonders eindrucksvoll.
Unten: Konzerte sind so verbreitet auf der Insel, dass ganze Plakatwände darauf aufmerksam machen.

Gründer Antonu Marielli behalten. Ihr Repertoire besteht aus instrumentalen und vokalen Kreationen, denen die Texte bekannter Poeten Korsikas zugrunde liegen.

Meridianu ist ein Ensemble, das aus der Balagne stammt und 2003 gegründet wurde. Sein Repertoire besteht hauptsächlich aus traditionellen polyphonen Gesängen, dem Kulturgut der Vergangenheit, das die Sänger durch ihre Stimmen erneut aufleben lassen. Sie geben den ganzen Sommer hindurch fast täglich ein Konzert in Kirchen und auf Plätzen überall auf der Insel.

Ausschließlich der traditionellen Polyphonie widmet sich das aus fünf Männerstimmen bestehende Ensemble A Riccucata – ihr Repertoire umfasst neben Musik aus Korsika allerdings auch polyphone Gesänge aus Sardinien, dem Baskenland und Italien. Sie haben u.a. das Polyphonie-Festival »Canti di Qui« in Cervione gegründet, das alljährlich im Sommer stattfindet.

Solistisch erfolgreich

Einer der beliebtesten Sänger Korsikas ist Feli aus dem Nordosten der Insel, der Casinca. Er begann seine Karriere in jungen Jahren mit den Gruppen A Filetta und I Surghjenti und feiert nunmehr 25 Jahre, in denen er acht Alben herausgebracht hat und über 100 Titel, zusammen mit den bekannten Poeten Ghjacumu Fusina und Ghjuvan Teramu Rocchi als Texter, veröffentlicht wurden. Feli ist im Sommer auf der Insel auf Tournee und es lohnt sich auf jeden Fall, ein Konzert mitzuerleben. Sein reichhaltiges Repertoire, eine Mischung aus traditionellen Weisen und modernen Einflüssen, sanften und einfühlsamen Melodien, Power Rhythmen und lebhaften Liedern, hat jedem Musikgeschmack etwas zu bieten.

Korsische Musik

Infos und Adressen

KORSISCHE BANDS

A Filetta. www.afiletta.com

Canta U Populu Corsu. www.canta-officiel.com

I Chjami Aghjalesi. Internetseite im Aufbau

I Muvrini. www.muvrini.info

I Surghjenti. www.surghjenti.com

Jean Paul Poletti. www.musicme.com/Jean-Paul-Poletti/

MODERNE ENSEMBLES MIT TRADITIONELLER BASIS

A Riccucata. www.aricuccata.net

Barbara Furtuna. www.barbara-furtuna.fr

Diana di Alba. www.dianadilalba.com

Meridianu. www.meridianu.com

SÄNGER/SÄNGERINNEN

Battista Aquaviva. www.battistaacquaviva.com

Feli. www.facebook.com/feli.chanteurcorse

Francine Massiani. www.francine-massiani.com

Istulatine. www.isulatine.musique.com

Jacques Culioli. www.culioli.net

Jean-Charles Papi. www.jc-papi.com

Soledonna. www.facebook.com/pages/Soledonna/339748422703118

Stephane Casalta. www.stephanecasalta.bandcamp.com

Auf Konzertplakate wie diese sollte man achten.

REISEINFOS

Korsika von A–Z

Anreise, Deutsches Konsulat, Festkalender, Feiertage, Geld/Währung, Internet, Klima/Reisezeit, Mietfahrzeuge, Notrufnummern, Öffentlicher Nahverkehr, Sprache, Tourismusverbände, Trinkgeld **272**

Korsika für Kinder und Jugendliche **282**

Kleiner Sprachführer **284**

Oben: In manche Buchten kommt man am besten mit dem eigenen Boot.
Mitte: Korsikas Symbol begegnet man in verschiedenen Ausführungen – auch als Souvenir.
Unten: Bier statt Benzin: Diese ehemalige Tankstelle ist eine Bar.

REISEINFOS

Korsika von A–Z

Anreise mit dem Flugzeug

Korsika verfügt über vier Flughäfen – Ajaccio, Bastia-Poretta, Calvi und Figari –, die sich auf alle vier Himmelsrichtungen verteilen. Die meisten deutschen Airlines (z.B. Germanwings) fliegen Bastia an, auch gibt es einige Verbindungen nach Calvi (z.B. Air Berlin). Ab dem französischen Festland (z.B. Paris, Lyon) gibt es recht viele Flüge nach Ajaccio, insbesondere mit der Air France. Der Flughafen Figari, ganz im Inselsüden zwischen Sartène und Bonifacio gelegen, ist eine seltenere Destination, doch hier landet u.a. die Billigfluglinie Ryanair (ab Brüssel). Übrigens steuert Ryanair ab einigen deutschen Flughäfen auch Pisa/Italien an, was sich mit einer Überfahrt per Fähre nach Bastia kombinieren lässt. Mit Air Corsica verfügt die Insel obendrein über eine eigene Airline. Ihre Inlandsflüge können ab dem französischen Festland (z.B. ab Nizza oder Paris-Orly) eine Alternative sein.

Anreise mit dem Auto

Aufgrund der vielseitigen Fährverbindungen (ab Frankreich oder Italien) ist auch eine Anfahrt mit dem eigenen Pkw eine Option; Camper mit Wohnmobil werden sich ohnehin für diese Variante entscheiden. Auch bei Motorradfahrern ist die Insel Korsika mit ihren Serpentinen- und Passstraßen beliebt. Fährhäfen befinden sich auf Korsika in Ajaccio, Bastia, Calvi, Porto-Vecchio und Propriano, also auch rund um die Insel. Für Reisende aus dem deutschsprachigen Raum bieten sich besonders die Gesellschaften Corsica Ferries (ganzjährig ab Livorno, Nizza, Savona und Toulon) und Moby Lines (April bis September ab Genua und Livorno) an. Von Frankreich (ganzjährig Marseille, Nizza

und Toulon) steuert außerdem die Fährgesellschaft SNCM die Insel an.

Fliegen oder fahren? Ausschlaggebend bei der Buchung kann neben dem Aspekt Nachhaltigkeit (Verzicht auf Fliegen) die Frage sein, in welchem Inselteil sich die Unterkunft befindet, zumal die Straßen auf Korsika viel Zeit kosten – dies ist bei einem Transfer von und zum Flughafen zu bedenken. Ein Flug mit Zwischenlandung in Frankreich und Ziel Ajaccio kann weniger Aufwand bedeuten als ein Direktflug nach Bastia, wenn das Ziel etwa im Prunelli-Tal nahe Ajaccio liegt, denn ab dort wäre ein umständlicherer Transfer quer durch das Bergland der Inselmitte erforderlich. Streckenweise vereinfacht dies wiederum die korsische Eisenbahn (siehe Öffentlicher Nahverkehr).

Deutsches Konsulat

Honorarkonsul der Bundesrepublik Deutschland. C/o Société Corse de Distribution Pharmaceutique, Z.I. RN 193, 20 600 Bastia, Tel. 04 95 33 03 56

Festkalender

Ob aus religiösem Anlass, zu Ehren der Kastanie oder der Haselnuss, ob ein Musik- oder Theaterfestival ... auf Korsika gibt es das ganze Jahr über reichlich Gründe zum Feiern. Viele Gemeinden

Oben: Die Anreise mit der Fähre ist auf Korsika eine gute Alternative.
Unten: Freiheitskämpfer Sampiero Corso, (fast) wie er leibt und lebt

REISEINFOS

und Dörfer haben ihre eigenen Feste, die jährlich oder einmalig stattfinden. Daher lohnt sich auf der Reise ein Besuch bei der jeweiligen Tourist-Information (oft genügt auch schon ein Blick auf die Homepage), um besondere Termine zu erfahren. Hier eine Auswahl:

Februar. *Foir du Porc Coureur:* Schweinerennen in Renno (bei Évisa).

18. März. *Notre-Dame de la Misericorde:* Fest zu Ehren der Schutzpatronin von Ajaccio.

Karwoche. Zahlreiche Prozessionen in vielen Gemeinden. Etwas Besonderes sind z.B. die Büßerprozession *U Catenacciu* in Sartène am Karfreitag und die *Griechisch-orthodoxe Prozession* in Cargèse am Ostermontag. Am Gründonnerstag erfolgt vielerorts die *Segnung der Canistrelli* (traditionelle Aniskekse).

Ende März / Anfang April. *Festa di l'Oliu Novu:* In Ste-Lucie-de-Tallano feiert man das neu gewonnene Olivenöl.

Mai. *Festimare in Île-Rousse:* Das Meerfest ist besonders für Kinder eine schöne Sache.

Juni. *Jazzfestival in Calvi. Journées Médiévales:*

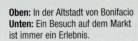

Oben: In der Altstadt von Bonifacio
Unten: Ein Besuch auf dem Markt ist immer ein Erlebnis.

Kleiner Laden am Etang d'Urbino

Korsika von A–Z

Mittelalterfest in Bonifacio. *Estivoce:* Festival traditioneller korsischer Musik in Pigna und anderen Dörfern der Balagne. *Les nuits de la guitare:* Kultfestival der Gitarrenmusik in Patrimonio.
August. *Festa Antica:* Antikfest im Zeichen der alten Römer in Aléria. Stadtfest zu Napoleons Geburtstag in Ajaccio (15. August, fällt auf Mariä Himmelfahrt). *Foire de l'amande:* Mandelfest in Aregno (zweites Wochenende im August). *Porto-Latino:* Musikfestival in St-Florent. *Foire de la noisette:* Nussfest in Cervione (Ende August).
September. *Rencontres Polyphoniques:* Fest der polyphonen Gesänge in Calvi. *Mele in Festa:* Honigfest in Murzo.
Oktober. *Festimonti/Festival de la Montagne:* Bergfest mit Outdoor-Sport im Gravona-Tal.
November. *Fête du marron:* Kastanienfest in Evisa.
Dezember. *Fiera di a castagna:* Großes Kastanienfest mit Markt in Bocognano. *Weihnachtsmärkte* in den größeren Städten der Insel.

Feiertage

1. Januar (Neujahr)
Ostermontag
1. Mai (Tag der Arbeit)
8. Mai (Ende des Zweiten Weltkriegs)
Christi Himmelfahrt
Pfingstmontag
14. Juli (Französischer Nationalfeiertag)
15. August (Geburtstag von Napoleon und Mariä Himmelfahrt)
1. November (Allerheiligen)
11. November (Ende des Ersten Weltkriegs)
25. Dezember (Weihnachten)

Geld/Währung

Da die Insel zu Frankreich gehört, gilt auch auf Korsika die Euro-Währung. Die Banken haben in

Oben: Historische Glocken läuten viele Feiertage ein.
Mitte und unten: Fresko und Orgelprospekt in der Kirche »St-Pierre et St-Paul« in Piedicroce

REISEINFOS

Oben: Galerie in Calvi
Mitte: In manchen Geschäften fällt die Auswahl schwer.
Unten: Nicht in jedem Café gibt es WLAN, doch zumindest in den größeren Hotels.

der Regel montags bis freitags (8.30–12 / 14–16.30 Uhr) geöffnet. Geldautomaten gibt es in den größeren Ortschaften, in einigen ländlichen Regionen indes, insbesondere im zentralen Bergland, ist es oft sehr weit bis zur nächsten Möglichkeit, Bares abzuheben. Auch Kartenzahlungen sind in vielen kleineren Cafés, Restaurants und Läden nicht möglich. In den größeren Hotels, Supermärkten werden in der Regel die gängigen EC- und Kreditkarten akzeptiert.

Internet

Wie in anderen Reiseregionen haben auch viele Hotels und Ferienanlagen auf Korsika kostenfreie Wireless-Local-Area-Network-Zugänge (WLAN), teils ist auch eine Extra-Gebühr für die Nutzung fällig. Eine schöne Gelegenheit, um etwa zwischendurch E-Mails abzurufen, sind auch die WLAN-Stationen in einigen Tourist-Informationen (z.B. in Calvi und Sartène). Man beachte dabei die französische/internationale Bezeichnung »accès/free WiFi«. Internetcafés heißen in Frankreich »Cybercafés«, WLAN-Zonen nennt man auch P@Ms (point accès multimédia). Ein Verzeichnis der Cybercafés gibt es unter www.cybercafe.fr, über eine interaktive Karte gelangt man zur Region Korsika. Unter www.corsicahotspot.corse.fr informiert zudem Corsica Hotspots über vorhandene WLAN-Stationen.

Klima/Reisezeit

Korsika liegt im Mittelmeer, deshalb denken viele, die die Insel noch nicht kennen, vor allem an Badeurlaub – und unterschätzen damit zumindest einige Inselteile erheblich. Im Bergland kann die Temperatur selbst im Hochsommer nur wenige Grad betragen, und wer im Frühjahr die schönsten Passstraßen befahren möchte, steht unter Um-

Korsika von A–Z

ständen vor einer Absperrung, weil meterhoch Schnee gefallen ist.

Nichtsdestotrotz wird es ab Juli sehr heiß auf der Insel, auch Gewitter treten dann verstärkt auf (Vorsicht bei Bergwanderungen und beim Flussbaden – die Gebirgsflüsse können sich nahezu unbemerkt innerhalb von Augenblicken in gefährliche Ströme verwandeln!). Im Spätsommer/Herbst kommt es oft zu besonders heftigen Unwettern. Insgesamt jedoch ist die Zahl der Regentage auf Korsika gering (ca. 50 Tage pro Jahr). Im Winter eröffnen in einigen Höhenlagen die Skigebiete, ansonsten wird es sehr ruhig auf der Insel. Viele Hotels und touristische Einrichtungen haben ab Oktober/November geschlossen und öffnen frühestens ab März wieder ihre Türen.

Kurz, die beste Reisezeit hängt stark von den geplanten Aktivitäten ab. Die Monate Mai/Juni und September sind für viele – vor allem für Wanderer – die schönste Reisezeit: Das Wetter passt meistens gut, es ist zwar warm, aber noch nicht zu heiß. Im Frühjahr zeigt die Insel ihre besondere Blütenpracht und ist noch nicht so sehr überlaufen. Alle, die gern am Strand liegen, auf lauschige Sommernächte schwören und den Trubel mögen, kommen im Juli oder August.

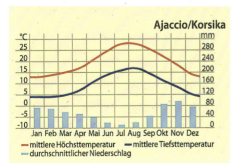

Oben: In einigen Restaurants werden auch regionale Produkte verkauft.
Unten: Hier isst das Auge gern mit.

REISEINFOS

Mietfahrzeuge

Mietwagen bekommt man auf Korsika in allen größeren Städten und Touristenzentren. Vertreten sind internationale Anbieter wie Hertz, Europcar, Avis und Sixt, außerdem einige französische bzw. korsische Verleihfirmen. Englisch- oder Deutschkenntnisse darf man gerade bei den kleineren Firmen nicht voraussetzen. Wer kein Französisch spricht, sollte sich sicherheitshalber vorab nach den Verständigungsmöglichkeiten erkundigen – spätestens bei einer Panne im hintersten Bergdorf macht es sich bemerkbar, wenn der Mitarbeiter des Abschleppdienstes nicht versteht, dass das Auto zwar noch fährt, das System aber die Warnmeldung, sofort den Service aufzusuchen, angezeigt hat.

Hinzu kommt: Kautionen in teils horrender Höhe sind bei der Anmietung auf Korsika gang und gäbe. Einige Anbieter verlangen, 700 Euro oder mehr auf der Kreditkarte zu blocken. Auf den oft vorhandenen Holperpisten und bei der vor Ort verbreiteten Fahrweise kommt es schnell zu Blechschäden, womit diese Maßnahme begründet

Oben: Der Ranger des Naturparks gönnt sich eine Pause im Chalet-Café.
Unten: Wandernd gelangt man oft an die schönsten Plätze.

Bootsverleih im Hafen

Korsika von A–Z

wird. Auch wer einen Vertrag über eine Autovermittlung abschließt, sollte sich die Konditionen genau ansehen – es gelten häufig Sonderkonditionen und die Tankregelung der Verleihfirma vor Ort. Vergisst man dann z.B. das Volltanken oder die Autowäsche vor der Rückgabe (auch das verlangen einige Anbieter), kann es teuer werden.

Notrufnummern

Die Notrufnummer 15 sollte sich jeder Reisende merken oder besser gleich im Mobiltelefon abspeichern. Sie verbindet mit der Rettungsleitstelle des SAMU (*Service d'Aide Médicale d'Urgence*), ist also bei Unfällen und Notfällen jeglicher Art zu wählen. Bei Feuer wählt man die 18, die Polizei ist unter der Nummer 17 zu erreichen. Die Feuerwehr ist unbedingt auch zu alarmieren, sobald ein Waldbrand zu entstehen droht, auch wenn für einen selbst noch keine Gefahr besteht. Denn vor allem in den Sommermonaten kann sich ein scheinbar harmloses Buschfeuerchen schnell in einen Flächenbrand verwandeln. In vielen Gebieten und bei Wanderinformationen wird daher auch eindringlich auf die vorbeugenden Maßnahmen und das Verhalten im Falle eines Feuers hingewiesen.

Die ärztliche Versorgung ist auf Korsika im Allgemeinen gut, zu bedenken sind aber auch hier mögliche Sprachbarrieren. In den Ärztezentren der Ferienorte wird in der Regel Englisch, teils sogar Deutsch verstanden. Kliniken gibt es in Bastia, Ajaccio, Corte, Bonifacio und Sartène, allerdings wurde auch schon Kritik bezüglich der ambulanten Betreuung geäußert.

Apotheken (*pharmacies*) sind am grünen bzw. grün-roten Kreuz zu erkennen, über Notdienste informieren die Tageszeitungen und z.B. Aushänge in Hotels.

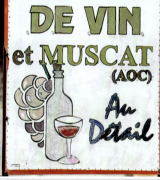

Oben: Ein Bummel in der Altstadt
Unten: Auf Schilder wie diese sollten Weinkenner achten.

Oben: Weitblick mit Windmühle auf dem Cap Corse
Mitte: Oft lohnt sich ein Blick für das Kleine.
Unten: In den Häfen ist für Abwechslung gesorgt.

Öffentlicher Nahverkehr

Korsika hat einen Vorteil: Es gibt die Eisenbahn (*Chemin de fer de la Corse*), genauer gesagt die Schmalspurbahn *U Trigihellu* (bzw. *U Trinichellu*). Für alle, die im Urlaub auf den Mietwagen verzichten möchten, ist sie eine lohnende Alternative. Das Streckennetz deckt einen Großteil der Insel ab, Bahnhöfe gibt es u.a. in Bastia, Calvi, Corte und Ajaccio, aber auch in kleinen Bergdörfern wie Bocognao oder an Strandorten wie L'Île Rousse. Von dort verläuft sie obendrein als Strandbahn bis Calvi und hält an mehreren schönen Stränden. Auf jeden Fall ist eine Fahrt mit der Schmalspurbahn ein Erlebnis.

Information: Chemin de fer de la Corse, Service Commercial (Kundenservice). Mo-Do 8.30-12 / 13.30-17 Uhr, Fr 8-12 Uhr, BP 237, 20 294 Bastia Cedex, Tel. 04 95 32 80 57, www.cf-corse.fr

Sprache

Es ist wie überall in Frankreich: On parle français. Zumindest außerhalb der großen Hotels und Touristenzentren ist es durchaus üblich, ausschließlich die Landessprache anzuwenden beziehungsweise in diesem Fall auch Korsisch. Zumindest die Standardfloskeln zu beherrschen, hilft also ungemein

Korsika von A–Z

weiter; zudem zollt man der Bevölkerung damit Respekt. Da beide Sprachen die Insel prägten, sollte man sich auch nicht über scheinbar verschiedene Ortsbezeichnungen wundern. Auf Schildern stehen häufig sowohl die französische als auch die korsische Bezeichnung, es kommt aber genauso vor, dass nur eine von beiden vorhanden ist. Englisch ist in Teilen Korsikas verbreitet, Deutsch spricht man eher selten.

Tourismusverbände

Agence du Tourisme de la Corse. Mit Links zu vielen Tourist-Informationen (*Offices du tourisme*) auf Korsika. Boulevard Roi-Jerôme 17, BP 19, 20 181 Ajaccio cedex 01, Tel. 04 95 51 00 00, E-Mail: info@visit-corsica.com, www.visit-corsica.com

Französisches Fremdenverkehrsamt (*Maison de la France*). Zeppelinallee 37, 60 325 Frankfurt am Main, www.de.franceguide.com

Délégation Régionale du Tourisme. Rue Maréchal Ornano 6, BP 162, 20 178 Ajaccio Cedex, Tel. 04 95 21 55 31

Trinkgeld

Auch wenn auf den Speisekarten der Restaurants *»Service compris«* (Service inbegriffen) steht: Ein Trinkgeld zu geben, ist auf Korsika üblich. Als Faustregel gilt je nach Rechnung ein Betrag zwischen 20 Cent und zwei Euro, bei höheren Rechnungen auch mehr. Das Trinkgeld lässt man nach dem Bezahlen der Rechnung diskret auf dem Tisch liegen, bei Kartenzahlungen legt man abschließend einfach einige Münzen hin. Dem Personal den Betrag zu benennen oder gar in die Hand zu drücken, sollte man vermeiden.

Oben: Ein besonderes Erlebnis ist eine Fahrt mit der korsischen Eisenbahn.
Mitte: Eisenbahnviadukt in der korsischen Bergwelt
Unten: Mit dem Moped kommt man selbst durch die schmalen Gassen von Bonifacio.

Korsika für Kinder und Jugendliche

BADEN

Familienfreundliche Strände. Seicht abfallendes Wasser, feiner Sand und Restaurants für die Pizza zwischendurch. Zu finden z.B. an der Ostküste und in Algajola nahe Calvi.

Flussbaden. Z.B. in den Gumpen der Solenzara und im Fango-Tal. Achtung – nicht alle Plätze sind für Kinder geeignet. Vorsicht auch bei Regen, die Flüssen schwellen dann stark an!

BEWEGEN

Parc Aventure Indian Forest Corse. Hier haben die Kinder ihren eigenen Kletterparcours, während Erwachsene nebenan gut aufgehoben sind. Mitte Mai–Mitte Sept 9.30–19 Uhr, bei Ghisoni, Tel. 06 08 24 67 87 und 04 95 57 63 42, E-Mail: contact@indian-forest-corse.fr, www.indian-forest-corse.fr

Parcour Aventure. In dem Abenteuerpark kommen alle Geschwister auf ihre Kosten: Es gibt einen leichten zwölfminütigen Parcours für Kinder ab 2,5 Jahren, einen mit leichtem Schwierigkeitsgrad für Kinder ab 5 Jahren (30 Min.) und einen mittelschweren für Kinder ab 9 Jahren (1 Std. 15 Min.). Pinède de Calvi (Einfahrt Casino, im Pinienhain direkt am Strand), 20 260 Calvi, Tel. 06 83 39 69 06 und 06 08 72 67 19, E-Mail: altorebalagne@gmail.com, www.altore.com

ENTDECKEN

Bootstouren. Ein Erlebnis für Kinder/Jugendliche sind z.B. die Grotten (*falaises*) von Bonifacio. Im Hafen von Bonifacio reihen sich die Anbieter. Fahrten in den märchenhaften Golf von Porto gibt es u.a. ab Calvi, dem Hafenort Porto und Ajaccio.

Fango-Delta. Unterwegs wie Indiana Jones. Mit dem Kanu durch die Flussläufe und Schildkröten beobachten. Kanuverleih vor Ort, Tel. 06 22 01 71 89, E-Mail: info@delta-du-fangu.com, www.delta-du-fangu.com

Geisterdorf Occi. Vorsicht, hier könnte noch der letzte Bewohner spuken, der einsam starb. ;-) In Lumio bei Calvi, leichte Bergwanderung (ca. 40 Min. Aufstieg) zum Ruinendorf. Ausgangspunkt: Hotel-Restaurant Chez Charles (an der N197), 20 260 Lumio, Tel. 04 95 60 61 71

Le Petit Train. Das gefällt auch den Allerkleinsten: Rundfahrt mit der Bimmelbahn entlang des Tolla-Stausees. Abfahrt mehrmals täglich, Col de Cricheto, 20 119 Bastelica, Tel. 04 95 28 41 36, www.cricheto.com

Parque de Saleccia. »Wow, was alles so wächst am Mittelmeer ...« In diesem Park stehen kleine Münder vor Staunen offen. Mit schönem Spielplatz. An der N1197, ca. 4 km vor L'Île-Rousse. 8,50/6,50 € (Erwachsene/Kinder). Lieu dit Saleccia, 20 220 L'Île-Rousse, Tel. 04 95 36 88 83, E-Mail: parc.de.saleccia@wanadoo.fr, www.parc-saleccia.fr

Sentier Sous-Marin. Den Korallenfisch »Nemo« findet man hier zwar nicht, doch dafür andere bunte Meeresbewohner. »Unterwasserwanderung« bei Lumio nahe Calvi. Für Kinder ab acht Jahren und Erwachsene, mit Schnorchel-Ausrüstung. Auch Kajak-Wanderungen. Juni–Sept., 16/12 € (Erwachsene/Kinder 8–14 Jahre), Assoziation I Sbuleca Mare, Avenue Casazza 3, 20 214 Calenzana, Tel. 06 80 41 67 23, E-Mail: isbulecamare@free.fr, www.isbulecamare.org

Tour Génoise de Porto. Barbaren in Sicht! Genuesenturm mit kleinem »Piratenmuseum« und tollem Ausblick. April–Sept., Place de la Marine, 20 150 Porto Ota, Tel. 04 95 26 10 05

Citadelle de Corte. So war es also im Mittelalter ... Eine der schönsten Festungsanlagen Korsikas mit »Adlernest«, Aussichtsplattform und einem Museum, das Klein und Groß begeistert. Und einige Gassen weiter unten gibt es eine vielgelobte Eisdiele. La Citadelle, 20 250 Corte

Korsika von A–Z

FESTIVALS

La Foire de la châtaigne. Kastanienfest in Bocognano mit mehr als 20 000 Besuchern und Verführungen aller Art für Groß und Klein. Jeweils am ersten Wochenende im Dezember, 20 136 Bocognano

FUN

Corsica Park. Karussell fahren und Lose ziehen, das geht auch im Urlaub. Freizeitpark nahe Porto-Vecchio. Mitte Juni–Ende Aug., Route de Bonifacio, am Kreisverkehr von Stabiacciu der D859 folgen

MUSEEN

Miniature Citadelle de Bastia. Wenn sich die Windmühlen drehen und Lichter in den Bauernhäusern leuchten, scheint das korsische Miniatur-Dorf zum Leben zu erwachen. In der Zitadelle von Bastia April–Mitte Okt. 9–12 / 14.30–17.30 Uhr, Tel. 06 10 26 82 08

Musée de la Corse. In der Zitadelle von Corte geht es auf Zeitreise. April–21. Juni / 21. Sept.–31. Okt. Di–So 10–18 Uhr, 22. Juni–20. Sept. 10–20 Uhr, La Citadelle, 20 250 Corte, Tel. 04 95 45 25 45, www.musee-corse.com

Musée National de la Maison Bonaparte. Das Haus, in dem Napoleon geboren wurde, bietet Geschichten zur Geschichte. Di–So 9–12 / 14–18 Uhr, Rue Saint-Charles 18, 20 000 Ajaccio, Tel. 04 95 21 43 89, www.musee-maisonbonaparte.fr

TIERE

A Cupulatta. Mehr über das Leben der außergewöhnlichen Panzertiere erfahren kann man auf der liebevoll gestalteten Schildkrötenfarm mit rund 170 Arten. An der N193 (Kilometer 21). April–Nov., Véro, 20 133 Ucciani, Tel. 04 95 52 82 34, www.acupulatta.com

Aquarium de la Poudrière. Eine »Schnorcheltour« im Trockenen gefällig? Das Meerwasseraquarium ist ein kleines Highlight in Porto. April–Sept., Place de la Marine, 20 150 Porto Ota, Tel. 04 95 26 19 24

La Promenâne. Wanderungen sind langweilig? Von wegen! Hier gibt es den eigenen Esel dazu (für kleinere Personen auch als Reittier). Rue Canali 36 (direkt an der D84), 20 224 Albertacce, Tel. 06 15 29 45 64, E-Mail: lapromenane@orange.fr, www.randonnee-ane-corse.com

Maison du Mouflon et de la Nature. Mufflon-Museum im schönen Asco-Tal. Tägl. (außer Di) 10–17 Uhr, Eintritt frei, Route du Haut Asco, 20 276 Asco, Tel. 04 95 47 82 07, E-Mail: mairie.asco@corsicadsl.com

Village des Tortues. In diesem Schildkrötendorf werden die im Asco-Tal beheimateten Griechischen Landschildkröten aufgezogen. Sie haben sogar ihr eigenes »Krankenhaus«. Juni–Sept. 11–15.30 Uhr, Juli / Aug. 10–17 Uhr, Route d'Asco, Lieu dit Tizarella, 20 276 Moltifao, Tel. 04 95 47 85 03, E-Mail: info@parc-naturel-corse.com

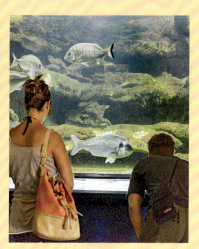

Im Aquarium de la Poudrière in Porto

Kleiner Sprachführer

Französisch

ALLGEMEIN
Guten Tag Bonjour – **Hallo** Salut
Auf Wiedersehen Au revoir
Wie geht es Ihnen/Dir? Comment allez-vous? / Comment ça va?
danke, gut bien, merci
ja oui – **nein** non
bitte ... s'il vous plaît ... – **danke** merci
Ich heiße ... Je m'appelle ...
Ich verstehe nicht. Je ne comprends pas.
Ich spreche kein Französisch. Je ne parle pas français.
Sprechen Sie ...? Parlez-vous ...?
Wie viel Uhr ist es? Quel heure est-il?

UNTERWEGS
links gauche – **rechts** droite
geradeaus tout droit
nah proche – **fern** loin
geöffnet ouvert – **geschlossen** fermé
Entschuldigung, wo ist ...? Pardon, où est ...?
das Hotel l'hôtel
das Museum le musée
der Arzt le médecin
der Flughafen l'aéroport
der Hauptbahnhof la gare centrale
die Bushaltestelle l'arrêt de bus
die Kirche l'église
die Polizei la police
die Touristeninformation l'office de tourisme
die U-Bahn le métro
Hilfe! Au secours!

ÜBERNACHTEN
Ich habe ein Zimmer reserviert. J'ai réservé une chambre.
Haben Sie ein freies Zimmer? Vous avez une chambre libre?
Ein Zimmer für zwei Personen. Une chambre pour deux personnes.
das Einzel-/das Doppelzimmer la chambre individuelle/double
mit Bad avec salle de bain
mit Frühstück avec petit déjeuner
mit Halbpension avec demi-pension
für eine Nacht pour une nuit
für eine Woche pour une semaine

ESSEN UND TRINKEN
Haben Sie einen Tisch für zwei Personen? Vous avez une table pour deux personnes?
Reservieren Sie bitte für 20:00 Uhr einen Tisch für vier Personen. Vous pouvez réserver une table, pour quatre personnes, pour 20:00 heures, s'il vous plaît.
Ist dieser Tisch noch frei? Est-ce que cette table est libre?
Herr Ober! Serveur!
Die Speisekarte, bitte! La carte, s'il vous plaît!
Ich bin Vegetarier. Je suis végétarien.
Ich möchte ... Je voudrais ...
Guten Appetit! Bon appétit!
Die Rechnung bitte. L'additon s'il vous plaît.
Das ist für Sie. C'est pour vous.

EINKAUFEN
das Brot le pain
das Geld l'argent
der Geldautomat le distributeur de billets
der Markt le marché
der Supermarkt le supermarché
die Apotheke la pharmacie
die Bäckerei la boulangerie
die Größe la taille
Wie viel kostet das? Combien ça coûte?
Ich nehme es. Je le prends.
teuer chère – **billig** bon marché
bezahlen payer

ZAHLEN
0 zero	1 un	2 deux
3 trois	4 quatre	5 cinq

6 six	7 sept	8 huit
9 neuf	10 dix	100 cent
1000 mille	¼ un quart	½ un demi

Korsisch

ALLGEMEIN

Guten Morgen Bonghjornu
Guten Abend Bona sera
Gute Nacht Bona notte
Auf Wiedersehen Avedecci
Bis zum nächsten Mal! À a prossima
Auf später À dopu!
Wie geht's? Cumu state?/Comu steti?
danke, gut bè, vi ringraziu
Wie heißen Sie? Cumu vi chjamate?
Ich heiße ... Mi chjamu ...
Erfreut, Sie kennenzulernen! Un piaccè di incuntrarvi!
ja iè – **nein** innò
bitte per piacè – **danke** grazie
mit Vergnügen di nunda
Verzeihung scusatemi
Ich spreche nicht ... Ùn parlu micca ...
Ich verstehe nicht ... Ùn capiscu micca ...
Sprechen Sie Französisch? Parlate (parleti) francese?
Spricht hier jemand Französisch? Ci hè qualchisia chi parla francese qui?

UNTERWEGS

Wo finde ich ...? Induva si trova ...?
der Bahnhof a gara/a stazzione
der Busbahnhof a gara stradale
der Flughafen l'aeruportu
die Straße carrughju
links manca – **rechts** dirita
geradeaus dritu
in Richtung ... versu ... / in dirizzioni di ...
Können Sie mir den Ort auf der Karte zeigen? Puvete mustrami annantu à a carta?
Taxi! Tacsi!
Bringen Sie mich bitte nach ... Mi pudeti purtà pà piacè ...
Wie viel kostet es bis dahin? Quantu costa pà andà in ...?
Wo sind die Toiletten? Induva sò e toilettes?
Bitte nicht stören Ùn mi diranghjeti micca
Hilfe! Aghjuta !
Bitte helfen Sie mir! Aghjutatemi, per piacè!
Das ist ein Notfall! Hè una urgencia!
Ich habe mich verirrt. So persu.
Ich brauche einen Arzt. Aghju bisognu di un dutore.
Kann ich Ihr Telefon benutzen? Possu telefunà?

ÜBERNACHTEN

in der Stadt in villa/cità
die Jugendherberge ustaria
das Hotel palazzu/albergu

ESSEN UND TRINKEN

das Restaurant risturante/ustaria
die Bar bar/caffè
ein Bier / zwei Biere, bitte una biera/duie biere, per piacè
ein Glas Rot Weißwein, bitte un bighjeru di vinu rossu/biancu, per piacè
eine Flasche, bitte una buttiglia, per piacè
der Orangensaft sughju d'aranciu
eine(n) Weitere(n), bitte un(a) altru(a), per piacè
Wann schließen Sie? À chi ora chjudete?

EINKAUFEN

Haben Sie das in meiner Größe? Avete què ind'a mo taglia?
Ich nehme es. Bè, aghju da piglialu(a).
Ich benötige ... Aghju bisognu ...

ZAHLEN

0 Zèru	1 Unu	2 Dui
3 Trè	4 Quattru	5 Cinque
6 Sèi	7 Sette	8 Ottu
9 Nove	10 Dece	100 Cèntu
1000 Mille		

REGISTER

Aiguilles de Bavella 154
Ajaccio 8, 11, 180
  Kirchen
  – Chapelle Impériale 182, 186
  – Notre-Dame-de-l'Assomption 186
  Markt 184
  Museen
  – Musée A Bandera 184, 186
  – Musée des beaux-arts 184
  – Musée du Capitellu 186
  – Musée napoléonien de l'Hôtel de Ville 184, 186
  – Musée National de la Maison Bonaparte 7, 181, 186
  – Palais Fesch 184
Alalia 18
Albertacce 112
Aléria 11, 222
Algajola 64
Alistro 205, 207
Alta Rocca 149
Ancien Chemin de Piana à Ota 169
Asco, Genuesenbrücke 106
Aullène 152

Baie de Rondinara 246
Balagne 6, 74, 77
Barchetta 101
Bastelica 135, 138
  Basilika Saint Michel 140
Bastia 11, 28
  Kirchen
  – Cathédrale St.-Marie de l'Àssomption 31, 32, 34
  – Église Saint Jean Baptiste 31, 34
  – Oratoire de l'Immaculée Conception 30, 31, 32
  – Oratoire Saint Roch 30, 31
  – Oratoire Sainte-Croix 31, 32, 33
  Laboratoire et Musée de la Parfümerie Cyrnarom 32
  Museen
  – Miniature Citadelle de Bastia 33, 34
  – Musée de Bastia 33, 34
Bavella-Massiv 154
Belgodère 76, 77

Bergerie de Grotelle 124
Bocognano 128
  Vallée Secrète 129
Bonifacio 6, 11, 250
  Kirchen
  – Église Saint-Jean-Baptiste 254, 255
  – Église Saint-Marie-Majeure 254, 255
  La vieille Dame de Bonifacio 250

Calacuccia 112
Calenzana 86, 89
Calvi 11, 66, 69
Campoloro 207
Canyon de la Pulischella 156
Canyon de la Purcaraccia 156
Cap Corse 6, 42, 45
Capu d'Omigma 175
Capu d'Orchinu 175
Capu Rosso 174, 177
Capu Tafunatu 91
Capu Tondu 95
Cardo 36
Cargèse 176, 177
Carrozzica 106
Cascade d'Aziana 137
Cascade du Voile de la Mariée 132
Cascade Ortella 139
Cascades de l'Ucelluline 205, 206
Castagniccia 6, 8, 210
Casteddu d'Araghju 240, 243
Castello di Cuntorba 193, 194
Castellu di Capulla 147
Castellu di Cucuruzzu 146, 147, 151
Cauria 18
Centuri Port 45, 50
Cervione 216
Chemin de Lumière 46
Chemins de fer de la Corse 159
Chiatra 211
Cinto-Massiv, Berge 111
Cirque de Bonifatu 82
Col de Bavella 101, 154
Col de Cricheto 142
Col de l'Oiseau 155
Col de Teghime 40
Col de Verghio 114

Conservatoire du Costume 49
Corbara 80
Corte 6, 11, 102, 116
  Chapelle Ste-Croix 122
  Citadelle 19, 120
  Église de l'Annonciation 118, 119, 122
  Fonds Régional d'Art Contemporain 121, 122
  Museen
  – Musée de la Corse 119, 121, 122
  – Musée Maison Natale de Costa Serena 8, 226, 227
Costa Verde 8, 202
Côte des Nacres 8, 230
Couvent d'Orezza 214
Couvent de Tuani 80
Couvent Saint Antoine 36, 41
Couvent Saint François 179
Couvent Saint-François di Caccia 107
Couvent St-Dominique 77, 80

Dcampanaglas 67
Désert des Agriates 60
Dolmen de Fontanaccia 263

Écomusée du Fortin 41
Écomuseum du cédrat 43
Eisenbahn, korsische 158
Eislager, historische 39
Erbalunga 44, 45
Étang d'Urbino 226
Étang de Biguglia 40
Étang de Diana 226
Étang de Terrenzana 226
Étang del Salé 226
Évisa 169, 171

Fango-Delta 91
Felicelo 78, 77
Fiera di l'Alivu 78
Figarella 84
Filitosa 18
Forêt de l'Ospedale 243, 244
Forêt de Valdu Niellu 113
Fôret de Vizzavona 130
Furiani 37

Gaffori, Jean-Pierre 117
Galéria 94

Georges de la Restonica 124
Ghisonaccia 228
Ghisoni 133, 135, 228
Girolata 94, 163
Golf von Ajaccio 10, 188
Golf von Galèria 91
Golf von Porto 7, 10, 168
Golf von Sagone 10, 174
Golf von Valico 10, 192
Gorges de l'Asco 104
Gorges de Spelunca 101, 114, 168, 171
Gorges du Prunelli 135, 137
GR 20 86, 101, 155
Grande Randonnée 10
Grottes et falaise 251

Haute Gravona 129

Île de Cavallo 257
Île Lavezzi 256
Îles Sanguinaires 188

Kolumbus, Christoph 67, 69

L'Aria 11
L'Île-Rousse 60
La Porta 212, 213
La Scandola 94
Lac de Bastani 136
Lac de Capitello 125, 126
Lac de Cinto 109
Lac de Creno 175
Lac de Melo 125, 126
Lac de Nino 111, 114
Lavezzi-Archipel 256
Le Gouvernail 252
Les Calanches de Piana 172, 171
Les Jardins Traditionnels du Cap Corse 44
Levie 150, 151
Lozari Plage 64

Maison de la Parata 189, 191
Maison du Mouflon et de la Nature 107
Manso 91
Mariana 18
Menhir Santa Naria 193, 194
Monte Castello 219
Monte Cinto 108
Monte Incudine 145

Monte Renoso 134, 135
Monte San Pedrone 213, 214
Monte Stello 43, 45
Moriani-Plage 204, 205
Morosaglia 211, 213
Musée archéologique du Niolu 115
Musée D'Archéologie Jérôme-Carcopino 223
Musée de l'Alta Rocca 149

Napoléon Bonaparte 30, 181
Nekropole von Casabianda 223
Notre Dame de la Neige 154
Notre Dame de la Serra (= Chapelle Saint Christine) 95
Nuits de la Guitare 11

Occi, Geisterdorf 71
Olmeto 193, 195
Oriu di Canni 242, 243

Paoli, Pasquale 61, 117, 211
Parc Galea 204, 208
Parc Naturel Régional de Corse 10, 100, 211
Parque de Saleccia 62
Pastoreccia 212, 213
Patrimonio (Weinanbaugebiet) 45, 52
Pianu di Levia 150, 151
Pigna 77, 79
Pigno-Massiv 39
Piratennester 51
Plage d'Arone 174
Plage de Loto 60
Plage de Palombaggia 8
Plage de Peru 175, 177
Plage de Rondinara 246
Plage de Ruppione 185
Plage de Saleccia 60
Plage du Taravo 192, 193
Plateau de Cauria 262
Plateau di Coscione 144
Pointe de la Parata 188
Pont de Zaglia 169, 171
Ponte Revinco 55
Port de Taverna 205, 207
Porticcio 190
Porto 164
Porto-Vecchio 236
Propriano 198

Prunete 214
Punta di a Vacca 155
Punta di la Revellata 72

Quenza 151, 152

Région de Casinca 203
Réserve Naturelle de Scandola 162
Réserve Naturelle Étang de Biguglia 38
Réserve Naturelle Tre Padule de Suartone 247
Route des Artisans 76, 77, 79
Route du vin 53

Saint-Florent 45, 54
Saint-Lucie-de-Tallano 151f.
Sant'Antonino 77, 79
Santa Maria die Lota 43, 45
Sarténais 261
Sartène 258
Scala di Santa Regina 7, 101, 110
Scandola 163
Sentier des crêtes 47
Solenzara 7, 230
Spasimata-Schlucht 84
Speloncato 76, 77

Tassu 170, 171
Themenpfade, Cap Corse 47
Theodor I., König von Korsika 216
Torre-Kultur 18, 146, 197, 241, 263
Trou de la Bombe 156

U Trigihellu 159

Val d'Ese 136
Valée d'Asco 104
Valle-d'Alesani 219
Vallée du Fango 90
Vallée du Niolu 110
Vallée du Prunelli 7
Vallée du Prunelli 132
Vallée du Tavignano 121
Ville di Pietrabugno 43, 45

Zonza 148, 151

IMPRESSUM

Verantwortlich: Claudia Hohdorf
Lektorat: Helga Peterz, München
Korrektorat: Viola Siegemund, München
Layout: graphitecture book & edition
Umschlaggestaltung: Fuchs-Design, Sabine Fuchs, München; Ulrike Huber, Kolbermoor
Repro: Repro Ludwig, Zell am See
Kartografie: Kartographie Huber, Heike Block, München
Herstellung: Bettina Schippel
Printed in Slovenia by Korotan, Ljubljana

Sind Sie mit diesem Titel zufrieden? Dann wurden wir uns über Ihre Weiterempfehlung freuen.

Erzählen Sie es im Freundeskreis, berichten Sie Ihrem Buchhändler, oder bewerten Sie bei Onlinekauf.

Und wenn Sie Kritik, Korrekturen Aktualisierungen haben, freuen wir uns über Ihre Nachricht an
Bruckmann Verlag,
Postfach 40 02 09,
D-80702 Munchen oder per
E-Mail an lektorat@verlagshaus.de.

Unser komplettes Programm finden Sie unter:

 www.bruckmann.de

Alle Angaben dieses Werkes wurden vom Autor sorgfältig recherchiert und auf den aktuellen Stand gebracht sowie vom Verlag geprüft. Für die Richtigkeit der Angaben kann jedoch keine Haftung übernommen werden.

Bildnachweis: Alle Bilder des Innenteils und des Umschlags stammen von Norbert Kustos, Malsch, außer:

Fotolia/mattei, S. 243; Christine Lendt, S. 97, 150 o., 150 u., 151, 152 u., 208, 209, 225, 248 (2), 249 (2), 272 u., 274 o., 274 u.M., 276 u., 277 u., 278 o., 281 u.; Michael Mueller - korsika.fr, S. 94 u., 96 (2), 153, 168 u., 173, 215, 224 M., 240 o., 241, 244; Shutterstock/Anilah, S. 7 (2.v.o.); Shutterstock/Jody, S. 15 u.; Shutterstock/francesco de marco, S. 38 M.; Shutterstock/jean schweitzer, S. 158 M.; Shutterstock/salajean, S. 233 o.; Shutterstock/Angelo Giampiccolo, S. 245; Wikimedia Commons/K. Korlevic, S. 15 M.; Wikimedia Commons/Line1, S. 113 M.; Wikimedia Commons/jxandreani, S. 232 M.

Für die Unterstützung vorort danken wir Miluna Tuani und für das zur Verfügung stellen von Bildmaterial Michael Mueller - korsika.fr.

Umschlag:
Vorderseite:
Oben: Macchia (Picture Alliance/Franz Pritz)
Mitte links: Korsische Männer (Picture alliance /Arco Images G)
Mitte rechts: Capo Rosso mit Blick auf den Golf von Porto (huber-images.de/Breitung Michael)
Unten: Die Calanche (Picture Alliance/Franz Pritz)

Rückseite:
Links: Halbwilde Hausschweine
Rechts: Blick auf Corte

Die Deutsche Nationalbibliothek verzeichnet diese Publikation in der Deutschen Nationalbibliografie; detaillierte bibliografische Daten sind im Internet über http://dnb.d-nb.de abrufbar.

© 2014 Bruckmann Verlag GmbH, München

ISBN 978-3-7654-5885-9